BIBLIOTECA INDIANA
Publicaciones del Centro de Estudios Indianos

Universidad de Navarra

Editorial Iberoamericana

Biblioteca Indiana, 27

EL CAUTIVERIO EN LA LITERATURA DEL NUEVO MUNDO

MIGUEL DONOSO
MARIELA INSÚA
CARLOS MATA (EDS.)

Universidad de Navarra • Iberoamericana • Vervuert • 2011

Agradecemos a la Fundación Universitaria de Navarra su ayuda en los proyectos de investigación del GRISO a los cuales pertenece esta publicación.

Agradecemos al Banco Santander la colaboración para la edición de este libro.

Amor de Dios, 1 – E-28014 Madrid
Tel.: +34 91 429 35 22 - Fax: +34 91 429 53 97
info@iberoamericanalibros.com
www.ibero-americana.net

Elisabethenstr. 3-9 – D-60594 Frankfurt am Main
Tel.: +49 69 597 46 17 - Fax: +49 69 597 87 43
info@iberoamericanalibros.com
www.ibero-americana.net

Iberoamericana Vervuert Publishing Corp., 2011
9040 Bay Hill Blvd. – Orlando, FL 32819, USA
Tel.: +1 407 217 5584
Fax: +1 407 217 5059
info@iberoamericanalibros.com
www.ibero-americana.net

ISBN 978-84-8489-561-9 (Iberoamericana)
ISBN 978-3-86527-614-8 (Vervuert)

Depósito Legal: M-5.894-2011

Diseño de la serie: Ignacio Arellano y Juan Manuel Escudero

Impreso en España

Este libro está impreso íntegramente en papel ecológico sin cloro.

ÍNDICE

PRESENTACIÓN

Los trabajos incluidos en este volumen ofrecen varios acercamientos al tema del cautiverio en la literatura del Nuevo Mundo. Por supuesto, dada la amplitud de la materia, no quedan recogidos todos los aspectos posibles, pero el abanico de aproximaciones aporta un panorama representativo de distintas épocas, autores, géneros y obras.

Varios estudios (los de Eduardo Barraza, Cedomil Goic, Carlos González Vargas y Hugo Rosati, Stefanie Massmann y Macarena Sánchez) se centran en una obra tan representativa como el *Cautiverio feliz* de Núñez de Pineda y Bascuñán, analizándola desde diversas perspectivas. Otro grupo lo integran aquellas colaboraciones centradas en la figura de la cautiva, con presencia ya en las crónicas de Indias (Osvaldo Rodríguez se refiere al ámbito chileno y Silvia Tieffemberg al rioplatense) y un amplio desarrollo en la narrativa histórica de los siglos posteriores, con especial incidencia en las recreaciones literarias del personaje de Lucía Miranda con origen en *La Argentina* de Ruy Díaz de Guzmán (Vania Barraza y Mariela Insúa).

Nuevos planteamientos sobre el tema del cautiverio en relatos históricos los tenemos en las aportaciones de Miguel Donoso (la *Historia de todas las cosas que han acaecido en el Reino de Chile* de Góngora Marmolejo), Sarissa Carneiro Araujo (*La Florida del Inca* de Garcilaso de la Vega) y Lygia Rodrigues Vianna Peres (los *Naufragios* de Álvar Núñez Cabeza de Vaca). Por su parte, Olaya Sanfuentes estudia el tema de los conquistadores y el hambre; Miguel Zugasti documenta diversos casos de cautivos aindiados, asimilados a sus captores; y Andrés Eichmann Oehrli rastrea la aparición de motivos nolasquianos en distintos textos platenses.

Por último, otros dos trabajos versan sobre piezas teatrales que recrean asuntos de cautiverio: el de Eduardo Godoy se centra en la recreación dramática del Cervantes cautivo en Argel que ofrece Antonio Espiñeira, mientras que Carlos Mata Induráin analiza los casos de cautiverio, especialmente el cautiverio de amor, en varias comedias auriseculares ambientadas en la Conquista de Arauco.

Resta por decir que los estudios aquí publicados tienen su origen en el *Congreso Internacional «¡Ay mísero de mí! El cautiverio en la literatura del Nuevo Mundo: de las crónicas de Indias a la época moderna»*, co-organizado por el Grupo de Investigación Siglo de Oro (GRISO) y la Pontificia Universidad Católica de Chile, que tuvo lugar en el citado centro chileno los días 3 y 4 de junio de 2009. La celebración de este encuentro evidencia la estrecha relación académica que el GRISO mantiene con la Facultad de Letras de la Pontificia Universidad Católica de Chile, con la que desarrolla desde hace ya varios años proyectos de investigación en conjunto, centrados sobre todo en el territorio de las crónicas de Indias. Por otro lado, cabe destacar que este nuevo volumen de la Biblioteca Indiana se suma a un nutrido grupo de publicaciones vinculadas al ámbito chileno que forman parte de esta colección[1].

Los coordinadores de este congreso, Ignacio Arellano (Director del GRISO) y Miguel Donoso (profesor de la Pontificia Universidad Católica de Chile), agradecen a las dos universidades organizadoras el apoyo a esta iniciativa y el haber facilitado todos los medios económicos y humanos que hicieron posible que el encuentro se desarrollara con éxito. Asimismo extienden su agradecimiento a otras dos instituciones que, en distintas formas, brindaron su ayuda y respaldo a este proyecto, la Academia Chilena de la Lengua y la Fundación José Nuez Martín.

Miguel Donoso, Mariela Insúa, Carlos Mata
Pamplona-Santiago de Chile, noviembre de 2010

[1] Son los números 1, 5, 6, 9 y 12 de la Biblioteca Indiana, a saber: I. Arellano y E. Godoy (eds.), *Temas del Barroco hispánico* (2004); R. Kordic, *Testamentos coloniales chilenos*, estudio preliminar de C. Goic (2005); C. Goic, *Letras del Reino de Chile* (2006); R. Kordic (ed.), *Epistolario de Sor Dolores Peña y Lillo (Chile, 1763-1769)* (2008); y H. R. Cortés, E. Godoy y M. Insúa (eds.), *Rebeldes y aventureros. Del Viejo al Nuevo Mundo* (2008).

EL *CAUTIVERIO FELIZ* DE FRANCISCO NÚÑEZ DE PINEDA Y BASCUÑÁN: DE FELIZ CAUTIVERIO Y FELICES CAPTORES*

Eduardo Barraza
Universidad de Los Lagos

El «libro» del cautivo

El manifiesto carácter explícito del título y del subtítulo de este texto de Pineda y Bascuñán ha generado una expectativa de los lectores, y particularmente de la crítica, en el sentido de establecer el tema del cautiverio como feliz experiencia personal (autobiográfica) vivida por un español en la Guerra de Arauco, las razones políticas de una escritura que sustenta una contratesis o «razón individual» respecto a la dilación de la Conquista de Chile, o la «defensa del araucano»[1], siendo evidente que el «cautiverio» de Pineda y Bascuñán difiere notoriamente de otros «cautiverios infelices» sucedidos en las empresas de la Conquista de América.

Por lo pronto, piénsese que este «cautiverio» se inscribe en el marco del discurso del fracaso[2], en tanto reverso de la empresa conquistadora: el hijo de Álvaro Pineda, un aclamado maestre de campo, es vencido

* Artículo derivado del Proyecto de Investigación «El discurso de la conquista: una serie textual autónoma de la literatura chilena» (Fondecyt 1085317), en el cual participan como co-investigadores los académicos Pilar Álvarez Santullano-Busch y Eduardo Castro Ríos.

[1] Anadón, 1977.

[2] Pastor, 1983.

por las tropas de Lientur y capturado por el cacique Maulicán. Tal marca de la derrota, autentificada por Pineda y Bascuñán en un memorial del año 1639[3], le acompañará el resto de su vida y uno de los esfuerzos discursivos del libro será transformar la derrota en triunfo. Lucía Invernizzi consigna que Bascuñán profiere

> un discurso judicial-deliberativo (del *genus admirabile*), por cuanto la causa que expone el orador presenta un reducido grado de defendibilidad puesto que la posición y perspectiva de quien lo sustenta difieren y se plantean en abierta controversia con las concepciones o ideas que sobre los hechos en debate sostiene el público[4].

Y, en efecto, poco después de su liberación –según consigna el propio Pineda y Bascuñán– el público de Lima se formó una opinión festiva de su cautiverio a raíz de la puesta en escena de «afectuosos y felices episodios del cautivo con las jóvenes indígenas». Bascuñán, solo hacia 1663 –cuando se presume que terminó de escribir su «libro»–, discute esa versión calificándola como escrita «muy a lo poético estrechando los afectos a lo que las obras no se desmandaron»[5].

De lo que se trata entonces, aquí, es de examinar mediante qué procedimientos discursivos y textuales Pineda y Bascuñán lleva a cabo la

[3] «El dicho comisario general don Francisco de Pineda ha servido personalmente a su Majestad desde la edad de diez y siete años más de catorce de soldado líquido, alférez y capitán de infantería española de veces, y en la última siéndolo vivo en la desguaza que tuvo el tercio de San Felipe de Austria con el enemigo, peleando en el escuadrón sin desamparar su puesto: por la gran fuerza del enemigo y la poca de su parte le degollaron y cautivaron toda su gente y al dicho capitán don Francisco de Pineda le maltrataron de un macanazo con que le derribaron en tierra, y desasentado del golpe, le cautivaron y llevaron a sus tierras adonde pasó muchos trabajos por servir a su Majestad y peligros de vida, y por las diligencias que hizo el señor presidente don Luis Fernández de Córdova, su antecesor de Usía, salió del dicho cautiverio en tiempo que Usía entraba a gobernar este Reino, como a Usía consta», *Memorial de don Francisco de Pineda y Bascuñán al gobernador Francisco Lazo de la Vega*, Concepción, 23 de mayo de 1639. RA, vol. MLXXXIV, pieza 2.ª, 12 folios s./n., copia de 1688, en Anadón, 1977, apéndice C, pp. 223-224. En las citas modernizamos las grafías de acuerdo a los criterios editoriales del Grupo de Investigación Siglo de Oro (GRISO) de la Universidad de Navarra.

[4] Invernizzi, 1993, p. 20.

[5] Núñez de Pineda y Bascuñán, *Cautiverio feliz*, p. 444. Citamos por la edición de Ferreccio Podestá y Kordic Riquelme.

tarea de convertir su peripecia militar en un «cautiverio afortunado», en una historia modelizante, digna de ser oída (y escrita) y que actúe como una contramemoria frente a una no condescendiente memoria colectiva de su tiempo. Proponemos que la enciclopedia discursiva del *Cautiverio feliz*, el «complejo entramado» del relato[6] y la «variedad de discursos» (judiciales, político-administrativos, militares, autobiográficos, religiosos, teológicos, literarios y retóricos) obedecen a un principio unificador de carácter literario como es el proyecto de escribir un verdadero libro en el cual –aparte de que la palabra se constituya en historia– el autor es narrador, protagonista y exégeta; un testigo autorizado de la historia que escribe como si su «pluma fuera la de un escribano», mérito que –por ese tiempo– se le reconoce al Padre Diego Rosales, su contemporáneo[7]. La voluntad literaria, la de escribir un verdadero «libro», invade el conjunto de discursos y actúa como contratexto del topos témporo-espacial del cautiverio, que reduce su condición de tal y –en el proceso de la recuperación del tiempo de la cautividad– se presenta como un propicio espacio de paz para el ejercicio del logos, como paréntesis no contaminado por la guerra sino por la reflexión, por el diálogo entre culturas, por el ensimismamiento; en un evocativo despliegue de lecturas clásicas y ejercicios poéticos, acto discursivo que subvierte «la falta de libertad que padeció transitoriamente»[8] y que corre paralelo a las peripecias del cautiverio. «A tierna edad fui aficionado a las letras» –sostiene Pineda y Bascuñán–, y una y otra vez califica su cautiverio feliz como un «libro» que está escribiendo; un texto que –desde muchos ángulos discursivos– está destinado a dar en

[6] Invernizzi, 1988, p. 69.

[7] «Y haciendo tan conocida fe en cuanto escribe, bien puede su Rma. en su historia singularmente engrandecerse y levantarse con aquella gloria del mejor escritor, que decía: *Dico ego opera mea Regi, Lingua mea calamus scribae*, "Dedico mis obras al Rey, mi lengua es pluma de escribano". Quiere decir que es tan de verdad cuanto escribe que no hay palabra que en su lengua no tenga el testimonio mismo de la verdad que pudiera tener la pluma de un escribano que da fe y autoriza y así, que obra o escritura tan real no la dedica sino al Rey». Censura del doctor Francisco Ramírez de León que aprueba la *Histórica relación del Reino de Chile, Flandes indiano* del Padre Diego Rosales, ed. M. Góngora, p. 17. Este asunto lo hemos abordado en el trabajo «Mi pluma es pluma de escribano», presentado en las *Jornadas Andinas de Lengua y Literatura (JALLA), Santiago de Chile, 2001.*

[8] Ver Triviños, 2000.

un blanco preciso como es «decir verdades» (aunque sea peligroso en su tiempo, señala) y a exponer sus «razones» respecto a la «dilatada Guerra de Arauco».

Por otra parte, en la clausura del *Cautiverio feliz*, Pineda y Bascuñán asume que su libro está compuesto de muchos discursos, resultando, más bien, polifónico. Uno de sus registros es el discurso religioso-cristiano sustentado en su paso por un colegio de la Compañía de Jesús y en su temprana devoción mariana, demostrada en la clausura de su texto: «Con esta oración laudatoria a la Virgen Sant[í]s[im]a, Señora Nuestra, habemos puesto [fin] y sello a nuestros verdaderos discursos» (p. 979). Otro discurso es aquel propio del «retórico estilo» que requiere el «literal ejercicio» que implica escribir el *Cautiverio feliz* a modo de un servicio político-militar de aconsejar al rey sobre la dilatada guerra y administración del Reino de Chile recurriendo a una legítima elocuencia retórica que refute las argumentaciones hasta ahora aceptadas sobre el tema y que sustente el relato de su cautiverio y el de los «blancos afines» a que apunta su elocución básica. No escapa en este punto a Pineda y Bascuñán el recurso de la falsa modestia y el tópico de las armas y las letras, por cuanto apela a que sus

> discretos lectores suplirán las faltas y defectos, recibiendo [la in]tención y celo de quien lo hizo cuando más embaraza[do se ha]llaba en el oficio de maestro de campo general en guerra [...] y en diferentes cuidados, divertido de los que han menester y [precis]an los literales ejercicios (p. 979).

Cautiverio y escritura

Respecto al *Cautiverio feliz*, solo existen aproximaciones relativas a la fecha del comienzo y del término de su escritura. Hipotéticamente se habría iniciado hacia 1656, o unos treinta o cuarenta años más tarde de su captura y posterior liberación, por canje de prisioneros, ocurrida entre mayo y noviembre de 1629[9]. Pineda y Bascuñán tampoco declara las razones que lo impulsan a relatar su cautiverio, salvo las que reitera en su relato: aconsejar, denunciar, refutar, decir su verdad respecto a las razones que explican la dilatada Guerra de Arauco, atendiendo a su

[9] Ver Anadón, 1977, pp. 125 y 156; Correa Bello, 1965, pp. 67-68.

condición de benemérito conquistador, un cristiano digno de fe –y autorizado por las relaciones que le hicieron los caciques durante su cautiverio–, y por su formación letrada y teológica. Podemos conjeturar, a lo más, que el origen de la escritura del *Cautiverio feliz* estaría en la petición del cacique Tereupillán cuando se despide de Pineda y Bascuñán manifestándole:

> Y vos, capitán, amigo y compañero, que os ausentáis de nosotros y nos dejáis lastimados y tristes y sin consuelo, no os olvidéis de nosotros significando a los españoles, vuestros hermanos y compañeros, que *no somos tan malos ni de inclinaciones tan perversas como nos hacen* (p. 912; énfasis nuestro).

La litotes con que concluye esta despedida refleja un proceso experiencial que se ha producido en el cautivo respecto a sus captores: los indígenas «no son extremadamente malos ni perversos». Si acaso, son «bárbaros» que viven en una sociedad «otra» y practican una cultura distinta a la española, aunque el conquistador tipo no alcanza un proceso de transculturación que le permita ver esa cultura indígena como una cultura alternativa a la propia. Bárbaros eran también, para los griegos, aquellos que no sabían su idioma. Según desarrolla Mario Rodríguez –siguiendo a Foucault–, el bárbaro

> solo puede aparecer en relación a un fondo social. El bárbaro no se comprende ni se caracteriza sino en contraste a una civilización de la que es ajeno [...]. No hay bárbaro si en alguna parte no hay un punto de civilización con respecto al cual aquel es exterior y contra el que combate[10].

Por lo mismo, si Ercilla –a diferencia de los cronistas que veían al indígena como una «pecezuela» o una especie inferior destinada a la servidumbre– muestra al araucano en paridad bélica con el español[11], Pineda y Bascuñán lo califica como «bárbaro» en términos de ser exponente de otra cultura, de una contracultura, marcada –entre otros signos– por la diferencia de lengua. No hablan el «castilla», pero pueden argumentar en su favor –en su lengua propia– y hacer historia, vale decir, inscribir en la historia del conquistador sus normas culturales:

[10] Rodríguez, 2000, p. 180.
[11] Ver Pastor, 1983.

pueden ser leales, cumplir la palabra empeñada, sustentar el respeto por sus mujeres; ser dadivosos de sus bienes y de sus compañeras; perdonar al vencido pero no transar en lo que respecta a ceder su libertad –ese poder natural que detentan como tales– para quedar subordinados al poder español; y, por lo mismo, bien pueden exigir del conquistador un debido trato, basado en las relaciones entre el poder imperial y el poder de los cacicados de Arauco.

Tiempo-espacio de la cautividad

Desde la perspectiva del yo y de la experiencia vivida, el *Cautiverio feliz* tiene un acentuado carácter autobiográfico: el autor que vive en la vida es similar a aquel que la cuenta referencial y selectivamente[12] en el grado que le interesa darla a conocer. Pineda y Bascuñán inscribe su discurso en la restricción del propio yo: se reserva el derecho a no ser explícito, a callar respecto a sí mismo[13]. Por ejemplo, no declara en qué consistieron esos «ciertos juveniles desaciertos» que lo apartaron de las letras y lo llevaron a la carrera de las armas (como émulo de su padre); «desaciertos» que –según reflexiona– «suelen servir de escollos que obligan a amainar las velas al ingenio que con más pompa y lucimiento sulca el inmenso mar de la sabiduría» (p. 241). Del mismo modo, omite la fecha y el lugar donde ejercía como «maestro de campo general en guerra», cargo que lo «embarazaba» y «distraía» del oficio de las letras (p. 979), y menos se interesa por datar el presente de la escritura, situándola latamente en unos genéricos «treinta o cuarenta años» después de ocurrido el cautiverio.

Tal procedimiento remite a otro similar instaurado por Ercilla cuando sostiene que *La Araucana* se escribió «en la misma guerra y en los mismos pasos y sitios» de ella[14]. Tal premisa postula la simultaneidad entre el aquí y ahora de la experiencia de la Guerra de Arauco y el aquí y ahora de la escritura de *La Araucana*, e instaura un verosímil convencional que anula las distancias espacio-temporales entre la instancia de

[12] Ver Morales, 2001.
[13] Ver Foucault, 2002, p. 14.
[14] Ercilla y Zúñiga, *La Araucana*, 1980, p. 15.

enunciación del discurso y aquella que corresponde a la ocurrencia de los hechos –o de la experiencia vivida–, y sabido es que la primera parte de *La Araucana* se escribirá por lo menos diez años después de haber estado Ercilla en Chile (1569) y que la terminará de escribir en 1589.

Lo cierto es que el sesgo autobiográfico comprende dos temporalidades: el momento de la vida vivida y el instante actual de la escritura. De suerte que –distanciado temporalmente– el yo presente que habla o escribe es un sujeto de enunciación, no un sujeto de la acción, y como tal bien puede aparecer como un obstáculo para la aprehensión fiel del yo de ese ayer y para la reproducción exacta de los hechos vividos, traídos al presente mediante la memoria, como señala Starovinsky[15]. Asimismo, puesto que siempre el pasado se evoca desde un presente, la conciencia actual del yo no es la misma que esa del ayer y, desde su presente, puede imponer su forma, a modo de una exégesis; más bien, una reinterpretación a ese pasado que hace el yo que recuerda.

El cautiverio por un periodo de casi siete meses en Repocura (mayo-noviembre) y en las reducciones a orillas del río Imperial –ocurrido durante su juventud y cuando iniciaba la carrera militar– será actualizado por Pineda y Bascuñán como un espacio-tiempo que actúa como un paréntesis a la guerra que circunda a la Araucanía. Despojado de sus armas, en 1629 solo tiene para su defensa su devoción y su temprano ejercicio de las letras. Por lo mismo, según afirma en su libro, las armas para soportar el cautiverio serán las de carácter humanista (filosofía, historia, retórica) y la piadosa educación y crianza que le otorgara la Compañía de Jesús, a las cuales se suman la protección y la palabra empeñada de Lientur, de Maulicán y de caciques amigos, favorecida por su bilingüismo; sin contar –aunque lo ignora– con las cartas intercambiadas ese mismo año entre el gobernador interino Luis Fernández de Córdova y don Álvaro de Pineda, en las cuales le promete que intercederá por la libertad de su hijo (p. 278)[16]. Por lo demás, su presente

[15] No será extraño, entonces, que en la autobiografía se proceda a una valoración del pasado tiempo de la juventud como un nostálgico refugio para las decepciones de la vejez presente, como es el caso de Pineda y Bascuñán, cuyo presente es el tiempo de la madurez, de la reflexión y, a su vez, el tiempo de la tristeza y de la decepción, en suma, una nítida escena del desencanto. Ver Starobinsky, 1970, pp. 257-265.

[16] Polémico y privilegiado testigo de vecinos y de gobernantes del siglo XVII, Pineda y Bascuñán se propone «no particularizar a ningún gobernador» (pp. 204 y

–hacia mediados del siglo XVII– es precario. No detenta un estatus favorable ni en la administración ni en la política de la conquista que sea acorde con su condición de militar benemérito, calificación que lo acredita para cargos de preeminencia en el gobierno colonial como documenta en un memorial del 23 de mayo de 1639 para postular a una encomienda de indios vacante[17].

766) en su libro, por cuanto –según su experiencia– no llevan consigo la «acción de prudente médico y disposición de doctor sabio», determinado a «descubrir y manifestar la llaga [y] aplicarle la conveniente medicina y necesaria cura para la sanidad de nuestro enfermo y lastimado Chile» (p. 187). Su decepción lo lleva a subordinar los nombres de Luis Fernández de Córdova (1625-1629) y de Francisco Lazo de la Vega (1629-1639), que en sendas cartas se comprometieron para rescatarlo (pp. 278-279), e, incluso, a Pedro Porter Casanate (1656-1662), quien lo nombró mariscal de campo en 1656. Solo exceptúa a aquellos gobernadores que como Francisco López de Zúñiga, el marqués de Baides (1639-1646), lograron parlamentar con los mapuches rebelados (1641), o a quienes tienen «por blanco el servicio de Dios», según aprecia en Martín Mujica (1646-1649), de quien fue su maestre de campo y corregidor, por lo cual puede dar testimonio de sus virtudes piadosas. Según Pineda y Bascuñán, durante la gobernación de Mujica «florecieron y se poblaron las fronteras del enemigo, las repúblicas se aumentaron, la justicia y la razón tuvo su lugar y conocido asiento, los poderosos y malos se atemorizaron, resollaron lo pobres y humildes, y tuvieron padre y amparo los necesitados; finalmente, era un príncipe cristiano a todas luces, que es lo que necesitaba este remoto reino, y por nuestros pecados duró poco, porque no le mereció Chile» (pp. 848-855). Sin nombrar a su sucesor –Alonso de Figueroa 1649-1650)–, Pineda y Bascuñán afirma que después de Mujica, Chile volvió a vivir el «trocado», el revés de la buena fortuna que hasta la fecha había gozado.

[17] «El comisario general don Francisco de Pineda Bascuñan, que sirve cerca de la persona de Usía, dice que los indios de su encomienda los ha dado Usía por vacos por no tener confirmación de su Majestad de ellos, y que por orden de Usía se han publicado edictos para que se opongan las personas más beneméritas de este Reino para con ellos premiar parte de los servicios que a su Majestad hubieran hecho, a los cuales dichos indios se opone como uno de los más beneméritos, por ser nieto del General Francisco Jofré que sirvió a su Majestad en la guerra de este Reino más de cincuenta años haciendo muy particulares servicios, como constará de sus papeles, y ser nieto de los primeros conquistadores de este Reino, y hijo legítimo del maestre de campo Álvaro Núñez de Pineda ya difunto, que sirvió en este Reino más de cuarenta años efectivos desde soldado líquido hasta llegar a ocupar el puesto de maestre de campo general de este Reino por particular servicios que a su Majestad hizo como a Usía consta por relaciones y informaciones, y constará de sus papeles y demás de esto», *Memorial de don Francisco de Pineda y Bascuñán al gobernador Francisco Lazo de la Vega*, Concepción, 23 de mayo de 1639. RA,

Por el contrario, aunque vencido en Las Cangrejeras, Pineda y Bascuñán fue favorecido y respetado por sus captores, quienes le honraron su estatus como español e hijo de un gran militar como su padre. Más que un prisionero, Bascuñán fue «huésped» de sus captores, a quienes continuamente menciona como «compañeros» y «amigos», en tanto que la persona del relato es frecuentemente el plural: «salimos, llegamos, comimos», valer decir, «yo y ellos, mis compañeros». Ya en libertad, Bascuñán se siente en deuda con sus hospitalarios captores y debe devolverles el beneficio: acordarse; no olvidar a esos leales caciques; escribir sobre ellos; hablar por ellos; y proclamar su estatus de «feliz cautivo». Feliz, no por los martirios no padecidos –aunque se afirma en el memorial que «pasó muchos trabajos por servir a su Majestad y peligros de vida»– sino por el amparo debido a los «agasajos y corteses acciones» recibidas, según la glosa del poema con el cual agradece a Maulicán y por el deber moral de la gratitud (p. 301).

El cautiverio: cuando habla la paz y calla la guerra

> De la adulación y mentira y de cuán dañoso y perjudicial sea que los historiadores se dejen llevar por ella, y de cuán peligroso es en estos tiempos decir verdades (p. 235).

Conforme a esta glosa del discurso 1, capítulo 1, con la que se inaugura el *Cautiverio feliz*, Pineda y Bascuñán no se limita a referir su cautiverio, sino que reflexiona y discute la índole de los discursos verdaderos frente a los discursos falsos. Para ello, no le basta el discurso de la relación autobiográfica, ni el de la historiografía practicada hasta entonces. Tendrá que optar por una estrategia de un complejo discurso persuasivo, propio del orador-predicador que aboga por su verdad de los hechos ante un tribunal que debe pronunciarse favorablemente y validar la causa que sustenta mediante una estrategia discursiva más bien polifónica, de varios registros: en tanto ejemplar testigo de vista, depone su testimonio como experiencia propia, no de oídas; como

vol. MLXXXIV, pieza 2.ª, 12 folios s./n., copia de 1688, en Anadón, 1977, apéndice C, pp. 223-224. Sobre los «beneméritos», ver Correa Bello, 1965.

«aficionado a los literarios ejercicios», recurre a la tradición clásica –histórica, literaria, filosófica, cuya nómina adjunta– como criterio de autoridad que avala su querella e incriminaciones; en tanto cristiano devoto y ejemplar –de cuño jesuita–, argumenta (predica), con los pronunciamientos de las sagradas escrituras, respecto al vicio y la virtud, a cuestiones de la fe, la conducta moral en las actuaciones de gobierno temporal y religioso.

Hacia mediados del siglo XVII, Pineda y Bascuñán «ha penetrado algo más de lo que muestra» el discurso filosófico, cristiano y literario, como es el recurso a la alegoría, al símbolo, a la paráfrasis o a la intertextualidad citacional, propia del estilo centonario[18] posiblemente influido por la escritura religiosa de Gaspar de Villarroel y de Gaspar Sánchez[19]. Configura, así, un discurso en el cual «son lícitos, los disfraces / en los escritos mayores, / y usar de ejemplos y frases / aun en los que son menores» (p. 236).

El de Pineda y Bascuñán resulta, pues, un discurso enciclopédico, erudito, de varios registros, que está al servicio de persuadir a su auditorio acerca de la verdad de su causa aunque resulte «desaliñado», «curioso», «extraño» y «pedantesco» por un exceso de retórica, e «impertinente», como en su momento criticaron Diego de Rosales y Diego Barros Arana[20] para el canon del siglo XVII; en suma, un discurso

[18] Ver Arbea, 1993.

[19] Ver Zaldumbide, 1960. El análisis de Zaldumbide permite establecer el nivel que alcanza en Núñez de Pineda y Bascuñán el estilo alegórico y el discurso de este predicador (¿1587?-1665) quien fuera obispo de Chile. Gaspar Sánchez (1554-1628) se caracterizó por su labor docente en filosofía, teología y retórica.

[20] Tempranamente –y casi a la par de su escritura – el *Cautiverio feliz* fue calificado por el Padre Diego de Rosales en su *Histórica relación del Reino de Chile, Flandes indiano* como un «curioso libro» antes que como un «curioso cautiverio» que «quizás llegue a publicarse» (Rosales, *Histórica relación del Reino de Chile*, pp. 1038-1041). La edición de Góngora que seguimos transcribe el juicio de «desaliñado y pedantesco libro» emitido por Diego Barros Arana (n. 1, p. 1039) en su edición del año 1863. Según la Real Academia Española, entre las acepciones del sustantivo *curioso* se cuentan: «que tiene curiosidad», «que excita curiosidad», «limpio y aseado», «que trata algo con particular cuidado y diligencia», en tanto que el verbo *curiosear* remite a «ocuparse en averiguar lo que alguien hace o dice», «procurar, sin necesidad y a veces con impertinencia, enterarse de algo», vale decir, «fisgonear». A su vez, *curiosidad* es un calificativo que denota tanto «deseo de saber o averiguar alguien lo que no le concierne», como «aseo, limpieza», «cuidado de

capaz de borrar los límites entre los géneros, tal como lo ilustra en un texto a la vez «romance» y «oración», donde declara: «Diversos son mis discursos, / varios son mis pensamientos / y luchando unos con otros / es la victoria por tiempos» (p. 884).

El común denominador de esta «diversidad de discursos» será el estilo alegórico, cuyo fundamento encuentra Bascuñán en la retórica cristiana, elocución que establecerá una permanente alternancia con la retórica literaria propiamente tal:

> Preguntaron a su divino Maestro los sagrados discípulos que por qué causa o razón hablaba de ordinario en parábolas y enigmas, a que responde a nuestro buen intento San Juan Crisóstomo y dice que porque pusiesen más cuidado y solicitasen con más veras entenderle; que la obscuridad que encerraban en sí sus palabras les incitaría a escudriñarlas y a entenderlas; que si la intención de Cristo, Señor Nuestro, fuese no ser entendido, ni en parábolas ni en enigmas ni en otro género les hablara palabra. Con que podremos decir lo que el gentil versista: que es conveniente y necesario en todo género de escritos y narraciones usar de parábolas y enigmas (p. 236).

hacer algo con primor», «cosa curiosa o primorosa» (*DRAE*). He aquí el amplio campo semántico que lleva consigo este calificativo del Padre Rosales. Naturalmente, a Núñez de Pineda le interesa «decir verdades en su tiempo», cuestión que entiende «muy peligrosa» hacia 1663, por cuanto más que una virtud, emitir una «razón individual de las dilatadas guerras del Reino de Chile» es un proyecto discursivo que reproduce otra de las acepciones de *curioso*: «vicio que lleva a alguien a inquirir lo que no debiera importarle», como es el propósito de emitir una «razón individual de las dilatadas guerras del Reino de Chile». ¿Cómo proceder, entonces, para que esta condición de «libro curioso e impertinente, desaliñado y pedante» no se revierta negativamente sobre su autor y lo descalifique como tal? Según exponemos, las estrategias de escritura de Pineda y Bascuñán son de variados registros; «subversivas» –como diría Beatriz Pastor– respecto al canon del discurso de la conquista que solo se permite «relatos de victorias y hazañas dignas de memoria», y un cautiverio, precisamente, no es un acto propio de una historia memorable. Hasta ahora, la crítica ha establecido estos variados registros discursivos, pero no necesariamente los ha visto como formando parte de un todo, de un macrotexto, más bien. En términos de la Real Academia Española, *desaliñado* significa «falto de compostura y atavío», fruto de «negligencia, omisión y descuido». Para los efectos de esta exposición, quedémonos con que el «desaliño» en cuestión indica que el libro de Pineda y Bascuñán «no calza con el gusto imperante» de un historiador como Barros Arana, quien le reprocha al autor un tono de pedantería, en términos de hacer vano alarde de retórica y de erudición.

En consecuencia, la escritura de Pineda y Bascuñán exige un atento «cuidado» y un verdadero esfuerzo por «escudriñar» y «entender» el relato de su cautiverio y el porqué lo ha calificado como «feliz» a partir de una parábola general que preside su relato en el cual, si bien no refiere una victoria por las armas, se hacen presentes otras victorias dignas de recordarse (sobrevivir, no morir; evangelizar sin violentar ni a hombres ni a mujeres; experimentar la misericordia).

Estatus *vs.* marginación

En Pineda y Bascuñán, el estilo de la parábola propicia un continuo discurso autorreflexivo en el que la enunciación se revierte permanentemente sobre el enunciado que hace relación del cautiverio experimentado y de las formas de la vida y de la administración colonial. El narrador no solo cuenta una historia sino que, a la vez, la comenta, y en ello radica la sabiduría y el poder de la palabra. Según reseña Miguel Gomes,

> cuando el literato se atribuye el derecho de producir alegoría está diseñando puentes entre sus dominios verbales y una sabiduría edificante, trascendente o, en todo caso, más importante que la de lo meramente artístico, a la cual da a entender que tiene acceso [...]. En otras palabras, el cultivo de discursos alegóricos se erige como crédito que facilita al sujeto que opera en el campo cultural obtener ganancias en el campo del poder y, a su vez, indirectamente ascender en el de las clases sociales o fortalecer en él su posición. La alegoría en la tradición occidental [...] se ha integrado desde hace mucho tiempo en complejos mecanismos de consecución y preservación de autoridad[21].

Mediante una serie de digresiones, Pineda actualiza para su relato el discurso de otros autores que autorizan e ilustran las situaciones que el narrador vive, sea como cautivo, en el pasado, o como español benemérito ingratamente compensado en el presente, en términos que recuerdan a Foucault cuando se refiere al «orden del discurso»:

> en el momento de ponerme a hablar ya me precedía una voz sin nombre desde hacía mucho tiempo: me habría bastado entonces encadenar,

[21] Gomes, 2005, pp. 147-148.

> proseguir la frase, introducirme sin ser advertido en sus intersticios, como si ella me hubiera hecho señas quedándose, un momento, interrumpida. No habría habido por tanto inicio; y en lugar de ser aquel de quien procede el discurso, yo sería más bien una pequeña laguna en el azar de su desarrollo, el punto de su posible desaparición[22].

A modo de síntesis, observemos –por ejemplo– la escena en la cual Pineda y Bascuñán se encuentra rendido. Conforme a su versión de los hechos de 1629, describe que fue derribado a raíz de un golpe en su costado y en una mano (p. 263), y que –desde esta desventajosa posición de vencido– se vio frente a frente con Lientur, el toqui vencedor.

> Cuando al capitán Lientur –caudillo general de aquel ejército– vi entrar armado desde los pies a la cabeza, sus armas aceradas en el pecho, la espada ancha des[nud]a, y en la mano un morrión, y celada en la cabeza, sobre un feroz caballo armado de la propia suerte, que por las narices echaba fuego ardiente, espuma por la boca, pateando el suelo con el ruido de las cajas y trompetas: no podía de ninguna suerte estar un punto sosegado (p. 265).

El episodio es elevado a la categoría de un tópico épico-literario que revierte la premisa de Ercilla según la cual «no es el vencedor más estimado / de aquello en que el vencido es reputado» (p. 19). Ahora es un magnánimo Lientur quien intercede en favor de su «reputado prisionero». Pero lo que parece un discurso propio de Pineda y Bascuñán no es sino reminiscencia de su conocimiento de clásicos como Claudiano (p. 269), un poeta greco-romano (*c.* 370-*c.* 404 d. C.), y, particularmente, una glosa de Silvio Itálico, otro poeta latino (*c.* 25-101 d. C.):

> De las espuelas herido
> el frisón más alentado
> no puede estar sosegado
> ni en un lugar detenido;
> con el freno enfurecido
> fuego sus narices brotan,
> los estruendos alborotan
> y de la guerra el ruïdo (p. 270).

[22] Foucault, 2002, pp. 11-12.

De este modo, inesperada y paulatinamente, el espacio indígena se transforma en un espacio discursivo, dialógico, de paz, no de guerra. La palabra retórica modifica las relaciones con el otro e instaura su categoría de tal: Maulicán renueva ante Pineda y Bascuñán la promesa hecha a Lientur y el cautivo le retribuye con un «romance» en la lengua de sus amos –no en la propia–. Pero el poema no basta para que la escritura de Pineda y Bascuñán deje de ser portadora del canon eurocéntrico: el romance se inscribe en la serie de los textos de cautivos –por causa de guerra y de religión–, como es el caso de Góngora, y en él, entre otros procedimientos, se recurre a la mitología clásica del conquistador para calificar al adversario como un Marte o un Atlante. En suma, se aplica el canon de la literatura escrita y erudita a una sociedad ágrafa, como son la métrica, la rima, la intertextualidad. Con todo, bien puede decirse que –desde el bando del conquistador/conquistado– este romance anticipa la serie de la literatura etnocultural, escrita por un español en *mapudungun*, aunque limitándose al canon europeo:

cautivo y preso me tienes
por tu esfuerzo, no es dudable
mas con piadoso celo
más veces me aprisionastes.
Mas podré decir que he sido
feliz cautivo en hallarme
sujeto a tus nobles prendas
que son de tu ser esmalte (p. 302).

Aparte de lo anterior, el romance es clausurado del mismo modo como ocurrió con la escena donde asoma Lientur. Ahora, Pineda y Bascuñán recurre a citas de Ovidio:

Es de un pecho generoso
dolerse de un lastimado
y el levantar al postrado
de un príncipe majestuoso (p. 303);

y a alusiones moralizantes de carácter cristiano como es una máxima derivada de la enseñanza de Cristo, con motivo de la resurrección de Lázaro, con la cual detuvo el llanto familiar (p. 303), digresión que completa con una glosa que hace de la misma cita de Ovidio:

> es de los grandes príncipes y señores levantar a los caídos y lastimarse de los pobres afligidos (p. 302).

Aunque Pineda no registra la respuesta que obtuvo de Maulicán –quien «en su lengua escuchó el sentido de mi intento con agrado» (p. 301)–, por extensión, supone una práctica literaria similar entre sus captores por cuanto entre los actos de despedida le hacen oír un breve poema que se encarga de traducir y de versificar a la manera española (pp. 892-893) como, a su vez, ha hecho el Inca Garcilaso de la Vega en sus *Comentarios Reales*[23]. Vale decir, obsequio, canje de palabras de promesas y cumplimento, y alabanza a quien promete respetar la palabra empeñada. En resumen, un verdadero «cautiverio feliz» hecho posible por medio de la palabra; demérito de cautiverio; mérito de la palabra indígena y de la palabra española.

Conclusiones: el cautiverio, espacio retórico-literario

En el contexto de la historiografía de la Conquista de Chile, la escritura de Pineda y Bascuñán recrea el escenario del cautiverio como un espacio dialógico historizante en el cual se entreteje la palabra española y la del indígena; la del jesuita y la del bárbaro; la que refiere los hechos de los españoles y los efectos que ejercen en el nativo. Tal dialogismo reproduce un doble hemiciclo, al modo de un globo demediado por dos hemisferios (Sur-indígena/Norte-español) en cuyo centro se encuentra el cautivo. Orientado, primeramente hacia el bando indígena, este peculiar cautivo oye de sus amos (Lientur-Maulicán) las palabras-promesas de protección y liberación y está atento a su cumplimiento. Después, oye y «pondera» (p. 674), sin contra-argumentar o contra-preguntar, las palabras-historia de los caciques (Tereupillán, Quilalebo, Anganamón, Llancareu, Colpoche, Molbunante, Lepunante, Luauncura, Huirrumanque, Neucopillán, Arancheu), quienes, desde el hemiciclo indígena, efectúan su propia crónica de la conquista y exponen las razones que sustentan la dilatada guerra:

[23] Inca Garcilaso de la Vega, *Comentarios Reales*, cap. XXVII, pp. 91-94.

> Proseguid con vuestro discurso –dije al cacique [Quilalebo]– que me tenéis absorto con lo que me habéis dicho (p. 666).
>
> Con admiración, suspenso, he escuchado vuestras razones –respondí al cacique a todo su razonamiento (p. 668).

Pineda y Bascuñán oye, también, cantos y palabras de niños, jóvenes y mujeres; conjuros de machis y de hechiceros a los cuales opone la palabra del conquistador cristiano, bautizando y rezando. Todo lo anterior supone un pacto de lectura con el lector del «cautiverio». Este debe convenir en que la serie de digresiones (morales y literarias) fueron formuladas a la par del cautiverio y no extemporáneamente como estrategia de escritura que preside la oratoria del «libro del cautivo» destinado al público español y no indígena (inicialmente al rey Felipe IV hacia 1663 y, luego, a Carlos II cuando asuma el trono en 1673-1675, lo cual explicaría el cambio de datación del manuscrito).

Bibliografía

Anadón, J., *Pineda y Bascuñán defensor del araucano. Vida y escritos de un criollo chileno del siglo xvii*, Santiago de Chile, Universitaria, 1977.

Arbea, A., «El formato centonario en la *Restauración de la Imperial* de Juan de Barrenechea y Albis», *Revista Chilena de Literatura*, 42, 1993, pp. 31-39.

Barraza, E., *De «La Araucana» a «Butamalón». El discurso de la conquista en la literatura chilena*, Valdivia, Universidad Austral de Chile (Anejo 17 de *Estudios Filológicos*), 2004.

Correa Bello, S., *El «Cautiverio feliz» en la vida política chilena del siglo xvii*, Santiago de Chile, Andrés Bello, 1965.

Chang-Rodríguez, R., «El propósito del *Cautiverio feliz* y la crítica», *Cuadernos Hispanoamericanos*, 297, 1975, pp. 657-663.

— «Conocimiento, poder y escritura en el *Cautiverio feliz*», en R. Chang-Rodríguez, *Violencia y subversión en la prosa colonial hispanoamericana. Siglos xvi y xvii*, Madrid, Porrúa, 1982, pp. 63-83.

Díaz Amigo, C., «Nuevas consideraciones para una relectura de *El Cautiverio feliz* de Francisco Núñez de Pineda y Bascuñán», en *Actas IV Seminario Internacional de la Sociedad Chilena de Estudios Literarios (SOCHEL), 18-21 de noviembre, 1986*, Valparaíso, Universidad Católica de Valparaíso, 1986, pp. 123-134.

Diccionario de la Real Academia (DRAE), Madrid, Espasa-Calpe, 2001.

ERCILLA Y ZÚÑIGA, A. de, *La Araucana*, 8.ª ed., Santiago de Chile, Editorial del Pacífico, 1980.

FOUCAULT, M., *El orden del discurso*, Barcelona, Tusquets, 2002.

GARCILASO DE LA VEGA, Inca, *Comentarios Reales*, 2.ª ed., México, Porrúa, 1990.

GOIC, C., «Mezclando la pluma con la espada: poesía y retórica del *Cautiverio feliz*», estudio preliminar a F. Núñez de Pineda y Bascuñán, *Cautiverio feliz*, Santiago de Chile, Universidad de Chile, 2001, pp. 11-52.

GOMES, M., «Poder, alegoría y nación en el neoclasicismo hispanoamericano», *Hispanic Review*, 1, 2005, pp. 41-63.

INVERNIZZI, L., «*Naufragios* e *Infortunios*: discurso que transforma fracasos en triunfos», *Revista Chilena de Literatura*, 29, 1987, pp. 7-22.

— «Antecedentes del discurso testimonial en Chile. Textos historiográficos de los siglos XVI y XVII», en *La invención de la memoria*, ed. J. Narváez, Santiago de Chile, Pehuén, 1988, pp. 57-70.

— «Recursos de la argumentación judicial-deliberativa en el *Cautiverio feliz* de Pineda y Bascuñán», *Revista Chilena de Literatura*, 43, 1993, pp. 5-30.

LEAL, L., «El *Cautiverio feliz* y la crónica novelesca», en *Prosa hispanoamericana virreinal*, ed. R. Chang-Rodríguez, Barcelona, Borrás, 1978, pp. 113-140.

MORALES, L., *La escritura de al lado: géneros referenciales*, Santiago de Chile, Cuarto Propio, 2002.

NÚÑEZ DE PINEDA Y BASCUÑÁN, F., *Cautiverio feliz*, ed. M. Ferreccio Podestá y R. Kordic Riquelme, Santiago de Chile, Universidad de Chile, 2001.

PASTOR, B., *Discurso narrativo de la Conquista de América*, La Habana, Casa de las Américas, 1983.

RODRÍGUEZ, M., «Los bárbaros en el Reino de Chile hacen ganchillo», *Acta Literaria*, 26, 2001, pp. 7-27.

ROSALES, D. de, *Histórica relación del Reino de Chile, Flandes indiano*, ed. M. Góngora, 2.ª ed., Santiago de Chile, Andrés Bello, 1989.

STAROBINSKY, J., «Le style de l'autobiographie», *Poétique*, 3, 1970, pp. 257-265.

TRIVIÑOS, G., *La polilla de la guerra en el Reino de Chile*, Santiago de Chile, La Noria, 1994.

— «*Punctum* y común parecer en el *Cautiverio feliz*», en *Crisis, apocalipsis y utopías. Fines de siglo en la literatura latinoamericana*, ed. R. Cánovas y R. Hozven, Santiago de Chile, Pontificia Universidad Católica de Chile, 2000, pp. 494-498.

— «No os olvidéis de nosotros. Martirio y fineza en el *Cautiverio feliz*», *Acta Literaria*, 25, 2000, pp. 81-100.

VALVERDE, C., «Modelos masculinos en *El Cautiverio feliz*: nostalgia medieval en un presente degradado», *Alpha*, 14, 1998, pp. 61-76.

ZALDUMBIDE, G., *Fray Gaspar de Villarroel. Estudio y selecciones*, Quito, Biblioteca Ecuatoriana Mínima, 1960.

LUCÍA MIRANDA, DE EDUARDA MANSILLA: LA ESPAÑOLA (QUE) CAUTIVA EN AMÉRICA

Vania Barraza Toledo
University of Memphis

El cautiverio femenino no es solo producto de una violenta acción de fuerza, apropiación y posesión masculina, sino que motiva, también, el florecimiento de complejas interacciones entre la(s) cautiva(s) y las mujeres que se encuentran en posición o en calidad de opresoras, articulaciones marginales con respecto al dominio masculino que se cifran por condiciones tanto de diferencia como de igualdad entre mujeres. Por lo general, los relatos y documentos referidos a la Conquista de América que dan cuenta sobre experiencias de cautiverio femenino se enfocan en relaciones de sumisión de la mujer respecto al sujeto masculino, en el proceso de mestizaje, la dominación y la violencia sexual, lo cual relega las interacciones entre mujeres en la dimensión de lo no-dicho, de lo omitido.

Las fuentes coloniales apenas hacen referencias sobre interacciones entre españolas cautivas y sus pares indígenas. Por consiguiente, el cautiverio, como espacio que enfrenta a mujeres de dos mundos como antagonistas y rivales, resulta un *locus* femenino poco discutido aún[1]. Esta propuesta propone reflexionar, desde la ficción, sobre las experiencias de encuentro y confrontación entre mujeres, y así explorar las relaciones de solidaridad y división femenina surgidas a partir de este cruce étnico e intercultural.

[1] Con excepción de trabajos como los de Socolow, 1992; Alegría, 1996; y Altube, 1999.

Lucía Miranda, de Eduarda Mansilla, es uno de los primeros antecedentes literarios, escritos por una narradora latinoamericana, que describe la experiencia de una española en el Nuevo Mundo. La novela se adscribe a la leyenda de la cautiva blanca, un tema que en la literatura hispana se remonta hasta los relatos medievales (de caballería, novelas bizantinas o de moros y cristianos) y que en la literatura latinoamericana se reconoce de manera temprana en el poema dramático *La cautiva* de Esteban Echeverría (1837).

El texto, en tanto relato fundacional, ofrece una sugerente lectura no solo acerca del binomio cautivo/cautivado, sino también sobre la manera en que la mujer europea se relacionó con la nativa del Nuevo Mundo (y viceversa), un tópico poco analizado por las letras y la historia hispanoamericana. El personaje de Lucía Miranda, de Mansilla, se construye sobre la base de una imagen romántica de la mujer europea que cautiva tanto a indígenas como a peninsulares. De este modo, el texto ofrece una sugerente polisemia que se puede sintetizar como 'Lucía *cautiva* en América', por cuanto la protagonista cautiva y es cautivada por la otredad.

La cautiva: del mito a la Conquista de América

En el imaginario de Occidente, la figura de la cautiva se ha descontextualizado del escenario bélico o violento de su origen y, a través de la historia, su imagen ha adoptado diversas expresiones vinculadas a ritos festivos, en arquetipos plásticos y literarios, y, de manera más reciente, en fetiche del mercado audiovisual. Desde el rapto de Europa, pasando por el de Helena de Troya o por el secuestro de la actual heroína cinematográfica, la rehén alzada, leve, ausente, carece de materialidad corpórea. Su figura se carga de erotismo debido al escaso vestuario que, en general, caracteriza su representación visual. Su mirada se pierde en el vacío y pocas veces manifiesta sorpresa, horror o emoción; es una mirada etérea, esquiva. Por lo mismo, con el sutil (y quizá perverso) propósito de aislarla de lo ocurrido, en la mayoría de los casos a la mujer se la representa desmayada o inconsciente. Esta ausencia de su mirada insiste en un grado de artificialidad de la situación y dota al observador u observadora de un poder cercano al del *voyeur*[2].

[2] El voyeurismo sobre el cuerpo amenazado de la cautiva se actualiza desde los comienzos de la cinematografía de Occidente a través de la clásica locomotora que

En la cultura hispánica, el secuestro mítico-ritual de doncellas se integró dentro de espectáculos públicos y, en particular, el tópico de la cristiana cautiva adquirió gran difusión en el romancero y en la narrativa de moros y cristianos. En la tradición popular surgió, también, toda una línea de celebración religiosa, en la cual los enemigos –los musulmanes– prenden la escultura de la Virgen María o la figura de una santa católica que más tarde es rescatada por sus fieles[3]. De esta manera, al simbolizar el rapto y el cautiverio femenino, tanto el arte como las expresiones populares se inclinan a omitir la violencia empleada para apropiarse de una mujer convertida en botín de guerra, objeto de canje o de venganza sexual, para transformarla en objeto de deseo del imaginario masculino.

La interpretación 'des-materializada' de la cautiva forja una elipsis narrativa que estimula el deseo por lo no-representado, por lo que permanece abierto a la imaginación. Esta contención discursiva encubre una pulsión sexual: «desde el origen, la mujer raptada, la mujer cautiva, es la fisura entre una cultura y la posibilidad de su destrucción o su conservación. El erotismo se esconde entre los pliegues de la cordura y de la política: la cautiva es una figura erótica»[4]. Por lo tanto, la mujer capturada es un referente que nutre una mirada masculina, fenómeno que impide descubrir qué ocurre del otro lado, qué pasa entre las mujeres, cómo se relacionan entre sí, cuál sería –en efecto– una interpretación femenina del cautiverio.

avanza hacia la heroína inmovilizada y se consolida como intimidación siniestra con la creación de King-Kong (1933). Desde entonces, las bestias raptoras han adoptado expresiones monstruosas en figuras como Drácula, Frankenstein, Godzilla, y, también, en la forma de horribles villanos que atentan contra las enamoradas de los superhéroes. Todas estas expresiones de aprisionamiento ofrecen una sensación de control voyeurista de parte del observador; fenómeno que Laura Mulvey estudia por medio de la categoría freudiana de *scopophilia* (llegar a la satisfacción sexual por medio de estímulos visuales).

[3] Brisset Martín, 2007, da cuenta de una quincena de localidades hispanas que todavía celebran el rapto de la Virgen María como las de Atalbéitar, Picena y Montejícar (Granada); Campillo de Arenas y Carchelejo (Jaén); Puebla de Alfarnate (Málaga); Casas Ibáñez y Jorquera (La Mancha); Alcalá de la Selva e Híjar (Teruel); Mas del Olmo y Tuéjar (Valencia). En tanto, el secuestro de santas también se reproduce con Santa Ana (Molvízar, Granada), Águeda (Escatrón) y Bárbara (Fuentes de Ebro) –ambas de Zaragoza–, y Catalina (Aras, Valencia).

[4] Iglesia, 1992, p. 557.

La cautiva es, para la tradición latinoamericana, la mujer blanca raptada por los indígenas; escenario en el cual su equivalente indígena desaparece como participante de su comunidad y de un quehacer socioeconómico. Aunque los vocablos *esclavo* (prisionero de guerra) y *cautivo* (aprisionado en la guerra) parecieran definir términos afines, en la práctica el cautiverio sugiere una posibilidad de rescate y de menor sometimiento y servilismo que la experimentada durante la esclavitud. En el contexto de la Guerra de Arauco, esta diferencia se expresa por cuanto

> los cronistas al referirse a las mujeres blancas, prisioneras al interior de la sociedad mapuche, las denominan cautivas [...]. Si las afectadas son indígenas, el concepto cambia por el de esclava, como una forma de justificar la situación de dominación, y trabajo forzado que experimentan por resistirse al dominio de su señor natural –el monarca español[5].

Por lo tanto, el prendimiento de mujeres no está exento de una diferencia racial entre ellas, contraste que refuerza una división dentro del género femenino, en lugar de motivar una alianza solidaria entre sí.

Las cautivas del Río de la Plata

El conflicto fronterizo rioplatense se incrementa en la segunda mitad del siglo XVIII, por lo que más tarde, durante el gobierno de Rosas, se liberó un considerable número de cautivos entre los grupos pampas, tehuelches y araucanos. De acuerdo con una lista publicada en 1833, de los 634 rescatados, el 61% eran mujeres; sin embargo, se considera que en la mayoría de grupos de cautivos hubo una proporción todavía más alta de prisioneras raptadas[6]. La predominancia femenina de rehenes se explica por una combinación de motivaciones sexuales, estratégicas y económicas entre los indígenas: a diferencia de los varones, ellas «eran más dóciles y físicamente más fáciles de manejar»[7]. Ade-

[5] Alegría, 1996, p. 20.

[6] Socolow, 1992, p. 83.

[7] «They were more docile and physically easier to manage» (Socolow, 1992, p. 85).

más de poder realizar quehaceres domésticos, las mujeres manifestaban menor inclinación para regresar hacia la sociedad española, actitud que se reforzaba con la negación «de las madres a abandonar a sus hijos mestizos en "tierra adentro" a cambio de una libertad simbólica en la sociedad de origen»[8]. Por eso, la mayoría de las jóvenes que lograban fugarse o volvían con los suyos aún no habían sido madres, y las que lo habían sido, en general, permanecieron con los indígenas.

De manera paradójica es posible advertir que si en la intimidad doméstica colonial el principal enemigo de la esclava indígena fue la mujer hispano-criolla, «el cautiverio convertirá a la española en esclava de su propia criada»[9]. Por esto, aunque la recién llegada pasaba a desempeñar el mismo rol que la mujer indígena –ejecutar labores domésticas–, no era siempre con el mismo estatus.

Sin embargo, como advierte Altube, hubo casos en que las extranjeras también oficiaron de nodrizas, cumplieron funciones reproductoras y estratégicas (como lectoras, escribientes o secretarias de sus captores), fueron informantes y cumplieron un importante papel en el intercambio tribal e intercultural. Aunque la información con respecto a la relación entre mujeres es escueta, las fuentes informan de que, en principio, la presencia de cautivas jóvenes planteaba la rivalidad sexual con las esposas y demás mujeres indígenas, lo cual motivaba violentos enfrentamientos domésticos. Sin embargo,

> con el transcurso del tiempo, observamos que las tensiones se van diluyendo. Después de haber sido el blanco de la ira y los celos de las otras mujeres, 'la preferida' del dueño de casa y madre de sus hijos lograba reacomodarse en el elenco poligínico[10].

El reacomodo de la cautiva dentro de la jerarquización femenina quedaba supeditado a 'la más antigua', es decir, a la esposa dominante del grupo doméstico. Su autoridad era ejercida sobre todas las mujeres que el hombre llevara a su toldo. 'La principal' era ama, dueña y señora, y, en la sociedad indígena, su presencia garantizó no solo un control femenino dentro del espacio doméstico, sino que fue también un

[8] Altube, 1999, p. 116.
[9] Alegría, 1996, p. 29.
[10] Altube, 1999, p. 104.

importante nexo para la cohesión del grupo en la esfera pública.

La cautiva de la escritura rioplatense

La novela histórica *Lucía Miranda* (1860), de Eduarda Mansilla, surge a partir de la leyenda sobre una andaluza quien, en 1526, acompaña a su esposo, Sebastián Hurtado, en la expedición liderada por Sebastián Caboto hacia el Río de la Plata. Al año siguiente, cerca del río Paraná, el explorador deja una parte de su grupo en un pequeño fuerte llamado Sancti Spiritu. En 1529, el asentamiento es incendiado por los indígenas, provocando la muerte de casi todos sus habitantes.

El mito de Lucía Miranda se origina a partir de posibles motivaciones amorosas para destruir la pequeña fortaleza. Su historia se menciona por primera vez en la crónica *La Argentina manuscrita* (1612), de Ruy Díaz de Guzmán[11]. La historia es más tarde reproducida por Manuel José de Lavardén en la pieza de teatro *Siripo* (1789) y en diversos dramas y novelas románticas entre las que se incluyen las versiones de Rosa Guerra y Eduarda Mansilla, publicadas el mismo año (1860)[12].

Según la leyenda, cuando Lucía y su esposo permanecen en el fuerte se desencadena un dramático triángulo amoroso entre el español, la mujer y dos hermanos indígenas: Mangoré y Siripo[13]. Luego de una lucha fratricida, Siripo captura a la mujer y, tras una serie de infortunios, los cónyuges terminan sacrificados por enfurecidos aborígenes. De este modo, y de manera paradójica, los españoles resultan mártires a manos de los indígenas, difuminando la dicotomía conquistador/conquistado y erigiendo a unos salvajes indígenas en crueles opresores de los colonos. En consecuencia, la barbarie supedita a la civilización.

A pesar de la controversia que divide a la crítica contemporánea con respecto a la historicidad de la anécdota descrita por Díaz de Guzmán[14], es necesario precisar que la ausencia de documentación oficial

[11] Díaz de Guzmán (*La Argentina*, p. 66) se refiere a los desastrosos eventos y a la muerte de Lucía y Sebastián como ocurridos en 1532 y no en 1529.

[12] La leyenda, en tanto paradigma de «la cautiva blanca», también se encuentra reproducida en poemas y obras teatrales, así como en las novelas de Miguel Ortega (1864), Celestina Funes (1883), Alejandro Cánepa (1918) y Hugo Wast (1929).

[13] Mangoré se llama Marangoré en la obra de Mansilla.

sobre Lucía Miranda no quita valor a la obra de Mansilla, puesto que ella es «la única cautiva/blanca que reaparece una y otra vez en la literatura [argentina]»[15], y, de igual modo, constituye una de las primeras representaciones del encuentro entre mujeres de ambos continentes, según los modelos de la novela histórico-sentimental.

Eduarda Mansilla (1834-1892) formaba parte de la elite política e intelectual de Argentina. Sobrina de Juan Manuel de Rosas, se destacó en las letras rioplatenses junto a su hermano Lucio V. como una reconocida intelectual[16]. Su versión de *Lucía Miranda* se enmarca como una obra de transición entre la Generación del 37 y la Generación del 80; por esto, la obra de Mansilla, de carácter romántico-indianista, es un texto que enlaza el romanticismo y el realismo en Argentina.

Al tratarse de un relato histórico –como se declara en el subtítulo de la obra: *Novela sacada de la historia argentina*–, el texto mitifica el proceso de la conquista tratando de buscar una explicación sobre el presente de una nación en proceso de formación. Por lo mismo, el encuentro entre los dos mundos se representa de manera utópica, transformando a la protagonista en un modelo que seguir y como una víctima de la fatalidad, cuyos esfuerzos por civilizar el Nuevo Mundo fracasan.

Lucía Miranda: cautiva en América

Lucía Miranda se divide en dos partes: la primera comienza en el Nuevo Mundo, pero se remonta a eventos ocurridos en Europa, protagonizados por generaciones anteriores a la heroína. También se da cuenta del nacimiento de Lucía, como fruto del mestizaje, al ser hija de un hidalgo español y una morisca. La segunda parte es una narración

[14] De acuerdo con Lojo (2007, p. 29), ni los cónyuges, ni ninguno de los personajes nombrados por Ruy Díaz existen en los documentos de la expedición de Gaboto. Sin embargo, Mataix (2004, p. 212) sostiene que la historicidad o ficcionalidad de la protagonista todavía es objeto de controversia.

[15] Rotker, 1997, p. 117 (ver Haberly, 1978).

[16] En 1860 publica *El médico de San Luis* y *Lucía Miranda, novela sacada de la historia argentina*. En francés escribe *Pablo, ou la vie dans les Pampas* (1869). También da a las prensas *Cuentos* (1880), *Recuerdos de viaje* (1882) y *Un amor* (1885).

cronológica de los eventos ocurridos en América hasta el martirio de los cónyuges. Por lo tanto, si en la primera sección los eventos narrados funcionan de manera centrífuga con respecto a la figura de Lucía, en tierras americanas los personajes y las situaciones relatadas confluyen, ahora de manera centrípeta, hacia la joven protagonista.

Desde su llegada, Lucía adopta la función de un eslabón cultural, acaparando la atención de todos, especialmente de las mujeres de la comunidad de los timbúes:

> Las indias, que, en gran número, estaban apiñadas detrás de los indios, miraban *con expresiva admiración a la graciosa joven* [...] Las demás españolas, acostumbradas a ver siempre a la animosa Lucía dar consuelo a todos los que sufrían, la rodeaban solícitas, ofreciéndole sus servicios (Mansilla, *Lucía Miranda*, p. 304[17]; énfasis nuestro).

La cita revela cómo las mujeres de los dos mundos se concentran alrededor de la protagonista, quien, por sus encantos y por su belleza natural, pasa a ser un enlace entre ambas experiencias culturales: europeos y naturales se fascinan por la simpatía y dulzura de Lucía, sobreponiendo diferencias de comunicación o de civilidad.

Todos, tanto sus iguales como los demás, caen rendidos, cautivos, ante la joven Lucía. Por lo tanto, el relato de Mansilla ofrece una interpretación femenina sobre el cautiverio: la mujer cautiva no por la violencia o las armas, sino más bien por la gracia, la belleza y el donaire. El relato adopta, así, un carácter programático al presentar un modelo alterno a la contraparte masculina del cautiverio por la fuerza. No obstante, claro está que con el secuestro de Lucía y su sacrificio, este proyecto femenino de la conquista pacífica termina fracasando.

Además de transformarse en un modelo deseado y referencial para las mujeres indígenas, la joven esposa también se convierte en el apoyo anímico y espiritual para las españolas de la expedición. Masiello nota que esta amistad femenina es parte de una estrategia presente en toda la narrativa de Mansilla, recurso que se plantea como una propuesta política entre naciones que permite explorar las costumbres de los otros según una mirada femenina[18]. Es decir, la narradora potencia una

[17] Todas las citas serán por esta edición, pero modernizo las grafías.

[18] Masiello, 1992, p. 42.

alianza entre subalternidades como estrategia de representación. Sin embargo, como advierte Mataix, tampoco «conviene exagerar el valor feminista del texto»[19], pues ciertamente la representación del género femenino también se organiza según estereotipos y contradicciones sobre las cuales es preciso detenerse igualmente.

Lucía Miranda sugiere reflexionar sobre el modo de articular cautiverio y otredad, ya que el texto también permite examinar contrasentidos con respecto a la representación de la mujer indígena. Si bien el relato menciona a otras españolas en la expedición, estas pronto desaparecen de la historia al continuar su viaje con Caboto. Así, Lucía permanece sola en el fuerte como único referente para las timbúes, por lo que la novela se concentra en estas indígenas totalmente deslumbradas con el físico, la gracia y el traje de la mujer venida de lejos.

Esta admiración por Lucía se incrementa cuando ella comienza a difundir el Evangelio en el Nuevo Mundo. Una imagen bucólica da cuenta de este tipo de reuniones en las que la heroína sirve de enlace entre distintas experiencias culturales:

> Veíasele allí, rodeada de las indias, sentadas sobre la yerba, con sus hijos en brazos las unas, las otras con las manos cruzadas sobre las rodillas, en atenta actitud, [...] y fijos los grandes ojos en el semblante de la joven, escuchar las palabras de amor y caridad, que despertaban en sus *almas adormidos ecos; semejantes al niño que repite la oración primera* (p. 316; énfasis nuestro).

Las indígenas se encuentran cautivadas ante las palabras de Lucía, por lo que responden a una evangelización producto de la paz y no de la violencia.

El relato adopta, por tanto, el carácter programático del deber ser en una América amenazada por la barbarie: el civilizar por medio de la religión. Por esto, unas interesadas indígenas aprenden de la extranjera, lo cual –a pesar del carácter cohesionador de la protagonista– no ocurre de manera recíproca, ya que las timbúes son caracterizadas como niñas escuchando las primeras enseñanzas de la catequesis dadas por una instructora experimentada, representante de una cultura o un saber superior. En consecuencia, el 'encuentro' entre civilización y barbarie

[19] Mataix, 2004, p. 220.

se funda en una civilización –de origen eurocéntrica– como un modelo que seguir en lugar de establecer un diálogo efectivo con la otredad.

En consecuencia, el texto se enmarca dentro de un debate sobre la consolidación del Estado-nación (Masiello, Mataix, Lojo, Rotker, Lehman) y, por lo mismo, dentro de un discurso de carácter fundacional revelando las mismas contradicciones de este proyecto político. La protagonista se transforma en un modelo cívico no solo para las mujeres, cristianas y casadas, sino para aprender a relacionarse e influir sobre la otredad a través de la persuasión y el trato humanitario. Sin embargo, el rapto y posterior desenlace de la historia manifiesta una postura pesimista de la narradora con respecto a dicha empresa del Estado moderno. A fin de cuentas, el texto se inscribe como heredero inmediato del debate planteado en el *Facundo* (1845) de Domingo Faustino Sarmiento promoviendo, en este caso, una alternativa 'femenina' al modelo civilizador.

Mataix observa que el propósito de Mansilla es utilizar el relato histórico-novelesco como versión decimonónica actualizada de la conquista, lo cual permite un reposicionamiento de la figura femenina como ejemplo patriótico y como modelo de mejoramiento de la colectividad[20]. Sin duda, esta narrativa pretende ser un «diálogo mujer/indio como sujetos subalternos»[21]; sin embargo, como ya se ha advertido, este diálogo con la otredad refleja más bien un deseo o intención, más que un encuentro con el otro como tal.

Lucía no cautiva solo a las mujeres timbúes, sino también a los hermanos Marangoré y Siripo, personajes que se cifran como fuerzas antagónicas. Marangoré expresa un amor romántico, idealizado, incluso inocente hacia Lucía, mientras Siripo manifiesta un deseo apasionado, descontrolado y violento; al punto de que este, tras dar muerte a su hermano, rapta a la mujer. Los hermanos se encuentran cautivos por el amor que sienten hacia la española; ambos actualizan el motivo de la cárcel de amor como sentimiento hacia una mujer.

El secuestro de la protagonista resulta una versión incómoda de la conquista para una Argentina que ha diluido su origen mestizo y que tiende a omitir o negar aquellas violaciones fundacionales en un inten-

[20] Mataix, 2004, p. 213.
[21] Lehman, 2004, p. 123.

to por significar que «el contacto con el Otro hubiera sido ocasional, poco significativo y no fundante»[22], rechazo que manifiesta «el mestizaje como malestar»[23]. Por esto, en la escena del rapto, una Lucía semidesnuda se desmaya al ser capturada por Siripo, para despertar al día siguiente cuando la posesión de su cuerpo ha sido consumada. La elipsis narrativa, el silencio y la reescritura revelan una «división social traumática que no puede ser simbolizada y, por lo tanto, permanece irresuelta»[24].

De esa manera, el cuerpo cautivo y mártir de Lucía, en tanto representa los valores republicanos, simboliza el conflicto del Estado-nación para relacionarse con el ancestro indígena y confirma el fallido encuentro con dicha Otredad. Sin embargo, de igual manera es preciso detenerse en el modo como Lucía Miranda cautiva y establece lazos de solidaridad entre otredad(es), puesto que, si bien el texto de Mansilla plantea una lectura sobre el nacimiento del Estado-nación en Argentina, todavía quedan pendientes aquellos aspectos desconocidos de la conquista, ignorados por los grandes relatos totalizadores del siglo XIX, es decir, el encuentro entre mujeres.

En *Lucía Miranda*, aunque en una primera instancia las indígenas resultan infantilizadas, en definitiva el texto realiza un gesto para individualizar a 'la Otra', haciendo un esfuerzo por presentar un modelo de mujer americana. La joven Anté, «que desde los primeros tiempos había cobrado grande afición a las españolas, consintiendo, siempre que al fuerte venía, en que *le pusiesen vestidos y adornos a la europea*» (p. 314; énfasis nuestro), se vuelve incondicional de la protagonista. La pequeña no teme ser travestida según los usos y costumbres de Europa. Ella, de manera simbólica, cruza el Atlántico a la inversa para abrazar la cultura peninsular adoptando también la religión del conquistador. En consecuencia, el texto de Mansilla proyecta el deber ser de una mujer indígena civilizada y educada por voluntad propia y no por la fuerza o la opresión que consagra el mestizaje con el español. No obstante, Anté resulta caracterizada como una niña incondicional a la cultura, la religión y a la mujer europea, sin oírse su voz fuera del radio de acción de esta.

[22] Rotker, 1997, p. 116.

[23] Iglesia, 1992, p. 661.

[24] Rotker, 1997, p. 119.

Anté se enamora de Alejo, un joven español de la comitiva, que decide contraer matrimonio con ella. A través de los enamorados, el mestizaje resulta una posibilidad insinuada al final del relato y como testigo de la desgracia y el horror. En consecuencia, si bien Lucía actúa como un elemento que permite la comunicación entre experiencias transatlánticas (y por extensión la consolidación del proyecto republicano), el propósito de dicho encuentro fracasa por la barbarie, masculina, de la comunidad indígena ligada todavía al cuerpo más que a la palabra.

En la novela, la única expresión espontánea y auténtica de una mujer indígena –aunque atribuible a los celos– se manifiesta a través de las palabras de Lirupé, una vez que su esposo Marangoré ha muerto a manos de su hermano Siripo. El canon romántico del triángulo amoroso se presenta, entonces, como un conflicto amoroso etnocultural. Lirupé despechada le dice como cualquier europea:

> Española, *causa de mi tormento*, pérfida y más cruel que el gavilán, que se complace en dar muerte a la inocente tórtola; vengo a vengarme, vengo a pedirte cuenta de mis lágrimas, de mis noches solitarias y desesperadas. Tú sola me lo has arrebatado; la luz de tus ojos, más relucientes que las inquietas luciérnagas, fue causa sola de su desvío. ¿Acaso yo pensé jamás en atraer las miradas de tus blancos españoles? (p. 355).

Lirupé reclama por la influencia negativa que ha ejercido la 'blanca' española en su vida –por su belleza superior– pero, al mismo tiempo, se trata de un hablar airado, dolido, delirante, que ciertamente corresponde al modelo romántico de mujeres que rivalizan por un hombre. De igual modo, Lirupé pareciera acercarse con mayor veracidad a la relación entre españolas e indígenas de acuerdo con los testimonios rescatados por Altube.

Sin embargo, este apasionamiento sitúa la palabra de la indígena del lado de la barbarie, de la irracionalidad de la subalterna incapaz de estar a la altura de la mujer europea, por lo que incluso atenta contra la vida de su enemiga. La voz de la indígena termina, por tanto, supeditada a la mesura del modelo ejemplar, racional, venido de la civilización.

En consecuencia, se advierte en Eduarda Mansilla un significativo aporte con respecto a introducir la alteridad en el imaginario de las letras latinoamericanas, presentando un proyecto educativo al programa civilizador de la nación. Sin embargo, se trata de un paradigma narrativo que revela sus propias contradicciones. Lucía Miranda es un modelo integrador y tensional de culturas, y, sobre todo, de solidaridad femenina.

Tensional por cuanto este modelo presenta pequeñas fisuras enunciativas irresueltas, puesto que la española es el patrón de referencia para el Nuevo Mundo y para la mujer indígena, privándosele a aquella de voz para dar cuenta de su experiencia transatlántica. La europea es superior a la nativa en todo orden de cosas: por su belleza, inteligencia, espiritualidad o educación (a fin de cuentas el cacique Marangoré se enamora de la protagonista desdeñando abiertamente a Lirupé). Por lo tanto, la mujer americana por ahora se ha de amoldar, supeditar y permanecer en el margen de los patrones occidentales, lo que no ocurre de manera inversa.

Con todo, lo interesante del relato de Mansilla no radica en el proceso de negar la palabra a la indígena o mostrarla como irracionalmente guiada por la venganza, sino más bien en mostrar una versión alternativa al cautiverio masculino y en exponer interacciones de solidaridad y rivalidad entre la(s) otra(s). Sin duda, un esfuerzo por mostrar otra cara del cautiverio.

Bibliografía

Alegría, R., «Mujeres cautivas en la Frontera Araucana», en *Actas de la primera jornada de investigación en historia de la mujer*, Santiago de Chile, Universidad de Chile-Facultad de Filosofía y Humanidades, 1996, pp. 20-36.

Altube, M. I., «Mujeres en "tierra adentro". Las cautivas en las sociedades indígenas de la región pampeana y norpatagónica (siglos xviii y xix)», en *Historia y género: seis estudios sobre la condición femenina*, ed. D. Villar, M. H. Di Liscia y M. J. Caviglia, Buenos Aires, Biblos, 1999, pp. 89-120.

Brisset Martín, D. E., «Antropología visual de la simbología del cautiverio femenino», *Gazeta de Antropología*, 23, 2007, <http://www.ugr.es/~pwlac/G23_03Demetrio_Brisset_Martin.html>.

Díaz de Guzmán, R., «De la muerte del capitán don Nuño de Lara y su gente; y lo demás sucedido», en *La Argentina*, Buenos Aires, Emecé, 1998, pp. 60-66.

Haberly, D., «Captives and Infidels: The Figure of the *Cautiva* in Argentine Literature», en *The American Hispanist*, 4, 29, 1978, pp. 7-16.

IGLESIA, C., «La mujer cautiva; cuerpo, mito y frontera», en *Historia de las mujeres en Occidente*, vol. 3: *Del Renacimiento a la Edad Moderna*, ed. N. Zemon Davis y A. Farge, Madrid, Taurus, 1992, pp. 557-570.

LEHMAN, K., «Naturaleza y cuerpo femenino en dos narrativas argentinas de origen nacional», *Revista Iberoamericana*, 70, 206, 2004, pp. 117-124.

LOJO, M. R., «Introducción» a E. Mansilla, *Lucía Miranda*, ed. M. Guidotti, M. R. Lojo y H. B. Molina, Madrid/Frankfurt, Iberoamericana/Vervuert, 2007, pp. 11-87.

MANSILLA, E., *Lucía Miranda*, ed. M. Guidotti, M. R. Lojo y H. B. Molina, Madrid/Frankfurt, Iberoamericana/Vervuert, 2007.

MASIELLO, F., «Between Civilization and Barbarism: Gendered Struggles in the Nineteenth Century», en *Between Civilization & Barbarism: Women, Nation, and Literary Culture in Modern Argentina*, Lincoln, University of Nebraska Press, 1992, pp. 17-53.

MATAIX, R., «Romanticismo, feminidad e imaginarios nacionales. Las *Lucía Miranda* de Rosa Guerra y Eduarda Mansilla», *Río de la Plata*, 29-30, 2004, pp. 209-224.

ROTKER, S., «*Lucía Miranda*: Negación y violencia del origen», *Revista Iberoamericana*, 63, 178-179, 1997, pp. 115-127.

SOCOLOW, S. M., «Spanish Captives in Indian Societies: Cultural Contact along the Argentine Frontier, 1600-1835», *The Hispanic American Historical Review*, 72.1, 1992, pp. 73-99.

LA FLORIDA DEL INCA (1605)
DE GARCILASO DE LA VEGA: ÉTICA Y BUEN GOBIERNO
A PROPÓSITO DEL CAUTIVERIO DE JUAN ORTIZ

Sarissa Carneiro Araujo
Universidad de Chile

El Inca Garcilaso comenta la *Florida*

En el epitafio grabado en la capilla enterramiento del Inca Garcilaso en Córdoba, sus albaceas resumieron la producción literaria del mestizo en los siguientes términos: «Comentó la *Florida*, tradujo a León Hebreo y compuso los *Comentarios Reales*»[1]. La distinción entre comentar (para *La Florida del Inca*, 1605) y componer (para los *Comentarios Reales*, 1609-1617) apunta, probablemente, a la singular situación de enunciación descrita en extenso por el mismo Inca en el «Proemio al lector» de su primera crónica. Allí explica que, a quien llama reiteradas veces «mi autor», un caballero gran amigo suyo, no sirvió más que de «escribiente» (p. 5)[2] y que, una vez tejida la narración escrita de «relación ajena», las

[1] Sáenz de Santa María, 1960, p. LXVI. Distinción similar a la del epitafio hace el mismo Inca en la dedicatoria de *La traducción del indio de los tres diálogos de amor de León Hebreo* (1589), cuando pide a Maximiliano de Austria licencia y favor para «acabar de tejer las historias de La Florida y urdir la del Pirú» (Garcilaso de la Vega, *La traducción*..., p. 12).

[2] Todas las citas de *La Florida del Inca* proceden de la edición de Emma Susana Speratti. En cuanto al informante del Inca, la crítica ha llegado a determinar que se trata de Gonzalo Silvestre, miembro de la expedición de Soto y luego combatiente en las guerras civiles del Perú. El nombre del «hazañoso caballero» ha sido posible descubrir, como señaló Miró Quesada, por el modo en que frecuentemente

contrastó con las versiones escritas de otros dos testigos de vista, Alonso Carmona y Juan Coles, citados en algunos pasajes de *La Florida* para que se viera «cómo todas tres relaciones son una misma» (p. 7).

Pero comentar apunta también a 'explicar, aclarar, comentar el sentido, exponer y declarar algo que resulta confuso o poco inteligible' (*Aut.*). Desde ese punto de vista, el Inca comenta la *Florida* porque, entre otras cosas, explica y aclara los motivos del infortunio de la expedición de Hernando de Soto a La Florida, acompañando la narración de los hechos de un extenso contenido que corresponde a un juicio ético y moral de las acciones de los sujetos que de ella participaron.

Al comienzo de la narración, el Inca se refiere al rumor de maliciosos que «con sobra de envidia» se han movido a decir que «a costa de locos, necios y porfiados, sin haber puesto otro caudal mayor, ha comprado España el señorío de todo el Nuevo Mundo» (p. 13). Este rumor instala una cuestión crucial para *La Florida del Inca*: la justa valoración de sujetos como Hernando de Soto, Francisco Pizarro e incluso el capitán Garcilaso de la Vega (siempre presente en la mente de su hijo mestizo) que fueron capaces de «ganar el mundo nuevo y hacerse temer del viejo» (p. 13). Esta justa valoración pasa, necesariamente, por una adecuada evaluación de errores e imprudencias que condujeron a expediciones como la de Soto al fracaso y a la consiguiente pérdida de numerosos hombres y cuantiosas haciendas. Este juicio constituye, además, el punto de partida para otro contenido trascendente en la crónica primeriza del Inca: el que apunta a la corrección de príncipes y gobernantes que aconseja y propone políticas de buen gobierno para los territorios americanos.

Así, el Inca traza un camino habitual en la ética, el que parte de la reflexión valorativa sobre costumbres o formas de vida para llegar a un discurso sobre la acción política. Este trabajo intenta aproximarse al asunto apuntado, a partir del análisis de la primera parte del libro segundo de *La Florida del Inca*, con énfasis en la narración del cautiverio de Juan Ortiz.

aparece en la crónica primeriza del Inca, así como por el expresivo dato de su residencia en Las Posadas. Para este asunto, ver Miró Quesada, 1948, pp. 137-152. Para el problema de la veracidad histórica de las distintas fuentes del Inca en *La Florida* ver Durand, 1963. Para otras fuentes escritas del Inca, ver Mora, 2006.

IRA Y CAUTIVERIO EN *LA FLORIDA DEL INCA*

La Florida del Inca narra en seis libros («conforme a los seis años que en la jornada se gastaron», 1538-1543) la desdichada expedición de Hernando de Soto al vasto territorio identificado en la época como La Florida[3]. Entre los primeros sucesos ya en territorio floridano, destacan el encuentro y rescate de Juan Ortiz, cristiano cautivo entre indios durante diez años.

El relato del cautiverio de Juan Ortiz interrumpe la narración de la expedición y llega a ocupar el significativo número de ocho capítulos. El cronista justifica la digresión: «aunque nos alarguemos algún tanto, no saldremos del propósito, antes aprovechará mucho para nuestra historia» (p. 47). Y esto es así no solo porque se trata del cautiverio de quien será luego soldado, guía e intérprete de la expedición, sino porque concentra un importante contenido moral que se conecta con varios sucesos de la jornada de Soto.

Juan Ortiz, junto a otros tres españoles, había sido capturado por el cacique Hirrihigua durante la expedición de Pánfilo de Narváez. Al poco tiempo, los tres españoles fueron muertos por el cacique en una fiesta solemne, pero Juan Ortiz, gracias a la intercesión de la mujer y de tres hijas mozas del cacique, pudo quedar con vida. Con ello se iniciaba, no obstante, un periodo de continuo tormento para el español, víctima de los más duros trabajos, martirios y crueldades por parte de su captor.

Después de un año y medio, el cacique sentenció definitivamente a muerte a Juan Ortiz y, frente a esto, la hija mayor de Hirrihigua decidió salvar al español ayudándolo a huir y encomendándolo al cacique Mucozo, su prometido. Bajo la protección del «buen Mucozo», el cristiano tuvo un buen pasar y llegó a ser camarero y capitán del cacique, quien a lo largo de los nueve años restantes siempre lo trató «como a propio hermano muy querido» (p. 54)[4].

[3] Territorio que abarcaba los actuales estados de Alabama, Arkansas, Carolina del Norte y del Sur, Florida, Georgia, Luisiana, Misisipi, Tennesse y Texas en los Estados Unidos.

[4] Lisa Voigt analizó la narración del cautiverio de Juan Ortiz en relación con los relatos de cristianos cautivos entre moros y turcos, y subrayó como diferencia el hecho de que en el caso del Inca el cautiverio no conduce a la degradación del

En el plano ético-moral, la narración del cautiverio de Juan Ortiz se presenta como ilustración paradigmática de los efectos de una de las 'pasiones' más relevantes en la crónica primeriza del Inca: la ira. Advierte el cronista que conviene decir las crueldades y martirios que el cacique Hirrihigua aplicó a los españoles cautivos «para que se vea mejor la rabia que este indio contra los castellanos tenía» (p. 47). Pero la ira del cacique floridano remonta a la ira de Pánfilo de Narváez. El enojo inexplicable de Narváez hacia el cacique que ya se «había reducido a su amistad» habría movido al español a cometer ciertos agravios que el Inca mantiene en secreto inicialmente («por ser odiosos no se cuentan») para luego revelar, con notable dominio del suspenso narrativo:

> Empero, como la injuria no sepa perdonar, todas las veces que se acordaba que a su madre habían echado a los perros y dejádola comer de ellos, y cuando se iba a sonar y no hallaba sus narices, le tomaba el diablo por vengarse de Juan Ortiz, como si él las hubiera cortado (p. 51).

El agravio de Narváez, si bien no justifica la pasión del cacique, al menos la aminora: Hirrihigua quedó amedrentado y odioso, «y todo eso y más puede la infamia, principalmente si fue hecha sin culpa del ofendido». Con ello, el Inca desplaza a Hirrihigua del centro de su enjuiciamiento ético y pasan a ocupar su lugar Narváez y, en general, los poderosos y tiranos.

Se conecta entonces la preocupación ética con la política en un tránsito que tiene como eje el elogio al cacique Mucozo como figura ejemplar. El Inca encarece la generosidad y magnanimidad de este cacique que, por proteger durante nueve años a un afligido que se había ido a encomendar, cayó en desgracia con sus deudos y vecinos, y perdió el matrimonio deseado con la hija de Hirrihigua.

Este acto de generosidad de Mucozo es confrontado con la «actuación abominable» de reyes y príncipes que se preciaban de cristianos. Nuevamente, es la ira la pasión gravitante:

cautivo –como en los relatos peninsulares– sino a su transformación positiva en mediador entre culturas en contacto. Para la autora, el cautiverio de Ortiz da cuenta de la emergencia de un resultado híbrido del contacto intercultural. Ver Voigt, 2002, pp. 253-254.

> solo por vengarse de sus enojos, entregaron los que no les habían ofendido por haber los ofensores, dando inocentes por culpados, como lo testifican las historias antiguas y modernas (p. 55).

La representación de la magnanimidad de Mucozo, de acuerdo a la concepción de la historia como maestra de vida, debiera impulsar a los príncipes a

> le imitar y sobrepujar, si pudieren, no en la infidelidad, como lo hacen algunos indignos de tal nombre, sino en la virtud y grandezas semejantes a que por la mayor alteza de estado tienen y están más obligados (p. 55).

En la perspectiva del Inca, la ejemplaridad de Mucozo se hace aún más efectiva por ser un bárbaro gentil: Dios y la naturaleza humana habrían producido ánimo semejante en desierto tan inculto y estéril como La Florida, «para mayor confusión y vergüenza de los que nacen y se crían en tierras tan fértiles y abundantes de toda buena doctrina, ciencias y religión cristiana» (p. 55).

Como observó Hopkins Rodríguez, el Inca propone la conducta noble de los indios como «un texto social homólogo al de los europeos»[5]. Indios floridanos como Mucozo actualizan el arquetipo caballeresco y cortesano puesto que este ideal de conducta se concibe como modelo universal que «excede la limitación al contexto histórico europeo»[6]. Mercedes Serna Arnaiz subrayó que, al igualar los comportamientos de indígenas y cristianos, el Inca lleva a cabo una operación de analogía similar a la que hizo el cristianismo con algunos héroes paganos[7]. El Inca defiende, así, la universalidad de la naturaleza humana y reajusta el concepto antropológico eurocéntrico de su tiempo reconociendo similitudes entre americanos, españoles y antiguos, más allá de la diversidad espacial y temporal que la geografía y la historia producen[8]. El Inca se muestra, entonces, en consonancia con la indagación humanista en torno a los universales éticos[9]. Como observó Carmen de Mora, la disyunción en *La Florida del Inca* no se estable-

[5] Hopkins Rodríguez, 2008, p. 235.
[6] Hopkins Rodríguez, 2008, p. 241.
[7] Serna Arnaiz, 2008, p. 138.
[8] Hopkins Rodríguez, 1998, p. 135.
[9] Hopkins Rodríguez, 2008, p. 237.

ce entre españoles e indios, sino entre buenos y crueles, valientes y cobardes, prudentes e insensatos[10].

Al unificar la experiencia humana e integrar la ejemplaridad americana en lo sapiencial europeo, el Inca busca, de acuerdo a Hopkins Rodríguez, «una mejor comprensión del valor de los americanos y una política de las relaciones entre Europa y América más acordes con principios de equidad»[11].

Hernando de Soto: de prudente a apasionado

Señalé más arriba que el relato del cautiverio de Juan Ortiz se conecta en varios niveles con el resto de la narración, especialmente en relación con la preocupación ética y moral. Interesa precisar aquí las que se refieren a la figura del adelantado Hernando de Soto y a las explicaciones que ofrece el Inca para el fracaso de su expedición a La Florida.

Todavía en el marco del libro II, Garcilaso narra cómo Hernando de Soto logró mitigar la ira del cacique Hirrihigua con buenas obras y buenas palabras[12]. Pero la prudencia que muestra Soto en este caso no se mantiene con la constancia necesaria para cumplir exitosamente la jornada. Entre otras cosas, emplea en ello un papel crucial la ira que el mismo Hernando de Soto no logra gobernar con la razón en determinados momentos de la expedición.

El comienzo de la narración pareciera anunciar el desenlace de la actuación de Soto como adelantado y gobernador de La Florida. Ya en la primera noche de la navegación, el descuido de Gonzalo de Salazar enciende la «sospecha y la ira» en Soto, lo que motiva la conclusión sentenciosa del Inca: «la sospecha y la ira tienen grandísima fuerza y dominio sobre los hombres, principalmente los poderosos» (p. 27). Este dominio de la ira se verifica luego en las últimas actuaciones de Soto:

[10] Mora, 2008, p. 217.

[11] Hopkins Rodríguez, 2008, p. 231.

[12] Leemos: «le forzó que mitigase y apagase el fuego de la saña y rabia que contra castellanos en su corazón tenía. Los beneficios tienen tanta fuerza que aun a las fieras más bravas hacen trocar su propia y natural fiereza» (Garcilaso de la Vega, *La Florida del Inca*, p. 67).

especialmente al enterarse de un motín[13] que preparaban algunos de sus hombres, se precipitan en Soto «desesperados afectos» y, aunque en el instante disimula su enojo, desde entonces no acierta a «hacer cosa que bien le estuviese», pues su parecer «apasionado» ya no puede «regirse y gobernarse con la claridad y juicio libre» que los casos graves requieren (p. 272)[14]. Para el Inca, esta será una de las razones fundamentales del fracaso de la expedición de Soto a La Florida.

Ira, *thymos* y discordia

El Inca reitera a lo largo de *La Florida* que en los ánimos comunes y gente popular el miedo impide y estorba los buenos consejos (p. 29), mientras que en los poderosos lo hace la ira, pasión que ciega el juicio y enciende la soberbia y el deseo de venganza.

La distinción apunta al platonismo, presente en toda la obra del Inca[15]: en el grupo de productores, la virtud fundamental es la tempe-

[13] Según el Inca, el motín se originó por la codicia de los españoles que añoraban el oro y la plata del Perú (cap. XXXIII, libro III). La codicia o deseo excesivo por las cosas útiles (en la expresión de los *Diálogos*) es otra de las pasiones relevantes en la narración de *La Florida*, y también gravita en el relato del cautiverio de Juan Ortiz en la confusión de los españoles que entienden Orotiz por Ortiz.

[14] En este sentido, considero que no es Hernando de Soto (como lo propuso Mora, 2008, p. 211) el español que concentra la máxima ejemplaridad en *La Florida* sino un soldado menos ilustre, don Carlos Enríquez, caballero muerto en la batalla de Mauvila y objeto de una semblanza que lo elogia por la «paz y concordia» que traía a todos los miembros de la expedición: «por su mucha virtud y buena condición, era regalo y alivio del gobernador, como lo son de sus padres los buenos hijos. Para los capitanes y soldados era socorro en sus necesidades y amparo en sus descuidos y faltas, y paz y concordia en sus pasiones y discordias particulares, poniéndose entre ellos a los apaciguar y conformar [...] demás de hacer cumplidamente el oficio de buen soldado, se ocupaba este de veras caballero favoreciendo y socorriendo con obras y palabras a los que le habían menester. De los cuales hechos deben preciarse los que se precian de apellido de caballero hijodalgo, porque verdaderamente suenan mal estos nombres sin la compañía de tales obras, porque ellas son su propia esencia, origen y principio» (*La Florida del Inca*, p. 265).

[15] José Durand apuntó tempranamente a ciertos elementos platónicos que requerían investigación en la obra del Inca Garcilaso (Durand, 1976, pp. 32-46). Miró Quesada se refirió a algunas afinidades éticas y estéticas entre la obra del mestizo y la filosofía de la medida, la ponderación y el concierto (Quesada, 1948 y

rancia (*sophrosyne*) en cuanto dominio de las pasiones irracionales, pero en los guerreros se destaca la virtud competitiva del valor (*thymos*), que debe cuidarse, sin embargo, de caer en el exceso homérico[17]. El *thymos* es el principio motivacional por el cual nos enardecemos; es un elemento del alma intermedio entre el racional y el irracional (que persigue la satisfacción de los deseos y placeres). La parte emotiva del *thymos* (la animosidad, la ira, el valor) debe estar bien educada con el fin de aliarse a la razón[18]. En cuanto principio reactivo y competitivo propio de la clase de los guerreros, sus deseos son el dominio, la victoria y el honor. El valor es, de hecho, una virtud guerrera objeto de admiración incluso en los enemigos[18].

A nivel individual, lo que permite al yo ser uno a partir de muchos es, en la concepción platónica, el gobierno de la razón, que vigila toda el alma teniendo como aliado al *thymos* y como «súbdito amigo y consintiente» la esfera de los deseos[19]. Este equilibrio se vincula a la justicia y a la concordia; y una relación no apropiada de estas esferas lleva, al contrario, a la discordia. En palabras de León Hebreo: «la división y contrariedad es defecto como la concordia y unión es perfección»[20]. La

1989). José Antonio Mazzotti advirtió recientemente otras conexiones entre León Hebreo y la obra del Inca Garcilaso, relacionadas con analogías entre la Cábala, el neoplatonismo y el pensamiento mítico andino (Mazzotti, 2006). Para la confluencia del pensamiento andino y el neoplatonismo europeo en los *Comentarios Reales* y *La Florida del Inca*, ver López-Baralt, 2008.

[16] «Y en muchas ocasiones hemos advertido que, cuando los deseos violentan a un hombre contra su raciocinio, se insulta a sí mismo, se enardece contra lo que, dentro de sí mismo, hace violencia, de modo que, como en una lucha entre dos facciones, la fogosidad se convierte en aliado de la razón de ese hombre. No creo en cambio que puedas decir –por haberlo visto en ti mismo o en cualquier otro– que la fogosidad haga causa común con los deseos actuando contra lo que la razón decide» (Platón, *Diálogos*, IV, *La República*, p. 234).

[17] Habría en el alma una tercera especie, lo «fogoso», que vendría a ser como «el auxiliar de la naturaleza racional, salvo que se corrompiera por obra de una mala instrucción» (Platón, *Diálogos,* IV, *La República*, p. 236).

[18] En *La Florida del Inca*, suscitan gran admiración en los españoles los siete indios que pasaron casi treinta horas en el agua resistiendo a los enemigos en busca de honra y fama (p. 110).

[19] Vegetti, 2006, p. 181.

[20] León Hebreo, *Diálogos de amor*, p. 74. Citamos a León Hebreo por la traducción del Inca.

discordia surge de la enemistad humana que proviene, a su vez, «de la corrupción del amor natural de los hombres» causada por «la avaricia y cuidado que tienen de las cosas superfluas»: «más hombres mata la enemistad, la asechanza y el hierro humano que todo el resto de las cosas», señala León Hebreo[21].

Con pesimismo afirma el Inca que «la ira cuando se enciende no sabe tener freno» (p. 154)[22]; en los poderosos, la ira es la puerta por la que entra la discordia, y la discordia «suele arruinar y echar por tierra los ejércitos, las repúblicas, reinos e imperios donde la dejan entrar» (p. 271).

En la concepción platónica, esta relación apropiada entre fuerzas o equilibrio ordenado entre poderes y facultades asegura la justicia tanto en el alma como en la ciudad: «la justicia y la injusticia en la polis constituyen el mismo texto escrito con letras más grandes, que la justicia y la injusticia en el alma individual»[23]. El reinado de las pasiones es, entonces, un conflicto tanto para la vida individual como para la social. En consecuencia, la preocupación ética que se advierte en la narración de sucesos y semblanzas biográficas de *La Florida del Inca*, apuntan finalmente a la justicia o injusticia de poderosos, gobernantes y príncipes a quienes, de alguna manera, la crónica se presenta como 'consejo'.

La escritura como consejo

En relación con la ira, hay un aspecto que preocupa enormemente al Inca Garcilaso de la Vega: el hombre gobernado por su pasión es incapaz de consejo y de razón. La incapacidad para el consejo hace que Hernando de Soto, el cacique Vitachuco o el rico Vasco Porcallo,

[21] León Hebreo, *Diálogos de amor*, p. 49.

[22] La afirmación recuerda a Séneca: «el ánimo que se ha abandonado a la ira, al amor y a las demás pasiones, no puede contener ya su impulso, necesario es que se vea arrastrado hasta el fin y precipitado con todo su peso por la rápida pendiente del vicio», tratado *De la ira* (ed. electrónica de Biblioteca Virtual Miguel de Cervantes). Agradezco a Cedomil Goic esta referencia. Para el estoicismo en el Inca, ver Miró Quesada, 1989; y Durand, 1976. En otro trabajo en elaboración, desarrollo la cuestión ética y moral en *La Florida del Inca* más allá de los límites a los que se debe ceñirse esta presentación.

[23] Vegetti, 2006, p. 159.

gobernados por la ira, terminen desesperados y perdidos. A propósito de Vasco Porcallo, reflexiona el Inca:

> Mas, ¿quién domará una bestia fiera ni aconsejará a libres y poderosos, confiados de sí mesmos y persuadidos que conforme a los bienes de fortuna tienen los del ánimo, y que la misma ventaja que hacen a los demás hombres en la hacienda que ellos no ganaron, esa mesma les hacen en la discreción y sabiduría que no aprendieron? Por lo cual, ni piden consejo, ni lo quieren recebir, ni pueden ver a los que son para dárselo (p. 73).

En la filosofía moral cristiana, el consejo es un don asociado a la prudencia regnativa y a la prudencia política y militar. Su opuesto es la imprudencia, la inconstancia y la precipitación[24]. Estos conceptos gravitan en la consideración del Inca Garcilaso, quien señala que las historias antiguas y modernas atestiguan que reyes y príncipes que se preciaban de cristianos, sin atender a su propio ser y grado, y con menosprecio de la fe jurada, han llegado a ser verdaderos tiranos[25].

De acuerdo a la preceptiva historiográfica que, en la época, encarecía la ejemplaridad de la historia[26], *La Florida del Inca* se hace, entonces, ella misma consejo a estos libres y poderosos, confiados de sí mismos. Como vimos, para mayor «confusión y vergüenza», algunos modelos de conducta ejemplar aconsejada son indios floridanos, como el cacique Mucozo o la señora de Cofachiqui. Mucozo no solo muestra valor y esfuerzo en la guerra sino también prudencia y discreción en la paz, ánimo heroico, gracia y desenvoltura en materias de cortesía, celo magnánimo, libre y generoso.

En el caso de los caudillos y superiores, estas virtudes deben acompañarse, además, de la mansedumbre y la afabilidad del buen ejemplo y

[24] Royo Marín, 1954, p. 117.

[25] Como señaló José Durand, «Garcilaso se permite juzgar con mucha acritud ciertas acciones de los reyes, poniendo sobre ellos, sobre su valor jurídico y social, los valores morales», y con ello el Inca se posiciona frente al importante debate del Renacimiento en torno a la doctrina de razón de Estado, defendiendo la dignidad del hombre y los derechos de las personas (Durand, 1976, pp. 108-112).

[26] Miró Quesada analizó la influencia de los historiadores clásicos y renacentistas en la concepción de la historia de *La Florida del Inca* (Miró Quesada, 1956). Para la coincidencia de las ideas sobre el valor pragmático y el carácter ejemplar de la historia en el Inca y en preceptistas como Vives, Páez de Castro, Fox Morcillo, Melchor Cano y Juan Costa, ver Mora, 2008.

el uso de buenas palabras. De los príncipes y poderosos cabe esperar también –según encarece el Inca– la clemencia, la piedad, la reconciliación y el perdón.

La armoniosa concordia que el Inca, siguiendo a neoplatónicos como León Hebreo, se permite anhelar, depende del equilibrio ordenado de estas facultades y poderes.

De La Florida al Perú

Como es habitual en la obra del Inca Garcilaso de la Vega, los asuntos tratados no están al margen de dimensiones biográficas del cronista[27]. El mezquino trato que recibe el Inca por parte del Consejo de Indias, a propósito de la actuación de su padre en el Perú, parece gravitar en la dolida observación de su crónica primeriza:

> los príncipes y poderosos que son tiranos, cuando con razón o sin ella se dan por ofendidos, suelen pocas veces, o ninguna, corresponder con la reconciliación y el perdón que los tales merecen, antes parece que se ofenden más y más (p. 81).

A la fecha de la última redacción de *La Florida*, el Inca dice haberse despedido ya de todas las esperanzas en la fortuna y en las compensaciones materiales («Proemio al lector»). Refugiado en los rincones de la soledad y la pobreza, se entrega a un trabajo «no pequeño», en busca de «más honra y mejor nombre» que el vínculo de los bienes que la fortuna pudiera dejarle (p. 9).

Este propósito (más honra y mejor nombre) se traduce en un movimiento doble que tendrá su desarrollo pleno en los *Comentarios Reales* y la *Historia General del Perú*: por un lado, la defensa de los nativos americanos, a través del elogio de figuras ejemplares como el cacique

[27] Las relaciones entre la biografía del cronista cuzqueño y su escritura histórica constituyen una línea bastante explorada por la crítica garcilasista. En relación con el cautivo Juan Ortiz, Lisa Voigt propuso que constituiría un *alter ego* del Inca; ver Voigt, 2002, p. 260. Raquel Chang-Rodríguez subrayó, por su parte, las coincidencias entre el Inca y su homónimo en *La Florida del Inca*; ver Chang-Rodríguez, 2006, p. 191.

Mucozo y la consecuente reivindicación de la universalidad de la naturaleza humana y la proposición de políticas más justas para los territorios americanos; y, por el otro, la valoración de los primeros conquistadores, cuyas «armas y trabajos» han redundado en tanta «honra y provecho» para España[28].

No por locos, necios o porfiados, como pretendía el rumor que abre la narración de *La Florida*, sino por 'apasionados', algunos de estos conquistadores llevaron ciertas empresas al fracaso. El reinado de la pasión (en concreto, de la ira) se advierte, no obstante, en múltiples sectores, incluso en los príncipes y reyes cristianos: a ellos, especialmente, parece recordar el Inca que «no puede haber nobleza donde no hay virtud» (p. 265)[29].

Bibliografía

Chang-Rodríguez, R., «Cruzando culturas y traspasando territorios en *La Florida del Inca*», en *Franqueando fronteras. Garcilaso de la Vega y «La Florida del Inca»*, ed. R. Chang-Rodríguez, Lima, Pontificia Universidad Católica del Perú, 2006, pp. 181-198.

Durand, J., «Las enigmáticas fuentes de *La Florida del Inca*», *Cuadernos Hispanoamericanos*, 168, 1963, pp. 597-609.

— *El Inca Garcilaso, clásico de América*, México D. F., SepSetentas, 1976.

Garcilaso de la Vega, Inca, *La Florida del Inca*, ed. E. S. Speratti Piñero, México, Fondo de Cultura Económica, 1956.

— «La traducción del indio de los tres diálogos de amor de León Hebreo», en *Obras completas del Inca Garcilaso de la Vega*, ed. C. Sáenz de Santa María, Madrid, Biblioteca de Autores Españoles, 1960, vol. I, pp. 1-227.

Hopkins Rodríguez, E., «The Discourse on Exemplarity in Garcilaso de la Vega's *La Florida del Inca*», en *Garcilaso de la Vega, an American humanist,*

[28] El fragmento es explícitamente biográfico: «Con estos trabajos, y otros semejantes, no comiendo mazapanes ni roscas de Utrera, se ganó el Nuevo Mundo, de donde traen a España cada año doce y trece millones de oro y plata y piedras preciosas, por lo cual me precio muy mucho de ser hijo de conquistador del Perú, de cuyas armas y trabajos han redundado tanta honra y provecho a España» (*La Florida del Inca*, p. 204).

[29] Para la idea de la honra en el Inca Garcilaso, ver el clásico estudio de José Durand, incluido en *El Inca Garcilaso, clásico de América*.

ed. J. Anadón, Notre Dame, University of Notre Dame Press, 1998, pp. 133-140.

— «Lo ejemplar, lo sapiencial y lo prudencial en *La Florida del Inca* de Garcilaso de la Vega», en *Herencia cultural de España en América. Siglos XVII y XVIII*, ed. T. Barrera, Pamplona/Madrid/Frankfurt, Universidad de Navarra/Iberoamericana/Vervuert, 2008, pp. 231-254.

López-Baralt, M., «*Tinku*, concordia y *ayni*: tradición oral andina y neoplatonismo en dos obras del Inca Garcilaso», en *Nuevas lecturas de «La Florida de Inca»*, ed. C. de Mora y A. Garrido, Madrid/Frankfurt, Iberoamericana/Vervuert, 2008, pp. 31-54.

Mazzotti, J. A., «Otros motivos para la *Traduzion*: el Inca Garcilaso, los *Diálogos de amor* y la tradición cabalística», en *Franqueando fronteras. Garcilaso de la Vega y «La Florida del Inca»*, ed. R. Chang-Rodríguez, Lima, Pontificia Universidad Católica del Perú, 2006, pp. 131-148.

Miró Quesada, A., *El Inca Garcilaso*, Madrid, Instituto de Cultura Hispánica, 1948.

— «Prólogo» a *La Florida del Inca*, ed. E. S. Speratti Piñero, México, Fondo de Cultura Económica, 1956, pp. IX-LXXVI.

— «Creación y elaboración de *La Florida del Inca*», *Cuadernos americanos*, 18, 1989, pp. 152-171.

Mora, C. de, «En torno a las ediciones de *La Florida del Inca*», en *Franqueando fronteras. Garcilaso de la Vega y «La Florida del Inca»*, ed. R. Chang-Rodríguez, Lima, Pontificia Universidad Católica del Perú, 2006, pp. 213-233.

— «La dualidad en los episodios amplificativos de *La Florida del Inca*», en *Nuevas lecturas de «La Florida de Inca»*, ed. C. de Mora y A. Garrido, Madrid/Frankfurt, Iberoamericana/Vervuert, 2008, pp. 205-220.

Platón, *Diálogos*, vol. IV: *La República*, Madrid, Gredos, 1986.

Sáenz de Santa María, C., «Estudio preliminar» a *Obras completas del Inca Garcilaso de la Vega*, ed. C. Sáenz de Santa María, Madrid, Biblioteca de Autores Españoles, 1960, vol. I, pp. IX-LXVI.

Séneca, L. A., *De la ira*, <http://www.cervantesvirtual.com/servlet/SirveObras/01482529090143709650035/index.htm>.

Serna Arnaiz, M., «La imagen del indígena americano en *La Florida del Inca*», en *Nuevas lecturas de «La Florida de Inca»*, ed. C. de Mora y A. Garrido, Madrid/Frankfurt, Iberoamericana/Vervuert, 2008, pp. 127-141.

Royo Marín, A., *Teología de la perfección cristiana*, Madrid, Biblioteca de Autores Cristianos, 1954.

Vegetti, M., *La ética de los antiguos*, trad. M. J. Rico, Madrid, Síntesis, [1989] 2006.

Voigt, L., «Captivity, Exile, and Interpretation in *La Florida del Inca*», *Colonial Latin American Review*, 11.2, 2002, pp. 251-273.

SALVADOS POR UNA FLAUTA: UN NOTABLE CASO DE CAUTIVERIO EN LA *HISTORIA DE TODAS LAS COSAS QUE HAN ACAECIDO EN EL REINO DE CHILE* DE GÓNGORA MARMOLEJO

Miguel Donoso
Pontificia Universidad Católica de Chile

Los relatos de cautiverio, cuyo origen se remonta a la *Historia etiópica* de Heliodoro, publicada por primera vez en castellano en 1554, fueron muy populares en España durante la Edad Media y el Renacimiento, centrándose habitualmente en la historia de cristianos cautivos de musulmanes y viceversa. Aunque tal temática y protagonistas se van a mantener en el tiempo hasta bien entrado el siglo XVII, con el descubrimiento de América va a incorporarse un nuevo componente en esta relación siempre marcada por la forzosa privación de libertad que padece el cautivo: aparece como contraparte el mundo indígena americano. Las nuevas historias de cautiverio, protagonizadas ahora por los indios, van a permitir saciar la curiosidad de los lectores de la época, ansiosos por saber más detalles de la vida y costumbres indígenas, y estos relatos les proporcionarán una valiosa información acerca de ellas. Un caso paradigmático, sin duda, es el del *Cautiverio feliz* de Francisco Núñez de Pineda y Bascuñán, obra que ha sido objeto de un sostenido interés en el tiempo no solo debido a su hibridez genérica, sino sobre todo a que nos permite asomarnos al mundo mapuche del primer tercio del siglo XVII, en el marco de la tan famosa Guerra de Arauco, con la mirada algo cándida e inexperta de un joven soldado criollo cautivado por los indios.

Los textos de la colonia, como es el caso de las crónicas, aunque corresponden a un modelo discursivo cuyos componentes pretenden ser fundamentalmente históricos, son obras en muchos aspectos híbridas, mezclando dichos componentes con variados elementos literarios: descripciones más o menos fantasiosas de la naturaleza y de las gentes, tratados, novelas amorosas y anécdotas de las más variada especie, entre las cuales ciertamente se pueden contar los episodios de cautiverio. Estos forman parte del llamado «anecdotario de las crónicas». En efecto, «los relatos de cautivos comenzaron a aparecer en las extensas páginas de las crónicas, como parte del anecdotario, generalmente en tercera persona a través de las referencias directas o indirectas que el cronista había recibido del caso»[1].

Si contemplamos el panorama de los textos tempranos de la Conquista de Chile (siglo XVI), estos no son la excepción. Aunque no contamos en esta época con relatos de cautivos propiamente tales, los más relevantes testimonios del género historiográfico escritos en Chile durante este periodo contienen relatos que dan cuenta de este fenómeno. Pertenecen a dicho grupo, en primer lugar, las *Cartas de relación* escritas por Pedro de Valdivia a Carlos V y a otros destinatarios entre 1545 y 1552. Los otros textos tempranos son crónicas o historias: las de Jerónimo de Vivar, Alonso de Góngora Marmolejo y Pedro Mariño de Lobera. Vivar, quien al parecer era soldado y escribano de Pedro de Valdivia, titula su obra *Crónica y relación copiosa y verdadera hecha de lo que yo vi por mis ojos y por mis pies anduve y con la voluntad seguí, en la Conquista de los Reinos de Chile en los 19 años que van desde 1539 hasta 1558*. Es decir, abarca hasta cinco años después de la muerte de Pedro de Valdivia. Góngora Marmolejo, por su parte, es el autor de la *Historia de todas las cosas que han acaecido en el Reino de Chile y de los que lo han gobernado*, redactada entre 1572 y 1575, cuyo manuscrito se conserva en la Real Academia de la Historia de Madrid. Góngora arribó a Chile como parte de los refuerzos que Valdivia trajo al reino austral desde Lima en 1549 y participó en buena parte de los más importantes hechos de armas acaecidos en el sur del territorio hasta 1575, año en que termina de redactar su texto, falleciendo en enero de 1576. Mariño de Lobera, por último, es el autor más tardío. Su *Crónica del Reino de Chile*, terminada de redactar en Lima en 1594, fue corregida y alterada sin escrúpulos por el jesuita Bartolomé de Escobar, por encargo del virrey don

[1] Massmann, 2007, p. 80, que cita a Operé, 2001.

García Hurtado de Mendoza, hasta el punto de volverla irreconocible. En este trabajo me serviré fundamentalmente de una de las *Cartas* de Pedro de Valdivia para situar el contexto en que se produce el episodio y, sobre todo, de la *Historia* de Góngora Marmolejo para el suceso mismo, sin perjuicio de algunas menciones aisladas de los otros dos textos.

El relato de cautiverio que nos convoca tiene que ver con un hecho acaecido durante el primer año de la Conquista de Chile, y no tiene otro fin que dar cuenta de las penalidades extremas que debieron afrontar los primeros conquistadores para sacar adelante su empresa. Poco después de fundada la ciudad de Santiago, cuando Valdivia y sus hombres están recién asentándose, con grandes dificultades, en el valle del Mapocho, sobrevendrá el terrible ataque, incendio y destrucción total de la ciudad a manos de los indígenas del cacique Michimalongo, tal como se puede apreciar en el relato que de este suceso hace Valdivia en su carta a Carlos V fechada el 4 de septiembre de 1545:

> Luego tove noticia que se hacía junta de toda la tierra en dos partes para venir a hacernos la guerra; y yo con noventa hombres fui a dar en la mayor, dejando a mi teniente para la guardia de la cibdad con cincuenta, los treinta de caballo. Y en tanto que yo andaba con los unos, los otros vinieron sobre ella y pelearon todo un día en peso con los cristianos, y le mataron 23 caballos y cuatro cristianos y quemaron toda la cibdad y comida y la ropa y cuanta hacienda teníamos, que no quedamos sino con los andrajos que teníamos para la guerra y con las armas que a cuestas traíamos y dos porquezuelas y un cochinillo y una polla y un pollo y hasta dos almuezas de trigo; y al fin, al venir de la noche, cobraron tanto ánimo los cristianos con el que su caudillo les ponía que, con estar todos heridos, favoreciéndolos señor Sanctiago, que fueron los indios desbaratados y mataron dellos gran cantidad[2].

Esto ocurría a fines de 1541. Después del incendio y destrucción de Santiago la vida se volverá extremadamente difícil para los españoles. Volvamos al sufrido relato de Valdivia:

> Y en esto comienza la guerra de veras, como nos la hicieron, no queriendo sembrar, manteniéndose de unas cebolletas y una simiente menuda como avena que da una yerba [...] pareciome, para perseverar en la tierra

[2] Valdivia, *Cartas de relación*, p. 30.

> y perpetuarla a vuestra Majestad, habíamos de comer del trabajo de nuestras manos como en la primera edad. Procuré de darme a sembrar y hice de la gente que tenía dos partes, y todos cavábamos, arábamos y sembrábamos en su tiempo, estando siempre armados y los caballos ensillados de día; y una noche hacía cuerpo de guardia la mitad y por sus cuartos velaban, y lo mesmo la otra [...]. Como los indios vieron que nos disponíamos a sembrar porque ellos no lo querían hacer, procuraban de nos destruir nuestras sementeras por constreñirnos a que de necesidad desamparásemos la tierra, y como se me traslucían las necesidades en que la continua guerra nos había de poner, por prevenir a ellas y poder ser proveído en tanto que las podíamos sofrir, determiné enviar a las provincias del Perú al capitán Alonso de Monroy con cinco hombres[3].

En efecto, Valdivia, falto de hombres y viendo muertos casi todos los animales de crianza, destruida prácticamente toda la semilla para el cultivo y la totalidad de su bagaje de guerra, despacha el 26 de diciembre de 1541 a su lugarteniente Alonso de Monroy, junto a Pedro de Miranda y otros cuatro hombres, a buscar refuerzos al Perú por vía terrestre. El envío de tan exigua embajada es sin duda una medida desesperada que da cuenta de la delicada situación en que se encontraban los conquistadores para defenderse de los indios tras la destrucción de la ciudad. Valdivia, que sabía la mala fama de que gozaba el territorio austral en la corte virreinal limeña, dadas las malas noticias propaladas por los hombres de la fracasada expedición de Almagro, decide hacer una jugada maestra para convencer a sus renuentes pobladores de venirse a las ignotas y malditas tierras del Reino de Chile:

> Y para que en el Pirú les diesen crédito ser la tierra de Chille próspera, mandó que todos hiciesen los estribos de las sillas, guarniciones d'espadas todo de oro, con otras cosas en que lo podían llevar sin ningun[a] pesadumbre para jornada tan larga[4].

Con estribos, frenos y vainas de espadas de oro, estos seis temerarios hombres se ponen en camino a fines de 1541. Imaginamos lo que es

[3] Valdivia, *Cartas de relación*, pp. 30-31.

[4] Góngora Marmolejo, *Historia de todas las cosas que han acaecido en el Reino de Chille y de los que lo han gobernado...*, cap. 5. Cito por el texto de mi edición crítica, que se encuentra próxima a su publicación. Valdivia dice en su carta que también llevaban consigo vasos de oro.

tener que atravesar esos más de 3.300 km a caballo, recién estrenado el verano, con la perspectiva de cruzar el despoblado de Atacama, el desierto más seco del mundo, y sujetos al peligro permanente de ser emboscados por los indios en los pocos valles habitables donde podían encontrar agua y alimentos. Así nos relata Góngora Marmolejo el accidentado final de la primera etapa del viaje, que acaba en cautiverio para los españoles:

> [Monroy y sus hombres] llegaron al valle de Copiapó, que está de la ciudad de Santiago ciento y veinte leguas, donde, queriendo proveyerse de algún matalotaje para el despoblado, fueron salteados de los indios; peleando con ellos, sin dejallos subir a caballo ni dalles lugar para ello, mataron a los cuatro, y al capitán Monroy y Pedro de Miranda prendieron y los llevaron presos a un ayuntamiento de principales que estaban bebiendo a su usanza, donde, llegados los indios, regocijaron más su conversación con ellos[5].

Luego, como es habitual en tantos relatos cronísticos, el autor alude a una pequeña cuota de suerte que permite a los dos cautivos conservarse con vida. Su salvación momentánea se ve confirmada en el tiempo por un hecho insólito, el cual se inscribe dentro del anecdotario de las crónicas, ya que de improviso aparece ante sus ojos un instrumento musical que les salvará la vida:

> Fue Dios servido que sin pensarlo y acaso vio allí Pedro de Miranda una flauta, la cual tomó y comenzó a tocar, que lo sabía hacer. Como los principales indios lo vieron, dioles tanto contento la voz y música della que le rogaron los vezase a tañer, y no lo matarían. Él, como hombre sagaz, viendo que no le iba menos que la vida, les dijo que lo haría y les mostraría muy bien, mas que les rogaba que al capitán Monroy no lo matasen, que era su amigo y le quería mucho. Fue tanto lo que persuadió [a] aquellos principales con la flauta que condecendieron a su petición, remedando en parte a Orfeo cuando fue en busca de su mujer al infierno. Dijéronle que por su amor lo harían, mas que Monroy les había de servir de caballerizo y mostralles a andar a caballo.

«Flauta» llama a este instrumento musical Góngora Marmolejo, de acuerdo a la nomenclatura de los instrumentos musicales europeos que

[5] Góngora Marmolejo, *Historia de todas las cosas*…, cap. 5.

él maneja. No parece razonable pensar que se tratara de una flauta indígena, esto es, el típico instrumento de viento andino conocido como *quena*, que habitualmente se fabricaba de huesos de auquénidos ahuecados y que hoy suele ser de madera con embocadura de hueso, dado que de ser así los indígenas lo habrían sabido tocar y no se habrían deslumbrado con su sonido al tocarlo Pedro de Miranda. Por el contrario, Mariño de Lobera sostiene que una caja con dos flautas dulces europeas, la cual portaba uno de los hombres de la expedición de Almagro, luego asesinado por los indios, había quedado entre los indios de Copiapó[6]. En un estudio sobre la flauta dulce colonial, el flautista, historiador y musicólogo chileno Víctor Rondón propone que el instrumento en cuestión correspondería a un espécimen de flauta dulce europea de los modelos llamados «renacentistas», que son instrumentos de tipo cilíndrico, de una pieza y tamaño más bien pequeño, entre 20 y 40 cm según el tono en que están afinados[7].

De cualquier modo, buen flautista y de temple debía de ser Pedro de Miranda, que en tan difícil trance es capaz de improvisar la ejecución de este instrumento dejando embobados a sus auditores indígenas. Por cierto, nada dice a este respecto Vivar, el cual, aunque dedica varios capítulos de su crónica –del 41 al 44– al relato del sufrido viaje de Monroy y sus hombres al Perú, se centra sobre todo en reseñar la traicionera recepción amable que brindan los naturales de Copiapó a los españoles, acogida en la cual tiene una participación no menor un tal Francisco Gasco, español que según Vivar y Góngora Marmolejo permanecía cautivo desde hace nueve meses con ellos, aunque Valdivia y Mariño de Lobera dicen que se encontraba allí desde la fracasada expedición de Almagro. Gasco, que oficiaba labores de médico y algunos dicen que tenía mujeres indias e hijos mestizos, se convierte en el fallido garante de la seguridad de los españoles entre los indios. El pasaje de Góngora Marmolejo resulta también interesante porque es una de las contadas

[6] Ver Mariño de Lobera, *Crónica del Reino de Chile*, p. 281a.

[7] Ver su disco de 2004, *Ychepe Flauta. Música para flauta dulce colonial americana de los siglos XVI al XVIII*. En esta misma grabación Rondón incluye una versión para flauta y vihuela de la tonada «Cata el lobo do va, Juanica», la cual de forma tragicómica toca un trompetista, dedicándola a Valdivia cuando este se embarca en Valparaíso con el dinero de los santiaguinos rumbo al Perú, en 1547 (ver el episodio al final del capítulo 6 de la crónica).

veces en que el autor se vale de un recurso literario, adornando su relato con detalles tomados de la mitología, para enfatizar una determinada cualidad de sus personajes: en este caso, Pedro de Miranda, nos dice Góngora, es un músico tan eximio como Orfeo.

Lo que sigue a continuación para los dos cautivos no es más que mantenerse con vida y esperar una ocasión propicia para el escape. Estos personajes que caen repentinamente en gracia a los naturales de Copiapó no solo velan por la conservación de su propia vida; son también conscientes de que de su pronta huida depende la suerte de sus desesperados compañeros de Santiago y probablemente el éxito de la recién iniciada Conquista de Chile. Además de enseñar a los indígenas principales a tocar la flauta[8], se vuelven aún más indispensables enseñándoles el arte de cabalgar o de la caballería[9]. Tres meses dedicados a enseñar, tres meses por tanto cautivos, tiempo durante el cual los dos compañeros planifican la mejor forma de escape. Cumplidos estos tres meses, dice el cronista que

> un día, después de haber entre sí comunicado la orden que tendrían para libertarse, escondieron dentro de los borceguíes cada uno un cuchillo bien

[8] La importancia de la educación musical en la formación integral del hombre es idea ampliamente difundida en la Antigüedad, y está presente ya en Pitágoras. Aparece, por ejemplo, en los *Diálogos* de Platón (*La República*, 401d). En la época colonial la música tuvo gran relevancia como agente evangelizador y educador de los indígenas, tal como ocurrió en las misiones jesuíticas de Chiquitos (Oriente boliviano) y del Paraguay, tema reflejado en la película *La Misión* de Roland Joffé. La flauta dulce en particular «llega al Nuevo Mundo a comienzos del siglo XVI en manos de soldados y misioneros, siendo en el ámbito de la evangelización indígena en donde encontramos las menciones más frecuentes tanto como instrumento de apoyo al canto catequético, [y] como medio instrumental en sustitución del órgano para sustentar el repertorio polifónico en iglesias iberoamericanas en diferentes latitudes del continente» (Rondón, 2004, inserto que acompaña el CD). En la literatura chilena el tema de la música como agente civilizador reaparece en la novela *Huincahual. Narración araucana*, del escritor chileno Alberto del Solar (1860-1920). Asimismo, el episodio narrado por Góngora Marmolejo es relatado por el novelista Jorge Guzmán en su novela histórica *Ay mama Inés* (1993).

[9] El arte de la música y el arte de cabalgar son dos pilares fundamentales de la civilización occidental, y no parece casual aquí que estas sean las dos artes enseñadas a los indios de Copiapó por los dos cautivos, uno experto en la ejecución de la flauta y el otro un jinete consumado. El manejo de estas artes, representativas del poder civilizador del hombre, les salvará la vida en medio de un mundo de barbarie, el cual transformarán con su enseñanza.

> amolado, que otras armas no las podían llevar, a causa que siendo vistas se las quitaran o los mataran sospechando dellos mal. Aquel día, viendo tiempo cual siempre estuvieron esperando, salieron al campo al ejercicio ordinario, y viendo oportunidad para su desiño, arremetieron a los principales, que eran dos. Estando todos cuatro a caballo les dieron de puñaladas, de manera que, dejándolos mal heridos, fueron de presto al alojamiento donde vivían, tomando algunas armas, que por respeto de dejar los principales heridos en el campo lo pudieron hacer. Los indios, viendo a sus señores a la muerte, procurándoles algún remedio, pudo Monroy irse a su salvo.

Los cronistas no son muy exactos al referirse a los detalles de la huida, pero parece ser que este español Gasco que ya mencionamos, el cual según algunos había tenido que ver con la captura de Monroy y Miranda, prefirió sumarse a los huidos o bien fue obligado por estos a acompañarlos en su escape. Los testimonios también difieren en el tiempo que los acompañó: según unos lo hizo solo por unas cuantas jornadas, aunque otros señalan que habría llegado con ellos hasta el Perú, desapareciendo después todo rastro de él. Las circunstancias de esta huida coinciden además con lo que los cronistas consideran una clara intervención de la Providencia divina, ya que de otra forma no es posible explicar cómo se logran salvar estos tres cautivos que sin alimentos se lanzaban a atravesar el desierto:

> y con lo que repentinamente pudieron haber, porque les convenía ansí antes que los indios se juntasen, se metieron por el despoblado: cosa de grandísimo temor pensar de caminar ochenta leguas de arenales sin llevar qué comer para ellos ni para los caballos; donde les acaeció como dicen de ordinario a los hombres que con ánimo valeroso se determinan a cosas grandes: cuando son justas Dios les favoresce, porque yendo tristes y desconsolados, faltos de toda cosa, les deparó su suerte en el despoblado un carnero cargado de maíz, que les paresció ser milagro. Teniendo el carnero en su poder, repartieron el maíz entre ellos lo que bastaba para el camino, y lo demás dieron a sus caballos; y con los tasajos que del carnero hicieron tuvieron matalotaje con que llegaron a Atacama. Allí hallaron comida la que hubieron menester.

El resto de la hazaña es historia bien conocida. Monroy, Miranda y Gasco, alimentados con el maíz providencialmente encontrado y con la carne de la llama o guanaco sacrificado, lograron atravesar el desierto en sus caballos, y tras otro sinnúmero de penalidades llegaron al Perú, encontrándose en el valle de Huamanga con el licenciado Vaca de Castro, por entonces gobernador provisorio de los todavía revueltos territorios del Virreinato del Perú. La impresión que sus estribos de oro, milagrosamente conservados durante el cautiverio, produjeron en el campamento del nuevo gobernador del Perú debió de ser notable. A pesar de que las tropas venían recién recuperándose de su combate en la batalla de Chupas, ocurrida en septiembre de 1542, en la cual habían derrotado a la facción de Diego de Almagro el Mozo, Vaca de Castro se las arregló para proporcionar a Monroy 70 hombres bien pertrechados, con los cuales el lugarteniente de Valdivia emprendió viaje de regreso a Chile. En el valle de Copiapó el capitán Monroy volvió a encontrarse con los mismos indios que lo habían cautivado en su viaje de ida, pero esta vez el amplio contingente que conducía hizo cambiar sustancialmente el recibimiento de los indígenas:

> [Monroy] llegó a Copiapó, donde en aquel valle, siendo conoscido, los principales señores lo vinieron a ver y le dieron los estribos de oro que habían quitado a sus compañeros cuando los mataron. Dioles a entender que de allí adelante fuesen buenos y mirasen que los cristianos habían de permanecer: no quisiesen perder sus vidas bestialmente, sino conservarse con ellos en amistad.

Finalmente, el esforzado Monroy logra cumplir su misión, arribando a Santiago, con el socorro que se le había encargado, en diciembre de 1543, esto es, dos años después de haber salido de la destruida ciudad. Tres meses antes, por septiembre de 1543, había fondeado en Valparaíso un barco cargado con armas y vituallas, financiado de su propia hacienda por un vecino de buena voluntad de Arequipa, el cual fuera convencido por el propio Monroy, a su paso por dicha ciudad, de prestar auxilio a la empresa de conquista de Chile.

No nos queda más que preguntarnos por la función que se puede atribuir a este tipo de relatos de cautiverio enmarcados en géneros tan diversos en su forma y a la vez tan cercanos en su contenido como pueden ser el de las cartas relatorias y el de las crónicas. En las cartas relatorias el texto está marcado por la intención del conquistador de exaltar los servicios y méritos propios y de sus hombres. El autor se vale para esto de una estrategia argumentativa característica: es lo que Lucía Invernizzi denomina la *probanza de méritos* o el «valor de los trabajos de la guerra y los trabajos del hambre»[10], los cuales sirven para probar la hoja de servicios del conquistador. En los pasajes de la carta de Valdivia a que pasamos revista esto resulta del todo evidente: el conquistador tiene como objetivo prioritario informar al rey de los hechos ocurridos, dando cuenta de sus hazañas y también de las dificultades que se ha visto obligado a enfrentar para servir fielmente a la Corona en estos lejanos territorios, todo ello para acabar solicitando de la misma la confirmación de sus títulos y una serie de privilegios. Así, se presenta además como buen vasallo, que es lo que se espera de él. Y como tal, Valdivia necesita el apoyo del rey para seguir con la empresa de conquista; por eso solicita más hombres y que se le reembolsen los crecidos gastos de dinero que ha debido hacer de su propia hacienda y de la de los colonos.

En este contexto, tanto las anécdotas de cautiverio de hombres que están al servicio del rey como la que aquí hemos revisado tienen cabida, ya que dan realce a los esfuerzos desplegados por el conquistador y sus hombres para avanzar en el asentamiento del territorio, haciendo hincapié en las penurias padecidas por los súbditos de la Corona en el cumplimiento de esta misión. En el caso de la crónica de Góngora Marmolejo, aunque es evidente que en ella existe tal finalidad, se mezclan otras: el cronista no solo pretende decir la verdad sobre todo lo sucedido en el territorio de Chile, tal como lo declara en el prólogo (y mucho de lo cual él mismo ha protagonizado), sino que pretende denunciar ante la autoridad el hecho de que hombres como él, un soldado antiguo con más de 25 años de servicio a la Corona en la Guerra de Arauco, han sido desplazados en el otorgamiento de privilegios y mercedes en favor de amigos y conocidos del gobernador de turno cuando escribe, que no es otro que Melchor Bravo de Saravia[11]. En último término, Góngora pretende alertar a la autoridad sobre la mala conducción de los asuntos de gobierno en el reino, haciendo especial hincapié en cómo los vicios y defectos de hombres como este gobernador empañan e impiden el buen gobierno. En este contexto, relatos como el del cautiverio de Monroy y Miranda a manos de los indios de

[10] Ver el artículo de Invernizzi, 1989.

[11] Puede revisarse la denuncia en contra de Bravo de Saravia en el capítulo 78 de la crónica.

Copiapó no solo forman parte del anecdotario cronístico: son la tela misma con que se teje la historia de los esforzados hombres que muchas veces comprometieron su libertad y a veces dejaron la vida buscando hacer realidad para la Corona la meta de la conquista y pacificación de los remotos territorios del Reino de Chile.

Bibliografía

Góngora Marmolejo, A. de, *Historia de todas las cosas que han acaecido en el Reino de Chille y de los que lo han gobernado. Vicios y virtudes que han tenido desde el año de 1536, que lo descubrió el adelantado don Diego de Almagro, hasta el año de 1575, que lo gobierna el doctor Saravia*, ed. M. Donoso, Pamplona/Madrid/Frankfurt, Universidad de Navarra/Iberoamericana/Vervuert, 2010.

Invernizzi, L., «"¿Ilustres hazañas? ¿Trabajos e infortunios?" La *Historia de Chile* de Góngora Marmolejo», *Revista Chilena de Literatura*, 33, 1989, pp. 7-22.

Mariño de Lobera, P., *Crónica del Reino de Chile, escrita por el capitán D. Pedro Mariño de Lobera, dirigida al excelentísimo Sr. D. García Hurtado de Mendoza, Marqués de Cañete, Vicerrey y Capitán General de los Reinos del Perú y Chile, reducido a nuevo método por el Padre Bartolomé de Escobar, de la Compañía de Jesús*, ed. F. Esteve Barba, en *Crónicas del Reino de Chile*, Madrid, Atlas, 1960.

Massmann, S., *Metrópoli, colonia y la construcción de un nuevo espacio cultural. Para leer el «Cautiverio feliz» (1673) de Francisco Núñez de Pineda y Bascuñán*. Tesis Doctoral en Literatura, Facultad de Letras, Pontificia Universidad Católica de Chile, 2007.

Operé, F., *Historias de la frontera: el cautiverio en la América hispánica*, Buenos Aires, Fondo de Cultura Económica, 2001.

Platón, *Diálogos*, vol. IV: *La República*, introducción, traducción y notas de C. Eggers Lan, Madrid, Gredos, 2000.

Rondón, V., *Ychepe Flauta. Música para flauta dulce colonial americana de los siglos xvi al xviii*, con la participación del Syntagma Musicum de la Universidad de Santiago de Chile y la Compañía del Céfiro, CD, Santiago, Gobierno de Chile/FONDART, 2004.

Valdivia, P. de, *Cartas de relación de la Conquista de Chile*, ed. M. Ferreccio, Santiago de Chile, Universitaria, 1978.

Vivar, J. de, *Crónica y relación copiosa y verdadera de los Reinos de Chile (1558)*, ed. L. Sáez-Godoy, Berlin, Colloquium Verlag, 1979.

«EN LA REDENCIÓN SE MIRA / DE AMOR EL CAPTIVO FIEL». PEDRO NOLASCO EN TEXTOS PLATENSES

Andrés Eichmann Oehrli
GRISO-Universidad de Navarra

Propósito

Puedo aventurar que una buena antología de poemas dedicados a San Pedro Nolasco perdería mucho si prescindiese de tres piezas que se conservan manuscritas en la colección musical del Archivo y Biblioteca Nacionales de Bolivia (en adelante ABNB).

Antes de entrar en los poemas, es obligado decir lo indispensable sobre: a) la colección musical en la que se encuentran; b) el personaje, Pedro Nolasco, y su presencia en las letras del Siglo de Oro; y c) la materia nolasquiana en los textos del ABNB. Un buen cicerone ha de poner en antecedentes a las visitas.

Finalmente, llamaré la atención sobre una paradoja de la época: la constituye el hecho mismo de que se celebre a un liberador de esclavos en el seno de una sociedad que tolera y practica la esclavitud. Para ello utilizaré, como contrapunto, un poema de Sor Juana Inés de la Cruz que parece haber sido poco frecuentado.

La colección musical platense

La colección musical del Archivo y Biblioteca Nacionales de Bolivia es uno de los más valiosos repositorios musicales de todo el continente[1]. Conserva piezas polifónicas a solo, a dúo y policorales[2]. En su mayoría están en castellano (más de ochocientas). Hay también un número considerable de piezas litúrgicas en latín, fuera de unas pocas en italiano. Las fechas límite: 1680-1820.

La mayoría de los textos son religiosos. No falta una pequeña proporción de piezas de amor y de circunstancias, y otra con música incidental de obras dramáticas[3].

Las cantidades (en números aproximados) por área temática son las que siguen:

- Poemas marianos: 250[4].
- Poemas al Santísimo Sacramento: 165.
- Poemas navideños: 130.
- Hagiográficos: 200.
- Otros (temáticas humanas y divinas): 90.

Al interior de los hagiográficos, ¿a qué puede deberse la presencia (o no) y la frecuencia con que aparece un santo? Esto no siempre es fácil de responder, porque depende de múltiples factores. Sin embargo, la cantidad de poemas dedicados a un santo suele ir de la mano con la de sus representaciones plásticas en la zona, con la presencia de cofradías, templos a él dedicados, etc. Por ejemplo: es de esperar que haya numerosos textos dedicados a santos de la Compañía de Jesús si se considera la intensidad de su presencia y acción en la ciudad de La Plata (hoy Sucre); y, en efecto, el santo más celebrado en toda la colección es San Ignacio de Loyola (31 poemas); la presencia jesuita también se deja ver en los de San Francisco Xavier (12 poemas), en uno a San Francisco de Borja y en otro a San Juan Regis. Incluso algunos que celebran a

[1] Ver Eichmann Oehrli, 2005 y 2009.

[2] Las policorales son integradas por dos, tres, cuatro y hasta cinco coros.

[3] Algunas comedias, óperas italianas y piezas de teatro breve, tanto serio (sobre todo, loas de circunstancias) como jocoso. Ver Eichmann Oehrli, 2008.

[4] En Eichmann Oehrli, 2009, publico 253 textos y 20 fragmentos; del conjunto hay que restar tres que constituyen la música incidental de piezas de teatro: el núm. 94, el fragmento núm. 12 (ambos ya consignados como teatrales en Eichmann Oehrli, 2008) y el poema núm. 214 (en Eichmann Oehrli, 2009, indico su originaria condición teatral: el texto pertenece a una loa de Sor Juana Inés de la Cruz).

San Juan Bautista son de filiación jesuita, porque uno de los colegios de la Universidad, a cargo de la Compañía de Jesús, llevaba su nombre. Llegamos entonces a medio centenar de poemas relacionados de uno u otro modo con la Compañía de Jesús[5].

El corpus nolasquiano

Después de San Ignacio, los santos más presentes en la colección son San Agustín, con 22 poemas, San Juan de Dios, con 21, y en seguida San Pedro Nolasco, con 17.

Sin embargo, hay que matizar un poco este «cuarto lugar» en el *ranking* santoral de La Plata. Porque, como en toda colección musical, encontramos tres tipos de textos[6]:

a) los creados para una ocasión determinada, sin alteraciones;
b) los «acomodados»: modificados para una nueva festividad, con mayor o menor fortuna;
c) los textos-comodín o intercambiables: son de contenido neutro, sin referencias a episodios biográficos ni a la personalidad del homenajeado[7].

Pues bien, de las piezas dedicadas a Pedro Nolasco cuatro llevan textos-comodín, otras cinco vienen con textos acomodados (de estos uno ni siquiera es nolasquiano sino mariano: en la última copla aparece sorpresivamente una referencia a nuestro santo). En otra el texto es un himno litúrgico[8].

Quedan entonces siete poemas que podemos considerar propios. De ellos «me quedo» con los tres que veremos en detalle, si bien no

[5] Esto cobra mayor relieve si se tiene en cuenta que de los 140 años de actividad musical y poética que testimonia la colección, la Compañía estuvo ausente los últimos 53, debido a su expulsión en 1767.

[6] Hay más tipos; pero aquí interesan estos tres.

[7] Suelen referirse a un encendido amor, a unas virtudes heroicas, a una «excelsitud» en los cielos, etc., aplicables a todos por igual.

[8] *«Petre, qui iussu Genitricis»*: es universalmente conocido, por lo que su presencia en la colección no aporta nada relevante (me refiero al texto, no a la música).

dejaré de hacer referencia a uno u otro de los demás (de cualquier categoría) cuando venga a cuento.

Pedro Nolasco

Pedro Nolasco (1182-1249; fechas aproximadas) es un personaje del que se tienen pocos datos documentales. Se ha dicho que es un santo que escatima sus rasgos a los investigadores, a pesar de lo cual proyecta una imagen hondamente entrañable. Su figura es la de un «luchador a favor de la causa del hombre, que deja filtrar una sola noticia segura: [...] ha leído seriamente el evangelio y se ha dejado proyectar a lo largo de un camino impensable»[9]. Es sin duda impensable que alguien en plena época de cruzadas decida combatir con medios pacíficos que, a menudo, resultan de alto riesgo. Nolasco combate la esclavitud de los cristianos que cayeron en manos de musulmanes («cautivos»)[10].

Siente en carne propia el sufrimiento ajeno: compadece y padece por quienes, privados de libertad, bajo el dominio de hombres de otra religión y cultura, sienten que flaquea su fe. Primero abandona su profesión de mercader, y se desprende de sus bienes para rescatar cautivos. «Algunos jóvenes le imitan [...]. Espontáneamente cuaja en torno a él un grupo de personas comprometidas en esta obra liberadora. Una simple asociación laical»[11]. Cuando se acaban sus bienes, pasan a pedir limosnas. Con ello fue cobrando forma lo que más tarde se conocería como la orden de la Merced de Redención de Cautivos. En sus constituciones se dispone que todos los bienes de la orden estarán al servicio del rescate de cautivos. Y entre «los bienes» se cuentan las personas:

[9] Pronzato, 1988, p. 14. Este trabajo, de difícil clasificación, es acaso una de las mejores aproximaciones a Pedro Nolasco.

[10] Pronzato recuerda que «uno de los fenómenos más llamativos de la invasión musulmana fue sin duda la esclavitud [...]. Es significativa esta disposición del Corán: "Si encontráis incrédulos, golpes sin piedad sobre el cuello. Cuando les hayáis matado a golpes, cerrad los cepos (de los supervivientes). Después, liberación graciosa o rescate (Sura 47a)"» (Pronzato, 1988, p. 43). Y añade que una motivación frecuente de la Guerra Santa era el botín humano, que no resultaba menos seductor que el oro.

[11] Pronzato, 1988, p. 47.

el llamado *cuarto voto* consiste en darse a sí mismo como esclavo, en lugar de otro que sufre la cautividad.

Lo dicho permite entrever sus aventuras, sus idas y venidas de territorio cristiano a territorio musulmán, por mar (si se trataba de ir al norte de África) o por tierra (a los reinos musulmanes de la Península), y sus experiencias como «cautivo de reemplazo».

Nolasco en las letras del Siglo de Oro

La aparición de San Pedro Nolasco en la literatura áurea se sitúa alrededor de 1620. Señala Francisco Florit Durán que

> En las dos primeras décadas del siglo XVII la Orden de la Merced emprende una campaña que tiene el propósito de promover no solo la canonización de su fundador, sino también la de algún otro de sus miembros. En este proceso de propaganda interviene eficazmente una de las figuras más relevantes de la orden mercedaria en esos años: Fray Alonso Remón [...]. En 1618 aparece el primer volumen de la *Historia General de la Orden* [...]. En 1628 son canonizados Pedro Nolasco y Ramón Nonato[12].

La segunda obra de Remón aparece en 1627: *Discursos elógicos y apologéticos, empresas y divisas sobre la triunfante vida de San Pedro Nolasco*[13]. Pero la eclosión se produce en 1629, con motivo de las solemnes fiestas con que se celebró en Madrid su reciente canonización. La orden de la Merced encargó la organización de las fiestas a Remón[14], quien al año siguiente publica la relación de las mismas[15]. Lope de Vega, amigo de Remón, escribió para la ocasión una comedia, *La vida de San Pedro Nolasco*. En el certamen poético que tuvo lugar en esa ocasión participaron Antonio Mira de Amescua y Gabriel Bocángel.

[12] Florit Durán, 2006, p. 201.

[13] Madrid, Viuda de Luis Sánchez, 1627.

[14] El arte literario de Remón fue elogiado sinceramente por escritores de la talla de Agustín de Rojas, Cervantes, Lope, Quevedo y Pérez de Montalbán (Florit Durán, 2008, p. 203).

[15] *Fiestas solemnes y grandiosas que hizo la sagrada Religión de nuestra Señora de la Merced [...]*. En la bibliografía aparece con el título de la edición moderna (Remón, 1985 [1629]).

En la relación de las fiestas, Remón incluye un poema de Pérez de Montalbán que no figuró entre los aceptados en el certamen por llegar fuera de plazo. Tirso de Molina, siendo mercedario y escritor consagrado, fue excluido; y en 1635, en *Deleitar aprovechando*, inserta una suerte de relación de fiestas que –dice– tuvieron lugar en Salamanca en 1629, y que acaso superaran las que se hicieron en Madrid[16].

Como puede verse, el nuevo santo recibió el homenaje de muchos grandes poetas desde su mismo ingreso en el *coetus sanctorum*. Pero en relación con su vida, hay que señalar que los relatos que circulaban se apoyaban en unos pocos hechos comprobables y en mucha fantasía. Los episodios que se le atribuyen fueron «construidos» tardíamente. Explica Vicent Zuriaga que los historiadores mercedarios de los siglos XV-XVII «conformaron la historia, pero también las leyendas y mitos que completan la cultura histórica y hagiográfica de la Orden de la Merced»[17]. Añade que los primeros críticos de esta producción hagiográfica fueron también mercedarios, en tiempos más recientes. Asumieron la tarea de discernir lo fantasioso de lo cierto. Para nuestro caso, al igual que para el iconógrafo

> resultan tan interesantes, o más, las *crónicas* y publicaciones denostadas por la crítica moderna e incluso por la historiografía mercedaria [...]. Las leyendas y tradiciones jugaron un papel tan importante o más que la verdadera historia[18].

No entraré con exhaustividad ni en los datos históricos ni en las tradiciones legendarias: me limitaré a lo indispensable para la lectura de los poemas.

Lo primero que cabe observar es que, con o sin añadidos milagreros (aunque sí con ocasión de las gestiones de Remón), la entrega de Nolas-

[16] «Una de las acciones más aplaudidas de ella fue el desafío poético, en que plumas águilas volaron tan sublimes que las perdió de vista la envidia emuladora. Pero ¿qué maravilla, si eran sus plumas las de Salamanca?» (Tirso de Molina, *Deleitar aprovechando*, 1635, fol. 318).

[17] Zuriaga, 2005, p. 31.

[18] Zuriaga, 2005, p. 33. Para un panorama bibliográfico de la historia de la orden, ver las pp. 34 y ss. Nuestro punto de vista es exactamente el opuesto al de los bolandistas, porque nos interesa la materia literaria. Esto viene muy bien explicado en Gómez Moreno, 2008, pp. 17-28.

co en favor de los cautivos (que fue imitada por los mercedarios en el siglo XVII: de ello se tenía experiencia constante) produjo un fuerte impacto. Este fue ocasión de un registro peculiar en las letras: si es bastante normal la exploración de las semejanzas de uno u otro santo con Cristo, en el caso de Nolasco la equivalencia no es presentada en relación con un rasgo o una virtud, sino como una perfecta equiparación (entendida, claro, en juego hiperbólico). Los poetas prestan atención al hecho de que, al igual que a Cristo, se le puede atribuir a Pedro Nolasco el título de *redentor*, por serlo de cautivos en Argel y por entregarse a cambio de ellos como cautivo. Son muchas las maneras en que se expresó esta idea; una de las fórmulas más logradas es de Lope de Vega, quien en una canción lo llama «segundo Redentor, segundo Cristo»[19].

Esta equiparación es casi lugar común en las letras nolasquianas, y lleva a juegos y chistes, e incluso a consecuencias asombrosas (la lactación es una de ellas). Pero como tal, la equiparación da lugar a unos versos sorprendentes en las letras del ABNB: en «Fuego de Dios» (ítem 845) se designa a Nolasco como Orfeo, al modo en que este héroe mitológico suele utilizarse como figura de Cristo en diversas piezas del Siglo de Oro:

> Cual Orfeo divino
> hizo de su voz
> reclamo al cautivo,
> cítara de amor.

Hace unos años edité un complejo poema que aborda de manera simultánea la Pasión de Cristo y la Eucaristía, cuyo íncipit es «A la cítara que acorde templó»[20]. Recurro allí a la excelente introducción de Duarte a los dos autos sacramentales de Calderón titulados *El divino Orfeo*, en la que muestra detalladamente las vías (textuales e iconográficas) que hicieron de Orfeo, ya en la Antigüedad, una figura apta para representar a Jesucristo. En los versos aquí reproducidos, la expresión «cítara de amor» es una referencia a los padecimientos de Nolasco sufriendo tormento, tal como la «cítara de Jesús» es la cruz y las cuerdas

[19] Lope de Vega, *La Vega del Parnaso*, 1637, fol. 147: es el último verso de la tercera estancia; en la edición de Carreño, 2005, la canción se encuentra en las pp. 82-84.

[20] Eichmann Oehrli, 2005, pp. 175-179.

sus propios miembros. Gracias a los acordes emitidos desde esa «cítara», junto con su voz, Cristo-Orfeo logra el rescate de Eurídice (el linaje humano), y Nolasco el de los cautivos.

Motivos nolasquianos frecuentes en el ABNB

El mar y la navegación

El mar puede ser escenario eufórico, como veremos en «De la redención, Nolasco» (ítem 231). Pero la travesía (sobre todo hacia Argel) es a veces preludio de penalidades. Es lo que puede verse en los versos que siguen:

> Surca Nolasco los mares,
> galeón de la Merced,
> y en la redención se mira
> de amor el captivo fiel[21].

Según Tirso, varias veces Nolasco se quedó en Argel en cumplimiento del cuarto voto. Allí, en una ocasión, encendido de amor por los hebreos y los moros, intentó persuadirlos de la verdad del cristianismo. Pero muchos de ellos decidieron librarse de él, y

> no hallaron más acomodada solución para sus razones infalibles que arrojar al soberano Vice Cristo en un roto barco, sin velas ni remos, al arbitrio de las descortesías marítimas, dejándole en la mitad de sus ondas, sin otra compañía ni esperanza que la de su viva fe. Esta, pues, franqueando inmensidades como si, viento en popa y mar en leche, navegara en el bajel más aliñado, le llevó al grao de Valencia, tan milagroso que obligó a que la ciudad toda saliese a recebirle[22].

En «A el monstruo altivo» (ítem 92) creo ver una alusión a este portento:

[21] «Surca Nolasco los mares» (ítem 176), copla primera.

[22] Tirso de Molina, *Deleitar aprovechando*, 1635, fols. 327v-328r. Doy preferencia a Tirso para compensar (a mi modo) la marginación de que fue objeto en las fiestas madrileñas de 1629. Una versión distinta del episodio se lee en Remón, *Discursos elógicos*..., 1627, fols. 6 y 37v.

A tierra, alígero buque,
cuajado soplo volante,
que el mar de Nolasco
se va por el cielo
y en noble desvelo
sus glorias reparte
en olas serenas;
sus dichas seguro
abren puerto a la nave.
El mar serena
Nolasco afable
y en tales borrascas
su asilo es grande.

Aunque no se alude al episodio de manera explícita, hay aquí elementos coincidentes: el contraste entre las borrascas y la acción de serenarlas, la mención del desvelo con que el santo reparte «sus glorias» (el celo evangelizador), a la vez que el hecho de que son las «dichas» de Nolasco las que abren puerto seguro a la embarcación.

Cautiverio. Prisiones, grilletes, tormentos

La representación del santo en las mazmorras argelinas es frecuente, tanto en la iconografía como en los textos de la época[23]. «La fuente literaria de la estancia de Nolasco en prisión aparece [...] en el texto de Rodríguez de Torres»[24].

La figura de Nolasco preso en poder de los moros la encontramos en la introducción de «¡Albricias, albricias!» (ítem 979): «viene al peligro / [...] comprando libertades / por cautiverios». Y la primera copla añade:

[23] El cuarto voto, que también pusieron en práctica muchos mercedarios en el siglo XVII, no podía menos que despertar enorme admiración. Ya cité unos versos de Lope de Vega; por su parte, Cervantes en varias de sus obras manifiesta su gratitud para con los miembros de la orden, entre otras razones porque en la operación de rescate de su hermano quedó cautivo Fray Jorge del Olivar, en cumplimiento de dicho voto (Zuriaga, 2005, pp. 76 y ss.).

[24] *Agricultura del alma y ejercicios de la vida religiosa con varias cosas para el púlpito y el espíritu* (Burgos, 1603); Zuriaga, 2005, p. 319.

¡Albricias, afanes!,
que burlando riesgos
os busca el alivio
a costa de su propio sufrimiento.

El santo aparece cargado de cadenas en la segunda copla de «Fuego de Dios» (ítem 845):

Resplandores copiosos
brillan en su ardor[25],
siempre entre los grillos
aunque a otros libró.

Indica Zuriaga que la figura de Nolasco no solo en prisión, sino «sufriendo tormento, aparece representada en algunos cuadros, todos ellos del siglo XVIII»[26]. Tres de los poemas del ABNB recogen este añadido de los tormentos. Lo hacen de manera abstracta pero inequívoca. El primero es «Fuego de Dios» (ítem 845): remito a lo dicho sobre la equiparación de Nolasco con Cristo-Orfeo. Los otros dos son:

– «Al patrïarca famoso» (ítem 96), cuarta copla:

Redentor fue el patrïarca,
y su espejo, el Redentor,
pues que le imitó crüento
su dolorosa Pasión.

– «Surca Nolasco los mares» (ítem 176), también cuarta copla:

Triunfa, redentor gallardo,
pues con humilde altivez
dio, con derramar su sangre,
al África el gran laurel.

[25] Alusión a su ardiente amor al prójimo.
[26] Zuriaga, 2005, p. 319.

Abejas

Este episodio es tratado por la mayoría de las obras mencionadas de la década de 1620[27]. Y Tirso encabeza unas décimas con la descripción de la escena:

> recién humano, gorjeaba en la cuna el generoso Nolasco, cuando un día, en la inocente palma de su mano diestra se le asentó un enjambre de abejas y labraron sobre ella un panal de virgen miel[28].

En las artes plásticas, García Gutiérrez localiza representaciones pictóricas que recogen este episodio, entre otros un lienzo atribuido a Zurbarán[29].

Hervella Vázquez indica que este prodigio «no es más que una reminiscencia del enjambre fabuloso de Píndaro y Platón»[30]. Siempre he disfrutado con el descubrimiento de pervivencias clásicas, y no descarto esta posibilidad; pero a mi entender no basta la mera semejanza con un episodio fabuloso del mundo clásico para indicar el origen de un motivo[31]. Zuriaga, en cambio, nos pone en una pista más admisible al indicar que «este prodigio lo encontramos en la infancia de otros santos de tradición cristiana, como San Ambrosio o San Isidoro»[32]. De Isidoro no tengo hecha la averiguación, pero para el caso de Ambrosio las abejas trabajaron en su boca[33].

[27] Solo Remón (*Las fiestas solemnes de San Pedro Nolasco*, 1985 [1629], pp. 176-184), en la sección dedicada al certamen de 1629 incluye quince sonetos de distintos autores a este asunto. Y antes, en Remón, *Discursos elógicos*..., 1627 (entre otros, fols. 10 y 56).

[28] Tirso de Molina, *Deleitar aprovechando*, 1635, fol. 312v.

[29] García Gutiérrez, 1985, p. 39.

[30] Hervella Vázquez, 2001, p. 71.

[31] Fuera de que en el caso de Píndaro no hay enjambre; es una (sola) abeja la que destila miel en su boca; según otra versión, es en un sueño que ve llenársele «su boca de miel y cera, como signo de que debe consagrarse al arte de la poesía» (ver Alfonso Ortega, en Píndaro, *Odas y fragmentos*, 1984, p. 9).

[32] Zuriaga, 2005, p. 289.

[33] Si volvemos a Remón, se verá que la convocatoria para el certamen poético de 1629 preveía galardonar «a quien mejor sazonare el alma del siguiente pensamiento»: así como las abejas formaron un panal en la palma de Nolasco, a San Ambrosio se lo formaron en la boca; «en este santo doctor fue indicio de su

El motivo aparece en dos de nuestros poemas. En la tercera copla de *Fuego de Dios* (ítem 845), la voz poética recrea la escena con un juego de ingenio:

> En su mano divina
> panal fabricó
> abeja que hizo
> de su palma flor.

Y «En día de Nolasco» (ítem 839) está dedicado todo él, como veremos, al prodigio; pero con una variante curiosa: las abejas no habrían formado el panal en la mano sino en la boca del niño. El poeta refundió las dos variantes del mismo prodigio.

Lactación

Otro episodio legendario de San Pedro Nolasco es el de su lactación por parte de la Virgen María[34]. Es una forma más de equiparación del santo con Jesús. Esto en el caso de Nolasco; porque también se atribuyó a San Bernardo, pero con otra finalidad (en relación con su dulce elocuencia[35]). Ocurre además que, como apunta Oteiza al hablar del prodigio en San Bernardo, «a causa de los plagios hagiográficos se da en San Agustín, San Fulberto de Chartres, Santo Domingo, San Alano

dulzura en el predicar y escribir, y en nuestro padre, de la heroica caridad de la obra de la redención» (Remón, *Las fiestas solemnes de San Pedro Nolasco*, 1985 [1629], p. 156).

[34] Zuriaga (2009, p. 179) se ocupa del episodio, que consta en la *Historia General de la Orden de Nuestra Señora de la Merced* (1618) de Remón (probable creador de esta tradición). En un amable mensaje, Zuriaga me comunica que está preparando un artículo sobre la representación del prodigio en la iglesia de la Merced del Cuzco. Me indica también que «en el memorial de canonización, posterior al libro de Remón, se habla de éxtasis, no de lactación [física]» (24 de enero de 2010).

[35] Oteiza, 2005, p. 934. Y afirma (en Oteiza, 2002, p. 1017) que el episodio, atribuido a San Bernardo, aparece recogido en la *Leyenda dorada* de la Voragine, en *Flos sanctorum* de Rivadeneyra y en la obra homónima de Villegas. He comprobado que Rivadeneyra no repite el prodigio en la vida de Pedro Nolasco sino que varias veces señala que la Virgen María lo regalaba «como a hijo muy querido», sin especificar el modo (Rivadeneyra, *Flos sanctorum*, 1761, vol. I, fols. 305 y ss.).

de la Roche y Santa Catalina de Ricci»[36]. El episodio evocaría, «en última instancia, conocidos episodios mitológicos» clásicos: en concreto, el relato «de la creación de la Vía Láctea (cuando Hera amamanta a Heracles) que recoge Pedro Pablo Rubens en su cuadro *La creación de la Vía Láctea*, del Museo del Prado (Madrid)»[37]. Nuevamente nos encontramos con tradiciones cristianas y un mito lejano, y vuelve a echarse en falta el nexo. Hay que reconocer, sin embargo, que en este caso se trata de un episodio cuyo protagonista es el héroe más «españolizado» de la mitología clásica[38], y se añade pintura barroca en la que se representa.

Parece seguro que el episodio, al menos en relación con San Bernardo, debía estar presente en la imaginación popular de la época. Agustín Moreto lo incluye en la comedia *El más ilustre francés, San Bernardo,* y Bances Candamo en la titulada *San Bernardo, Abad* (escrita en colaboración con Hoz y Mota). En ambas, baja la «apariencia» (una imagen) de la Virgen y sube el santo. En la de Moreto, la Virgen le dice: «Bernardo, el néctar precioso / de mi pecho a ti se aplica, / tu labio en él purifica [...] / goza igualdad con mi hijo / de aqueste licor sagrado». A continuación, el público podía admirar el prodigio: la didascalia dice que «*el santo trairá una cinta blanca en la boca que salga del pecho de la Virgen*». Bances, por su parte, lo resolverá de manera parecida pero con mayor espectacularidad[39].

Hay dos ocurrencias del motivo en los poemas de la colección musical del ABNB. En la segunda copla de «Al prodigio más raro» (ítem 963):

[36] Oteiza, 2002, p. 1018. Añade en nota la referencia al trabajo de «Réau, *Iconografía del arte cristiano*, p. 215, nota 2».

[37] Oteiza, 2002, p. 941. De momento tengo identificado un solo autor antiguo que transmite el relato. Se trata de Eratóstenes, que circulaba en griego (tal vez también en latín): «Los hijos de Zeus no podían tener parte en la honra del cielo si no mamaban del pecho de Hera. Por eso dicen que Hermes llevó a Heracles hasta arriba después de nacer, lo acercó al pecho de Hera y él mamó. Cuando Hera se dio cuenta, dicen, lo apartó de su lado; y así, como se derramó la leche sobrante, se creó el círculo de la Galaxia» (*Mitógrafos griegos*, 2009, p. 176).

[38] Esta apropiación de Hércules por España explica la familiaridad que había en los reinos de la Corona de Castilla (América incluida) con todos los episodios del héroe.

[39] Oteiza, 2002, p. 1018.

A los pechos de María
otro Jesús pareció,
porque fuese de tal madre
hijo, quien fue redentor.
Si néctar bebe
que amor le brinda,
bien redentor
amor le acredita.

La última copla del poema mariano «¡Afuera, afuera nubes!» (ítem 17) alude a esta misma tradición:

De la Redención Madre
que a los cautivos libra
y al gran Padre Nolasco
de sus pechos le dio la mejor vida.

Los tres poemas

Se ha visto lo indispensable para ingresar a los poemas prometidos. Limitaré los comentarios introductorios al mínimo.

«Al prodigio más raro»[40] *(ítem 963)*

La introducción es una breve silva con rima en é-a. Las coplas se componen de dos cuartetas, la primera de octosílabos (rima aguda, en ó) y la segunda de pentasílabos (rima en í-a).

La primera copla plantea una paradoja: Nolasco redime cautivos movido por un amor de tal intensidad que, con él, *cautiva* a Dios: Dios viene a ser el único que no es «redimido» por Nolasco; por el contrario, es su «prisionero».

Las demás coplas continúan en la exploración de la mencionada equivalencia Nolasco-Cristo y sus consecuencias, que serán reconoci-

[40] Portada: «San Pedro Nolasco a nueve. Al prodigio más raro. Se cantó en el año de 1767. Chavarría». Hay otra portada que dice «Villancico a nueve voces a San Pedro Nolasco. Octavo tono. Al prodigio más raro».

das por el lector. En la tercera, la fecha de su muerte (el día de Navidad[41]) da paso a un chiste barroco: en tal día su alma debe ir al cielo para que allí no se eche de menos a Dios, quien ha de nacer en la tierra. Gracejos semejantes aparecen con el mismo motivo en dos piezas que Sor Juana escribió para la fiesta de Nolasco del año 1677 celebrada en la ciudad de México[42].

Texto

Al prodigio más raro
que exhala el cielo en brotes de la tierra[43]
que, si humano se mira,
se atiende habitador de real esfera[44],
siendo de caridad luciente globo[45]

[41] Tal fecha es convencional. Ricardo Sanlés Martínez (1985, pp. 238 y ss.) indica que el *Martirologio Romano* la inscribe el 25 de diciembre, mientras que el martirologio de la orden (mucho más reciente) la localizaría el 1.° de enero (no se indica en dicho artículo el origen del dato). Según este autor, entre los historiadores mercedarios hay cierto consenso en situar su muerte el día de la Ascensión (¿de 1249?). En cuanto a la fecha de su fiesta, explica Sanlés que a partir de su canonización (en 1628) se verificaron varios cambios ya durante el siglo XVII, siempre hacia fines del mes de enero.

[42] En el primer poema, vv. 49 y ss.: «Quiso, al nacer Dios, morir, / pues donde está tal Señor / no luce otro redentor» (Sor Juana Inés de la Cruz, *Obras completas*, 1952, p. 30). En el segundo villancico de la serie, la voz poética consuela a los cautivos por la muerte de Nolasco: en los vv. 47 y ss. (Sor Juana Inés de la Cruz, *Obras completas*, 1952, p. 32), los anima haciéndoles ver que la falta de Nolasco la suple Dios (recién nacido) en la tierra.

[43] Notable aplicación a Pedro Nolasco de un texto que evoca el pasaje bíblico de Isaías, 45, 8: «Destilad, cielos, rocío de lo alto. Que las nubes lluevan justicia. Ábrase la tierra y germine el Salvador» (sigo la *Vulgata*). Estas palabras expresan, en forma de súplica, la expectación del pueblo de Israel por la venida del Redentor, y son utilizadas en la liturgia de Adviento, en preparación para la Navidad. Estamos ante una nueva ocurrencia de la equiparación Nolasco-Cristo.

[44] Los dos primeros versos ya preparan este juego de opósitos: cuanto más se contempla a Nolasco en su aspecto humano, más se llega a la conclusión de que su sitio está en los cielos, la «real esfera» (expresión que remite a la concepción clásica y medieval del universo: ver Eichmann Oehrli, 2009, pp. 69 y ss.).

[45] En Eichmann Oehrli, 2009, puede verse también la designación de María como globo («flamígero Globo», en el núm. 170 del *Cancionero mariano*), es decir, uno de los pobladores de los cielos, es decir, de los astros.

el gran Padre Nolasco en sus proëzas
pues[46], redentor famoso,
al mismo Cristo imita en su grandeza.

Coplas[47]

1. Por redimir a los hombres
al mismo Dios cautivó,
y solo a Dios no redime
porque más cautiva a Dios;
siendo su amor
quien más cautiva,
y si liberta
prisiones fija.
2. A los pechos de María
otro Jesús pareció,
porque fuese de tal madre
hijo, quien fue redentor.
Si néctar bebe
que amor le brinda,
bien redentor
amor le acredita[48].
3. Murió Pedro cuando Cristo
para los hombres nació,
porque en Nolasco los cielos
no echasen menos a Dios.
Si fue divino
por amor viva,
teniendo en cielos
de Dios la silla.
4. A los ángeles emula[49]
en grado tan superior

[46] De todas las voces, el Tiple segundo dice «por».

[47] Las claves para la lectura de las coplas ya están expuestas, por lo que ahorro al lector notas que repetirían lo ya dicho.

[48] Verso hipermétrico.

[49] *Emular*: al contrario de Covarrubias, *Autoridades* comienza con la acepción positiva (aplicable a Nolasco): «imitar, seguir el ejemplo y las acciones buenas y heroicas de otros».

que cuando estos le ministran
se eleva a esfera mayor.
Es redentor,
y jerarquías[50]
como a su dueño
sirven rendidas.

«De la redención, Nolasco»[51] *(ítem 231)*

Presenta una estructura multipartita: introducción (ocho octosílabos, rima á-e), estribillo (sin métrica ni rima identificables), coplas (silvas, rima á-o, salvo la última[52]) y un «segundo estribillo para después de las coplas», de estructura muy simple, que funciona como aclamación final.

La introducción celebra el éxito de la redención que logra Nolasco. En el estribillo la voz poética recrea con viveza escenas de lo anunciado. Tras el embarco, se zarpa a la voz de una serie de exclamaciones marineras, con inclusión de términos técnicos. A continuación hay expresiones que hacen suponer que una nave de guerra se aproxima, a lo que responderían exclamaciones tranquilizadoras («¡Fuera, rumor!»). Los versos finales son de fiesta naval.

De las cuatro coplas, las tres primeras son como cuadros sucesivos que retratan lo que solía ocurrir a la llegada de una nave cargada de cautivos rescatados. La cuarta copla parece un añadido o el comienzo de otra serie (perdida) de tres coplas. Tiene otra métrica y rima, y es ajena al desarrollo narrativo de las tres primeras.

Dos palabras sobre el desfile por la ciudad de los cautivos redimidos (segunda copla): era una costumbre de gran valor simbólico, que entre otras cosas servía de estímulo para la caridad. Aparece retratado ya en la

[50] *Jerarquías*: príncipes celestes (ver Cov.); los ángeles, en sus nueve jerarquías (ver Tomás de Aquino, *Summa theologica*, 1, q. 108).

[51] Son dos juegos incompletos. Uno dice «Para San Pedro Nolasco». El elenco exigido sería: primer coro: Alto y Tenor; segundo coro: Tiple, Alto y Tenor; tercero: Tiple, Alto, Tenor y Bajo. Sigo el más completo, al que solamente le falta el Tenor del primer coro.

[52] Tres octosílabos y un endecasílabo; rima í-o.

estampa XI de la serie realizada por el grabador Jusepe Martínez en la década de 1620 (presentada en el proceso de canonización de Pedro Nolasco), descrita de la siguiente manera por Zuriaga: «Salen de las galeras muchos cautivos en procesión, todos con el escapulario y la enseña de la Orden, y entran en una ciudad. El santo va ante ellos con el estandarte de la Virgen»[53]. La copla también menciona el estandarte. Estas procesiones de cautivos son objeto de numerosas pinturas.

Texto

Introducción

De la redención, Nolasco
ha triunfado, siendo el padre
que ha librado al cristianismo
del riguroso turbante.
Sale a las playas de Argel[54]
y procurando embarcarse
con infinitos cautivos
pasa al puerto de Alicante[55].

Estribillo

¡A embarcar, a embarcar, marineros,
la copiosa redención
que a costa de Nolasco[56] se logró!

[53] Zuriaga, 2005, p. 309. Sobre la historia de los grabados de Jusepe Martínez, ver pp. 290-291 y la bibliografía que cita.

[54] Se lee «las playas del Ángel»; enmiendo.

[55] Los últimos cuatro versos se encuentran en un papel pegado en la parte del Tenor del segundo coro. El puerto de arribo es, inopinadamente, ¡Alicante! No perdamos de vista que esta ciudad fue dominio musulmán hasta 1248, un año antes de la muerte del santo. El único motivo que alcanzo para que esta vez el desembarco no tenga lugar en Barcelona es la necesidad de mantener la rima.

[56] Trova: «mi Mata»: la pieza se acomodaba con relativa facilidad a San Juan de Mata, dado que es el fundador de la orden de los Trinitarios, también dedicada a la redención de cautivos.

¡Marea, cebadera[57], marea[58]!
¡Cierra el timón[59], cierra!
¡Larga velacho, larga[60]!
¡Larga trinquete[61]! ¡Larga
la de gavia y mayor[62],
que viene el viento en popa!
¡Fuera, rumor, que montañas de espumas
aparta el hiro[63] de la embarcación
y el gran Padre Nolasco[64] es el farol!
Tremolan gallardetes en el aire
que la nao de guerra empavesó[65].

[57] *Cebadera*: «vela que se envergaba en una percha cruzada bajo el bauprés, fuera del barco» (*DRAE*).

[58] *Marear* tiene varios significados según el *Diccionario marítimo español* (en adelante, *DME*): «poner en movimiento una embarcación, gobernarla y dirigirla»; «disponer las velas para que tomen viento por su cara de popa»; «*ant*. Lo propio que navegar». En cualquier caso, parece una exclamación dirigida a la propia vela (a la que se anima a navegar, a tomar viento) o a un marinero encargado de desplegarla.

[59] *Cerrar el timón* es expresión corriente (aparece por ejemplo al final del canto XV de *La Araucana* de Ercilla). El *DME* (ver tercera acepción de *cerrar*) indica: «contrayéndose a la caña del timón, es hacerla girar hasta que su extremo toque con la amurada en una u otra banda».

[60] *Velacho*: «la gavia del trinquete» (*DRAE*). *Largar* equivale a 'desplegar' (*DME*).

[61] *Trinquete*: «el palo que se arbola inmediato a la proa; la verga correspondiente a dicho palo; *Man*. La vela que se enverga en ella» (*DME*).

[62] Aquí podría haber una repetición involuntaria, o deturpación textual. *Gavia* es la «vela que se coloca en el mastelero mayor de las naves, la cual da nombre a este, a su verga, etc.», y también «cada una de las velas correspondientes en los otros dos masteleros. *El navío navega con las tres gavias, porque lleva gavia, velacho y sobremesana*» (*DRAE*). Según el *DME*, por antonomasia se llama *gavia* la del mastelero mayor. Sin embargo, puede pensarse que una orden de viva voz en la que se mencionan como cosas distintas la «gavia» y la «mayor» puede deberse a la voluntad poética de expresar una sucesión caótica o confusa de órdenes, para transmitir la sensación de prisa (por aprovechar el buen viento); prisa en la que (no solamente los marinos) se despreocuparían de excesivas precisiones de lenguaje cuando bastaba que los subordinados entendieran lo que se esperaba de ellos.

[63] No apuro el significado de la palabra.

[64] *Trova:* «de Mata».

[65] *Empavesar* es «engalanar una embarcación cubriendo las bordas con empavesadas, y adornando los palos y vergas con banderas y gallardetes, en señal de regocijo» (*DRAE*).

¡Aboca artillería[66]!
¡Fuera, rumor, que se hace
la salva al redentor!,
y María la bandera tremoló.

Coplas

1. Llega Nolasco[67] al puerto
siempre muy desëado
y pone a sus captivos
en la cristiana tierra colocados.
2. En procesión alegres
los conduce el gran santo
y eleva en su estandarte
a la reina María, en él triunfando.
3. Los príncipes supremos
le reciben llorando,
que a veces suele el gozo
unir el alegría con el llanto.
4. Se conoció su pureza
acrisolando lo fino:
la purísima Azucena
que lo hace entre los santos el invicto.

Segundo estribillo

¡Viva Nolasco, viva!,
que al Redentor del mundo
tiene imitado, ¡viva![68]

[66] *Abocar la artillería* es «presentar los cañones de las baterías en disposición de hacer fuego» (*DME*, *s. v. artillería*). La orden probablemente dispone que se hagan tiros de salva.

[67] *Trova*: «mi Mata».

[68] Estos tres versos aparecen como «Segundo estribillo después de las coplas». El Tiple del tercer coro dice «después de las seis coplas», lo que no concuerda con el número de coplas que tenemos en el manuscrito. La parte del Alto del primer coro indica solamente «después de la tercera copla», y lo mismo señala el Alto del primer coro del segundo juego de partes. El texto de este estribillo acaba con «viva Nolasco, viva Nolasco», que he simplificado, atribuyendo las repeticiones a la composición musical.

«En día de Nolasco»[69] *(ítem 839)*

Bipartito, con introducción (heptasílabos, rima ó-a) y coplas (cuartetas octosílabas, rima ó-a).

La introducción ofrece un juego de trueque de atributos entre pobladores del aire y de la tierra, con sinestesias e hipálages que fueron llevadas por Calderón a la categoría de tópico, tal como muestra E. M. Wilson. Este autor hizo notar hace ya tiempo que «con los [cuatro] elementos surge de modo natural la idea de cuatro órdenes de criaturas que pueden vivir tan solo en sus respectivos elementos»[70]. Explica el modo en que son tratados[71] y se ocupa también de la *confusión* de los elementos, que admite a su vez varios procedimientos. En Calderón (y otros autores) está el que vemos en nuestro poema, de trueque de uno a otro orden de criaturas.

Las cuatro primeras coplas, que se refieren al motivo de las abejas, preparan la quinta y última, que retoma el juego de la introducción, con dos trueques de atributos en sinestesias antitéticas: el «dulce esplendor» de la luz que goza el cautivo liberado se contrapone a «lo amargo de las sombras», de las que pudo salir gracias a la redención obrada por el santo.

Texto

En día de Nolasco
en cultos de su pompa

[69] Portada: «San Pedro Nolasco. Octavo tono. Villancico a cuatro y a ocho. En el día de Nolasco. Año 1724».

[70] Wilson, 1976, p. 280. Para la raigambre a la vez clásica (grecorromana) y bíblica en la que se inserta el pensamiento de Calderón en lo que atañe a los elementos, ver Flasche, 1980. No está de más recordar que la obra de Calderón ejerció una fuerte influencia en América, también durante el siglo XVIII.

[71] En tres niveles: «está el elemento, o el sinónimo del elemento, y en seguida está la criatura o el objeto inanimado que es nativo del elemento, y finalmente una cualidad específica o característica de la criatura o del objeto» (Wilson, 1976, pp. 281-282). Ver también el diagrama de fórmulas para metáforas de los elementos que ofrece en las pp. 292-293. Indica el autor que «Calderón no inventó este procedimiento metafórico, pero le dio fijeza. Probablemente lo dedujo de un estudio de las obras de Góngora» (p. 283), al que añade otros precedentes.

las flores y las aves
dan fragancias canoras
y en matiz armonioso
forman voz olorosa:
las flores con sus plumas,
las aves con sus hojas,
equivocando objetos
porque los ojos oigan
y los oídos gusten[72]
el asombro y la gloria
de los labios que fueron
colmena misteriosa[73].
Pues ¡vaya de dulzuras!,
¡también vaya de antorchas[74]!,
que en labios de Nolasco
prodigios se equivocan:
donde el panal alumbra
y la luz se sazona.

Coplas[75]

1. Viendo en labios de Nolasco
armarse el campo de Flora[76],
unas abejas pretenden
militar artificiosas.
2. Allí colmena fabrica,
y aun antes que en voces rompa[77]
a sus labios la dulzura

[72] Nótese que las sinestesias siguen a los trueques de atributos.

[73] Como ya se dijo en el apartado «Motivos nolasquianos», al hablar de ellos el poeta no coloca la colmena en la mano sino en la boca del santo.

[74] Se lee «y también vaya de antorchas», lo que daría verso hipermétrico; elimino la conjunción.

[75] Los conceptos enunciados en las coplas son sencillos, por lo que no abundo en comentarios.

[76] Se lee «campo de flores»; para la enmienda me guío por la rima. *Flora*: «ninfa llamada Cloris, la cual por mujer recibió [el viento Céfiro]; y en galardón de su virginidad otorgole que fuera señora de todas las floras, de donde vino Cloris a mudar el nombre y decirse Flora» (Pérez de Moya, *Filosofía secreta*, II, XXXVII).

[77] Es decir, antes de que el niño pueda expresarse hablando.

les vino a pedir de boca.
3. Mas no es su boca colmena
si precia de redentora[78],
que la colmena al panal
captiva, pues le aprisiona.
4. Sus labios, flores de nácar,
sirven materia a la obra
porque gustase la flor
su panal de ser de rosas.
5. En la luz y suavidad
su redención también forma,
que un dulce esplendor rescata
de lo amargo de las sombras.

¿Y LOS ESCLAVOS?

Los poemas aquí editados son de buena pluma. Los dejo, a pesar mío, para ocuparme de un tema mucho menos agradable. Por lo menos tengo el consuelo de ir de la mano de Sor Juana.

Hemos visto que los poemas «propios» no alcanzan ni a la mitad del número de textos dedicados al santo. ¿A qué puede deberse la desproporción? Tal vez a que se produjeron en una sociedad que vivía en contradicción con los ideales del santo que celebraba. En esta contradicción participaban los propios mercedarios, quienes a la vez que reunían limosnas para los rescates en África, en América eran dueños de esclavos[79].

[78] Se lee «si precia de redentores»; la errata es aquí evidente, y la enmienda exigida es obvia.

[79] Entre los mercedarios de Charcas queda testimonio de al menos un caso: en 1627 Fray Juan Riquelme, novicio mercedario, con licencia expresa del comendador del convento de Potosí, acuerda con Bartolomé Vázquez Infante el intercambio de una esclava negra «llamada Elena, de tierra Angola, que será de edad de veinte y un años» por un negro llamado Luis (Palacio y Brunet, 1977, p. 102). En el siglo siguiente, en Lima, el mercedario Fray Francisco de Paula del Castillo y Tamayo (conocido como *el Ciego de la Merced*, 1716-1770) declara tener seis esclavos en un testamento de 1737 (Navascués, 2009, p. 308). Y en sus romances dialogados núms. 5 y 6 manifiesta, entre burlas e ironías, su posición de esclavista convencido; ver *Obra completa*, ed. Debarbieri, 1996, pp. 950-961. Agradezco a J. de Navascués sus amables orientaciones y el haberme facilitado la recopilación de Debarbieri.

La paradoja es señalada en un poema de Sor Juana Inés de la Cruz: es el último de la serie que escribió para el oficio de Maitines del año 1677. Se trata de una ensaladilla en la que hablan varios personajes, el primero de los cuales es un negro. Las dificultades que plantea el *habla de negro*[80] al lector poco familiarizado motiva mis aclaraciones. Veamos el texto[81]:

> ¡Tumba, la-lá-la; tumba, la-lé-le;
> que donde ya Pilico, escrava no quede!
> ¡Tumba, tumba, la-lé-le; tumba, la-lá-la,
> que donde ya Pilico, no quede escrava!

Por «ya» interpreto «está», lo que tal vez se me pueda discutir. Pero el sentido es claro: 'donde está Perico (o sea Pedro Nolasco) no han de quedar esclavos'. Sube de tono el juego con los siguientes versos:

> Hoy dici que en las Melcede
> estos parre mercenaria[82]
> hace una fiesa a su Pare,
> ¿qué fiesa? Como su cala.
> Ella dici que redimi:
> cosa palece encantala,
> por que yo la oblaje vivo
> y las parre no mi saca.

Suena fuerte decir que celebran una fiesta «como su cara», o sea fiesta de blancos y para blancos. Se señala el contraste entre lo que «se dice» de los mercedarios (que rediman) y la dura realidad: el negro vive en un obraje, obligado a servir en telares con su trabajo. Es esclavo y los mercedarios no lo liberan.

[80] Para comprender los mecanismos del habla de negro es de utilidad un trabajo de Panford, 1996. A los fenómenos que este autor observa en un grupo de obras teatrales del Siglo de Oro pueden añadirse otros, como ocurre con algunos poemas que edité en Eichmann Oehrli, 2005.

[81] Cito según la edición de Méndez Plancarte, 1955, II, pp. 39-40. Solamente introduzco cambios de detalle en la puntuación.

[82] *Mercedario/mercenario*: no hay aquí malicia, porque ambas eran formas comunes para designar a los miembros de la orden.

La otra noche con mi conga
turo sin durmí pensaba
que no quiere gente plieta;
como ella, so gente branca.
Sola saca la pañola;
¡pues Dioso, mila la trampa,
que aunque neglo, gente somo,
aunque nos dici cabaya!

No pudo conciliar el sueño este personaje, porque le daba vueltas (al ritmo de su conga) a una cruel constatación: la orden no quiere redimir negros (gente prieta), sino solamente gente «como ellos», o sea blancos. No rediman más que españoles. Ante tal inconsecuencia clama a Dios pidiéndole que vea la trampa; añade que los negros son gente, aunque los llamen caballos.

Acaba su intervención con una palinodia («Mas ¿qué digo, Dioso mío?») en la que atribuye a los demonios el haberle llevado a murmurar, y pide perdón.

A simple vista pareciera que Sor Juana pone en evidencia a los mercedarios y los acusa de tramposos. Esto merecería un examen más detenido, que no me es dado desarrollar aquí. Pero de momento, por el contrario, me da la impresión de que muy pocos en aquella época admitirían como algo razonable comparar la vida de los esclavos negros en América con la de los cautivos cristianos en manos de musulmanes. Ni siquiera Sor Juana, que tuvo (también ella) una esclava. Por doloroso que resulte, creo que el poema ha de leerse como la expresión de lo que, en aquellos años, podía considerarse una risible exageración por parte de un personaje literario que suele ser oído con una simpatía sentida desde una posición de superioridad.

Tampoco es fácil pensar que Sor Juana tuviera en mente poner en evidencia a los mercedarios. Habría que estudiar con cuidado antes de afirmar esto como una seria posibilidad, dada (entre otras cosas) la «estrecha vinculación [...] entre la orden de la Merced y el dilatado clan familiar de la monja jerónima»[83].

En nuestro tiempo parecemos incapaces de identificar determinados tipos de violencias. Sería señal de cierto «fundamentalismo» con-

[83] Hernández, 1991, p. 761.

temporáneo no comprender que en aquella sociedad este tipo concreto de violencia pudiera pasar inadvertido[84].

Final

Espero haber cumplido lo que prometí al comienzo de este trabajo. La meta, recordémoslo, era hacer posible una lectura deleitosa (y aprovechada, si seguimos el camino de Tirso) de tres poemas de la colección del ABNB. Para ello era necesario situarse en un indispensable contexto literario e histórico cultural.

Quedan algunas tareas que podrán ser objeto de futuros avances. Entre otras valdría la pena: a) verificar la presencia en Charcas de iconografía mercedaria afín a los motivos aquí desplegados; b) esclarecer la posible relación entre algunos episodios fabulosos de la mitología clásica y los prodigios de las abejas y de la lactación, atribuidos aquí a Nolasco; c) una indagación que permita profundizar en lo planteado en el anterior acápite. La ocasión para ello vendrá cuando pueda ofrecer todo el corpus nolasquiano de la colección.

Bibliografía

Biblia, *Vulgata*.

Calderón de la Barca, P., *El divino Orfeo*, ed. J. E. Duarte, Pamplona/Kassel, Universidad de Navarra/Reichenberger, 1999.

Castillo, F. del, *Obra completa*, ed. C. Debarbieri, Lima, [edición no venal], 1996.

Covarrubias Orozco, S. de (*Cov.*), *Tesoro de la lengua castellana o española*, ed. I. Arellano y R. Zafra, Pamplona/Madrid/Frankfurt, Universidad de Navarra/Iberoamericana/Vervuert/Real Academia Española, 2006.

Diccionario marítimo español, que además de las definiciones de las voces con sus equivalentes en francés, inglés e italiano, contiene tres vocabularios de estos idiomas con las correspondencias castellanas, redactado por orden del Rey nuestro señor (DME), Madrid, Imprenta Real, 1831.

[84] Si exceptuamos, en el mismo siglo xvii, a un Epifanio de Moyrans OFM, a su compañero de infortunios Francisco José de Jaca (ver Moyrans, 2007), y muy pocos más.

Diccionario de Autoridades (Aut.), Madrid, Real Academia Española, 1726-1739.

Diccionario de la Real Academia Española (DRAE), disponible en <www.rae.es>.

Eichmann Oehrli, A., *Letras humanas y divinas de la muy noble ciudad de La Plata*, Pamplona/Madrid/Frankfurt, Universidad de Navarra/Iberoamericana/Vervuert, 2005.

— «Textos dramáticos de la colección de manuscritos musicales de Sucre (Archivo Nacional de Bolivia)», en *El teatro en la hispanoamérica colonial*, ed. I. Arellano y J. A. Rodríguez Garrido, Pamplona/Madrid/Frankfurt, Universidad de Navarra/Iberoamericana/Vervuert, 2008, pp. 275-294.

— *Cancionero mariano de Charcas*, Pamplona/Madrid/Frankfurt, Universidad de Navarra/Iberoamericana/Vervuert, 2009.

Flasche, H., «Más detalles sobre el papel de los cuatro elementos en la obra de Calderón (análisis de las fuentes y del lenguaje del dramaturgo)», en *Actas del VI Congreso de la Asociación Internacional de Hispanistas (1977)*, dir. A. M. Gordon y E. Rugg, Toronto, University of Toronto, 1980, pp. 248-251.

Florit Durán, F., «Una comedia de encargo: *La vida de San Pedro Nolasco* (1629) de Lope de Vega», en *La comedia de santos. Coloquio internacional, Almagro, 1, 2 y 3 de diciembre de 2006*, Almagro, Universidad de Castilla-La Mancha, 2008, pp. 201-218.

García Gutiérrez, P. F., «Iconografía mercedaria», *Estudios. Revista trimestral publicada por los frailes de la orden de la Merced*, 149, 1985, pp. 9-51.

Gómez Moreno, Á., *Claves hagiográficas de la literatura española (del Cantar del mio Cid a Cervantes)*, Madrid/Frankfurt, Iberoamericana/Vervuert, 2008.

Hernández, S., «Temas mercedarios en Sor Juana de la Cruz», *Estudios. Revista trimestral publicada por los frailes de la orden de la Merced*, 172-175, 1991, pp. 759-781.

Hervella Vázquez, J., «*Las Empresas* sobre la vida de San Pedro Nolasco», *Estudios. Revista trimestral publicada por los frailes de la Orden de la Merced*, 212, 2001, pp. 69-102.

Juana Inés de la Cruz, Sor, *Obras completas*, vol. II, ed. A. Méndez Plancarte, México, Fondo de Cultura Económica, 1952.

Lope de Vega Carpio, F., *La Vega del Parnaso*, Madrid, Imprenta del Reyno, 1637.

— *Poesía*, vol. VI, ed. A. Carreño, Madrid, Fundación José Antonio de Castro, 2005.

Mitógrafos griegos. Paléfato, Heráclito, Anónimo Vaticano, Eratóstenes, Cornuto, ed. y trad. J. Torres Guerra, Madrid, Gredos, 2009.

Moyrans, E. de, *Siervos libres. Una propuesta antiesclavista a finales del siglo* xvii, ed. y estudio preliminar de M. A. Pena González, Madrid, CSIC, 2007.

Navascués, J. de, «Palos de ciego: la veta satírica de Fray Francisco del Castillo», en *Poesía satírica y burlesca en la Hispanoamérica colonial*, ed. I. Arellano y

A. Lorente Medina, Pamplona/Madrid/Frankfurt, Universidad de Navarra/Iberoamericana/Vervuert, 2009, pp. 307-321.

OTEIZA, B., «Espectacularidad y hagiografía: San Bernardo, abad, desde Moreto a Bances Candamo y Hoz y Mota», en *Pulchre, bene, recte. Estudios en homenaje al Prof. Fernando González Ollé*, ed. C. Saralegui y M. Casado, Pamplona, Eunsa, 2002, pp. 1011-1023.

— «Historia y poesía en Moreto y Bances Candamo», en *Homenaje a Henri Guerreiro. Hagiografía entre historia y literatura en la España de la Edad Media y del Siglo de Oro*, ed. M. Vitse, Pamplona/Madrid/Frankfurt, Universidad de Navarra/Iberoamericana/Vervuert, 2005, pp. 931-949.

PALACIO, E., y J. BRUNET, *Los mercedarios en Bolivia*, La Paz, Universidad Mayor de San Andrés/Honorable Alcaldía Municipal de La Paz, 1977.

PANFORD, M. E. (Jr.), *La figura del negro en cuatro comedias barrocas: «Juan Latino» (Jiménez de Enciso), «El valiente negro en Flandes» (Claramonte), «El santo negro Rosambuco» (Lope de Vega) y «El negro del mejor amo» (Mira de Amescua)*, degree date 1993, Bloomington, UMI, 1996.

PÉREZ DE MOYA, J., *Filosofía secreta*, ed. C. Clavería, Madrid, Cátedra, 1995.

PÍNDARO, *Odas y fragmentos*, introd., trad. y notas de A. Ortega, Madrid, Gredos, 1984.

PRONZATO, A., *Un mercader de libertad: Pedro Nolasco*, Salamanca, Sígueme, 1988.

REMÓN, A., *Discursos elógicos y apologéticos, empresas y divisas sobre la triunfante vida de San Pedro Nolasco*, Madrid, Viuda de Luis Sánchez, 1627.

— *Las fiestas solemnes de San Pedro Nolasco*, ed. L. Vázquez, Madrid, Revista *Estudios*, 1985.

RIVADENEYRA, P., *Flos sanctorum de las vidas de los santos, aumentado de muchas por los PP. Juan Eusebio Nieremberg y Francisco García, de la misma Compañía de Jesús [...] añadido nuevamente [...] por [...] Andrés López Guerrero [...]*, Madrid, Joaquín Ibarra, 1761, 3 vols.

SANLÉS MARTÍNEZ, R., «San Pedro Nolasco en la liturgia», *Estudios. Revista trimestral publicada por los frailes de la orden de la Merced*, 151, 1985, pp. 231-250.

TIRSO DE MOLINA, *Deleitar aprovechando*, Madrid, Imprenta Real, 1635.

WILSON, E. M., «Los cuatro elementos en la imaginería de Calderón», en *Calderón y la crítica: historia y antología*, dir. M. Durán y R. González Echevarría, Madrid, Gredos, 1976.

ZURIAGA, V., *La imagen devocional en la orden de Nuestra Señora de la Merced. Tradición, formación, continuidad y variantes*, Valencia, Universitat de Valencia-Servei de Publicacions, 2005.

— «El claustro de la Merced de Cuzco: el programa iconográfico de una canonización», en *Caminos encontrados; itinerarios históricos culturales y comerciales en América Latina*, ed. J. Feliu, V. Ortells y J. Soriano, Valencia, Universitat Jaume I, 2009, pp. 157-195.

CERVANTES EN ARGEL, DE ANTONIO ESPIÑEIRA: UNA VERSIÓN DRAMÁTICA CHILENA DEL CAUTIVERIO CERVANTINO

Eduardo Godoy Gallardo
Universidad de Chile
Academia Chilena de la Lengua

Después de participar en la batalla de Lepanto (1571), que define como «la más alta ocasión que vieron los siglos pasados, los presentes, ni esperan ver los venideros» («Prólogo», *Quijote*, 1615), Cervantes enfrenta la traumática experiencia que lo hará permanecer como cautivo en Argel durante cinco años (1575-1580), experiencia que se convierte en una clave para entrar y comprender gran parte del mundo cervantino.

Entre el 7 de octubre de 1571 en que la Santa Alianza –constituida por España, Venecia y la Santa Sede– derrotan a las fuerzas otomanas y el 26 de septiembre de 1575, Cervantes tiene una destacada participación en distintas acciones bélicas: es ascendido a *soldado aventajado* y participa en las campañas contra los turcos, al mando de don Juan de Austria (1572-1573), y en situaciones similares. Al regresar a España, junto a su hermano Rodrigo, es apresado por los corsarios turco-berberiscos, cerca de la costa de Cataluña, y comienza su largo cautiverio en Argel que se prolongará hasta el 19 de septiembre de 1580.

La permanencia en Argel dejó una profunda huella en su obra literaria desde *Los tratos de Argel* hasta su última novela, *Los trabajos de Persiles y Sigismunda* (1617), pasando por *Los baños de Argel*, *El gallardo español*, *La señora Cornelia*, *La española inglesa* y, sobre todo, *La historia del cautivo*, historia intercalada del *Quijote* de 1605. En todas ellas, se entremezclan la realidad y la ficción[1].

Los tratos de Argel (1580-1581) es la primera obra de ficción que publica Cervantes. En ella se detalla el cruel mundo que vivían los cautivos y los tormentos a los que eran sometidos. La realidad sádica de los jefes moros llega a lo increíble y no cabe duda de que es Cervantes el que da cuenta de las atrocidades moriscas. A su vez en la última de sus obras, *Los trabajos de Persiles y Segismunda*, un episodio nos lleva a la presencia de dos estudiantes que simulan ser cautivos de Argel, engañan a los campesinos de un pueblo castellano y relatan sus sufrimientos. Son desenmascarados por el alcalde que es, realmente, un liberado de Argel y que les indica cómo engañar en el futuro. Como se puede apreciar, la primera y la última obra de Cervantes muestran testimonios de su existencia argelina.

Dos testimonios son claves para entender el mundo que vivió Cervantes: el primero de ellos es el documento conocido como *Información de Argel*, que es presentado entre el 10 y el 22 de octubre de 1580; y el segundo es *Mártires de Argel* de Antonio de Sosa, que compartió el cautiverio con Cervantes[2].

Respecto al primero, es un documento notarial que todo español que regresaba del cautiverio debía presentar ante un juez o persona designada. Se trata de una especie de salvoconducto que permitía la repatriación y reintegración a la vida social. Para ello, Cervantes preparó 25 preguntas y 12 fueron las personas que dieron su testimonio sobre el autor del *Quijote*. De esas declaraciones surge un Cervantes generoso, honesto, siempre dispuesto a ayudar a los demás, buen cristiano, que asistía a misa y comulgaba, valiente, enérgico. También se alaba en estas declaraciones su afición y amor por la poesía y la literatura. Es esta la primera composición en prosa escrita por Cervantes.

[1] En la obra total de Cervantes existe una interrelación intensa entre realidad y ficción. Ver, entre numerosos acercamientos, Canavaggio, 2000.

[2] La *Información de Argel*, de Cervantes, es una fuente inestimable para conocer su vida en el cautiverio, contada, en gran medida, por él mismo. En cuanto al segundo, *Los mártires de Argel*, de Antonio de Sosa, corresponde al *Diálogo Segundo* de la *Topografía e Historia general de Argel*, cuya autoría figura, también, como de Diego de Haedo, y que es un documento clave para conocer las torturas a que eran sometidos los cautivos.

Además de ser la *Información* de Cervantes un documento entregado, por iguales, por los cristianos cautivos que regresaban a España, constituye una defensa frente a comentarios malévolos. En cuanto al segundo, *Mártires de Argel,* es un relato en que se ejemplifican las torturas a que eran sometidos los cautivos.

El cautiverio se transforma en un verdadero infierno. Apenas llegado a Argel, en condición de cautivo, Cervantes intentará fugarse. Su primer intento lo realizó en enero o febrero de 1576, a escasos cuatro meses de su captura. En este primer intento, pretendía llegar a Orán, lugar del presidio español más cercano, y para ello debía recorrer, a pie, aproximadamente cuatrocientos kilómetros. El recorrido era extremadamente peligroso y fracasó. Quien era atrapado en el intento de escapar era sometido a tortura que, generalmente, conllevaba la muerte. Cervantes escapó a ese destino, seguramente por su condición de protegido de don Juan de Austria, como lo certificaban las cartas de recomendación que portaba en el momento de su captura.

El segundo intento lo realizó en 1577. Para ello reclutó a catorce cautivos cristianos y, con ayuda de un jardinero llamado Juan, los escondió en una cueva de la ciudad. Se supone que estuvieron escondidos cinco meses en dicha cueva y fueron cuidados y alimentados por Cervantes. Su hermano Rodrigo –que había sido rescatado– formó una expedición para ir en su rescate. Dicha expedición fracasó, pues fueron traicionados por un renegado español llamado *El Dorador*. Cervantes asumió la responsabilidad de este intento de fuga, lo que queda testificado en la *Información de Argel* que hemos señalado. En este documento, en la *Pregunta IX* habría declarado en voz alta para que todos lo oyeran: «Ninguno de estos cristianos que aquí están tienen la culpa en este negocio, porque yo solo he sido el autor dél y el que los he inducido a que huyesen», lo que se reitera en la *Pregunta X*, en la que, en medio de amenazas de tortura y muerte, afirmó «que él era el autor de todo aquel negocio y que suplicaba a su alteza, si había de castigar a alguno, que fuese a él solo, pues él solo tenía la culpa de todo; y por muchas preguntas que se le hicieron, nunca quiso nombrar a ningún cristiano». Fue perdonado nuevamente, pero fue enclaustrado por cinco meses, esposado y encadenado.

En marzo de 1578, intentó fugarse por tercera vez, aún estando en la cárcel. Trató de ponerse en contacto con Martín de Córdoba, general de Orán y jefe de sus fuerzas, para que lo liberaran a él y a tres cautivos españoles principales que el amo tenía en sus baños. Pero su carta fue interceptada y el moro que la portaba fue empalado. Como resultado fue condenado a recibir dos mil palos. Esta vez también escapó de la condena. Diversas conjeturas pretenden explicarla.

En 1579 hizo su cuarta tentativa de evasión mediante un renegado español de apellido Girón, el que compraría una fragata para escapar con alrededor de 600 esclavos cristianos. El fracaso se debió a la delación del dominico Juan Blanco de Paz, quien lo habría hecho por envidia y por no haber sido considerado entre los conjurados. Cervantes fue engrillado y encadenado en una prisión para delincuentes. Cierra su ciclo argelino el 19 de septiembre de 1580, en que es rescatado por los padres trinitarios y regresa a España, vía Valencia[3].

¿Qué muestran estos cuatro intentos de huida que implicaban la posibilidad cierta de perder la vida? Lo que resalta, en primer lugar, es su irrestricto amor a la libertad y su rechazo al cautiverio. La obra cervantina rebosa por todos lados de dicha temática[4]. Son valores opuestos que calan hondo en su espíritu. Recuérdese el diálogo que don Quijote mantiene con Sancho respecto a ambos en el capítulo 58 del *Quijote* de 1615:

> La libertad, Sancho, es uno de los más preciosos dones que a los hombres dieron los cielos; con ella no pueden igualarse los tesoros que encierra la tierra ni el mar encubre, por la libertad, así como por la honra, se puede y debe aventurar la vida, y, por el contrario, el cautiverio es el mayor mal que puede venir a los hombres[5].

Las palabras pronunciadas por Aurelio, su *alter ego*, y que abren *El trato de Argel*, son decidoras respecto al cautiverio y, por lo tanto, a su contrario, la libertad:

¡Triste y miserable estado,
dura esclavitud amarga,
donde es la pena tan larga

[3] Un estudio completísimo sobre el cautiverio de Cervantes es el de Garcés, 2005. El presente ensayo –sobre todo en la parte introductoria– es deudor de este texto.

[4] El estudio más conocido sobre dicha temática en el mundo cervantino es *Cervantes y la libertad* de Luis Rosales.

[5] Cervantes, *Don Quijote*, II, p. 1094.

cuan corto el bien y abreviado!
¡Oh, purgatorio en la vida,
infierno puesto en el mundo,
mal que no tiene segundo,
estrecho do no hay salida,
cifra de cuanto dolor
se reparte en los dolores,
daño, que entre los mayores
se ha de tener por mayor,
necesidad increíble,
muerte creíble y palpable,
trato mísero intratable,
mal visible e invisible,
toque que nuestra conciencia
descubre si es valerosa,
pobre vida trabajosa,
retrato de penitencia![6]

Se destaca, también, su sentimiento de profunda humanidad, pues en 1577 se logra reunir el dinero para rescatarlo, pero su amo, Dalí Mamí, sube su precio. Cervantes, entonces, da preferencia al rescate inmediato de su hermano Rodrigo, posponiendo su derecho de primogénito, una actitud noble y paternal.

Este carácter humanitario no solo era referente al plano familiar, sino que se extendía a todos aquellos que tenían la condición de esclavos. Muestra de esto es lo sucedido en el segundo intento de escape en que ocultó, alimentó y mantuvo la esperanza de ser libres a catorce cautivos, los que se mantuvieron cinco meses en una cueva en el jardín de Dalí Mamí, como ya se indicó más arriba.

En distintas obras cervantinas existe una definición positiva del ser español que es ejemplo de virtudes. Lo dice el rey en *El trato de Argel*:

–No sé qué raza es la de estos perros
cautivos españoles. ¿Quién se huye?
Españoles. ¿Quién no cura de los yerros?
Españoles. ¿Quién hurtando no destruye?

[6] Cervantes, *El trato de Argel*, p. 411. Este texto es conocido, también, como *Los tratos de Argel*.

Españoles. ¿Quién comete otros errores?
Españoles: en cuyo pecho el cielo influye
un ánimo indomable, acelerado,
al bien y al mal continuo aparejado.
Una virtud en ellos he notado,
que guardan su palabra sin reveses
[...]
los cuales sobre su palabra han sido
enviados a España, y lo han cumplido...[7]

En *Los baños de Argel* se plantea una decidida defensa de la condición del honor español. El fragmento transcrito a continuación así lo concretiza:

ZAHARA Ven acá; dime, cristiano:
¿en tierra hay quien prometa
y no cumpla?
DON FERNANDO Algún villano.
ZAHARA ¿Aunque dé en parte secreta
su fe, su palabra y mano?
DON FERNANDO Aunque solo sean testigos
los cielos que son amigos
de descubrir la verdad.
ZAHARA ¿Y guardan esa lealtad
con los que son enemigos?
DON FERNANDO Con todos: que la promesa
del hidalgo o caballero
es deuda líquida, expresa,
y ser siempre caballero
el bien nacido profesa[8].

Es este el contexto en el que se sitúa la obra dramática del autor chileno Antonio Espiñeira titulada *Cervantes en Argel*, que vio la luz en 1886[9]. El mismo autor, además, dio a conocer otra obra teatral centrada en otro aspecto de la vida de Cervantes: *Martirios de Amor.* Nos refe-

[7] Cervantes, *El trato de Argel*, p. 454.
[8] Cervantes, *Los baños de Argel*, pp. 66-67.
[9] Espiñeira, *Cervantes en Argel*, 1886. Todas las citas refieren a esta edición.

riremos, ahora, a lo que es el centro de nuestra exposición, *Cervantes en Argel.*

La trama dramática se organiza en cinco actos en verso. Lleva como encabezamiento las célebres palabras de don Quijote que se encuentran en el capítulo 58 de la segunda parte del *Quijiote* en torno a la libertad y al cautiverio que hemos citado anteriormente.

La acción se sitúa en Argel a mediados del último tercio del siglo XVI. El primer acto transcurre en los jardines del palacio de Azán Bajá, rey de Argel. Se presentan algunos personajes que serán claves en el desarrollo dramático: Aidar, Aluch, Fartax, Azán Bajá y Halima. Se menciona a Cervantes bajo los nombres de Saavedra y *El Estropeado.* Los nombrados en primer lugar son dos renegados que se han reconvertido y están en contacto con Cervantes que, oculto, planifica una evasión. Los conjurados están escondidos en una cueva. Fartax es el jefe de las prisiones de cautivos de Azán Bajá, a la vez que Halima es la hija de Azán y amada de Saavedra, que planea escapar con ella.

La principal preocupación de los cautivos es lograr la libertad. Dice Aidar:

> En ellos de continuo el pensamiento
> está en la fuga, que los lleve salvos
> a los hogares patrios, donde tengan
> acabo sus desdichas y maltratos.

A lo que añade Fartax la obligatoriedad del trabajo de los cautivos:

> Los jardines del rey en hermosura
> ganando va, merced a los esclavos
> que, mal de su grado, mueven diligentes
> manos y plantas al sonar del látigo (p. 7).

Se plantea, en este primer momento, un problema espiritual común a varios de los españoles que se encuentran como cautivos y renegados, y que dice relación con su reincorporación al mundo cristiano. El caso de Aidar es emblemático:

> ¿Cómo pude olvidarme de mí mismo,
> de mi española estirpe, a estos malvados
> dando oídos un día, las creencias
> renegar que mis padres me enseñaron? (p. 6).

Los esclavos cristianos son castigados duramente: «*Las huellas de crudos padecimientos se ven claramente en los rostros de los cristianos*», se dice en la acotación. La cruel figura de Fartax (escena IV) destaca por su odio a los cautivos y sus ensañamientos. Es él quien menciona por primera vez a Saavedra, a quien espera capturar y matar con sus propias manos; no quiere correr la suerte de Alí, su antecesor, que murió empalado por culpa de Cervantes; pero es él quien, en su diálogo con Aidar, lo retrata como líder de los cautivos y, a la vez, lo caracteriza espiritualmente: «¡Como ninguno es diestro ese perro!» (p. 10). Alude, también, al frustrado complot ideado por Cervantes que debía liberar a un crecido número de cautivos, conjuración que fracasó a causa de una delación y cuyo fin era apoderarse de Argel. A esto responde Aidar que Saavedra

> audacia tiene y arrojo tanto
> que, valido de aquello y de sus bríos,
> al mismo Azán Bajá tiene arredrado.
> En la tierra de Argel no se vio nunca
> cautivo tan audaz ni temerario (p. 11).

La llegada de Aluch, otro renegado y emisario de Cervantes, permite conocer el complot planificado. El saludo entre ambos, *antro* y *palacio*, alude a dos situaciones: la primera relativa al ocultamiento de los cautivos («El seno de la tierra se ha mostrado / benigno con los míseros», p. 15); y la segunda («Que la soñada hurí será piadosa, / la sombra protegiendo sus encantos», p. 15) nos informa de la relación amorosa de Cervantes con la hija de Azán Bajá.

La presencia de Azán Bajá permite enterarse de la admiración y temor que este manifiesta hacia Cervantes; lo dice: «el más astuto de ellos» (p. 18), «el ingeniosísimo *Estropeado*» (p. 15), «si hay alguno digno de aprecio mío, / es ese habilídisimo cristiano» (p. 19). Se había mencionado el carácter sádico y violento de Azán Bajá, de quien se dijo que «vive matando» (p. 16). Ahora se lo ve en presencia real, y proponiendo a Aidar que se introduzca entre los cautivos, los delate y dé aviso a la guardia para que los prenda y empale, tormento que es calificado por él mismo como «goce soberano» (p. 20).

En las dos últimas escenas (VII y VIII), la presencia de Halima, la hija del rey y amada de Cervantes, ilumina el momento al confesar su amor por *El Estropeado* y aclarar el dilema a que la conduce su amor:

¡Ventura para Halima y trance amargo!
¡Que ganando al amado de mi alma,
pierdo a mi padre! (p. 25)

La vinculación con el cautivo se da mediante Aidar, jardinero del rey, el que diariamente lleva a Halima un ramo de flores, lo que le permite enterarse de la situación de su amado.

Un siniestro personaje aparece en escena en el acto II. Se trata de Dalí, jefe de la guardia de palacio del rey. En un primer diálogo con Aidar revela su profundo odio por el cautivo Cervantes y vuelve a caracterizar a Azán Bajá como un hombre cruel y sádico. Los esclavos cristianos no se atreven a fugarse:

no lo intentan, no, porque empalados,
o agarrotados, o quemado vivos,
o engarfiados acaban sus hazañas (p. 26).

Lo dicho por Dalí es confirmado por Aidar:

¡Azán Bajá es terrible! De continuo
busca dulce solaz para sus ocios
en dar muerte a algún vil…, por castigo
solo por pasatiempo (p. 26).

Se revela, asimismo, que, a pesar de su condición satánica, ha perdonado a uno de los cautivos, a Miguel de Cervantes:

Y uno ha habido,
no obstante, que ha escapado a los furores
de su carácter tétrico y sombrío,
a pesar de haber sido muchas veces
en proyectos de fuga sorprendido
[…]
El rey admira
de ese infiel el arrojo nunca visto,
que, a su pesar, lo pasma y lo hace blando;
como también su ingenio felicísimo (pp. 26-27).

Dalí confiesa además su amor por Halima, la hurí hija de Azán Bajá. Es uno de los personajes creados a la manera cervantina. Él manifiesta el cambio interior que experimenta al darse cuenta de que es capaz de amar:

> ¿Cómo pudo jamás Dalí, el valiente,
> de una débil mujer verse cautivo?
> ¡Hija de Azán Bajá, yo te amo tanto
> que por solo un acento de cariño,
> por solo una sonrisa de ternura
> por una [...]
> escalaría el paraíso
> y al mismo Alá en su trono mataría! (p. 43)

Exige a Aidar le dé a conocer su amor. Expresa también su profundo odio al rey por haberlo despreciado. Cervantes, que se muestra ahora con su propio nombre, ha escuchado la conversación y se identifica ante Aidar y le da noticias sobre el estado en que se encuentra el proyecto de fuga. Un nuevo personaje aparece en escena. Se trata de don Antonio de Toledo, el cautivo español y conjurado para escapar junto a Cervantes, que informa de las rencillas y discordias que se han producido entre los conjurados y manifiesta, también, la profunda adhesión de alguno de ellos. El sargento Navarrete, por ejemplo. Lo dice Toledo:

> El sargento Navarrete
> duramente a Quezada contradijo,
> diciendo que antes de dudar de un hombre
> como vos, dudaría de Dios mismo (p. 41).

La llegada de Halima, que espera encontrar a Cervantes, la enfrenta a Dalí y este le comunica que está dispuesto a matarla si no accede a ser suya. La explosión erótica de Dalí y la resistencia de Halima es interrumpida por Cervantes, que rescata a la hurí de los brazos de Dalí.

El acto III se desarrolla en la cueva en que se encuentran ocultos los conjurados. Aquí Cervantes realiza una acalorada defensa ante las dudas que uno de los cautivos, Quezada (apodado *El Dorador*), sostiene en cuanto a la ayuda que aquel le ha ofrecido. Sobresale aquí la defensa de Antonio de Toledo:

> ¡No puede ser villano quien se lanza
> del proceloso mar en el imperio

en pos de las banderas de la patria
a teñirlas con sangre de su cuerpo!
¡Ni puede ser malvado el que, en la hora
de la batalla, mal traído, enfermo,
no obedece mandatos ni oye súplicas
que retenerle quieren en el lecho;
y, apoyado en las fuerzas de su honra,
corre a donde las balas buscan pechos
en que saciar su encarnizada furia
lanzando al mar cadáveres por cientos! (pp. 52-53)

La controversia es interrumpida por la presencia del héroe de Lepanto, que les informa sobre la llegada de un barco que viene a rescatarlos, lo que produce ansiedad y expresiones de alegría en los cautivos, a la vez que Cervantes es reiteradamente alabado. Les comunica que con ellos irá Halima, a la que califica como «pura como los ángeles del cielo», «luz de mi alma» y «ángel tutelar del prisionero» (p. 62). En este momento, Cervantes pronuncia un encendido discurso sobre la libertad que, como ya se dijo, es el motivo central de esta obra dramática de Espiñeira:

¡Libres surcar, llevados por el viento,
la inmensidad del mar, fijos los ojos
del horizonte en el lejano velo
por descubrir las anheladas playas,
adormecidas al arrullo eterno
del mar, y sus rumores misteriosos,
ciñendo de la patria el grato suelo!
¡Libres surcar las extendidas aguas
rumbo tomando en dulce arrobamiento
hacia ti, noble España, patria mía!,
¡perpetua inspiración del prisionero!
¡Libres surcar las movedizas ondas,
atrás dejando el argelino suelo,
y cayendo de hinojos, patria amada,
alzar a Dios, desde tu puro seno,
de gratitud inmensa una plegaria
besando el polvo en lágrimas deshechos! (p. 58)

Es el momento en que Aidar, el jardinero del palacio, manifiesta que abandona su nombre moro, que como renegado había adquirido, y lo reemplaza por el cristiano de Juan. Unos ruidos interrumpen la conmovedora escena. Es Dalí que viene con *El Dorador* Quezada, que ha delatado el complot. Cervantes, Dalí y Halima cierran el acto con la declaración de la hurí de que jamás se entregará al jefe de la guardia de palacio.

El acto IV transcurre en «un lujosísimo gabinete turco en el palacio de Azán Bajá» (p. 75). Un diálogo entre Aidar y Halima informa sobre una estrategia para salvar a Cervantes: consiste en que Halima finja aceptar la propuesta de Dalí. Aidar es asesinado por Dalí, quien acepta salvar a Cervantes siempre que Halima se entregue a él. La llegada de Cervantes permite una mutua confesión de amor con Halima, la que finalmente rechaza a Dalí. Halima, Cervantes, Dalí y Azán Bajá protagonizan la última escena, en la que Cervantes acusa a Dalí de violar el palacio y la honra del rey de Argel.

El acto V transcurre en una plaza de Argel, lugar en que se ajusticiará a los rebeldes. Se agudiza el carácter brutal de Azán Bajá: «¡Sed de sangre me acosa! ¡Quiero sangre! ¡Quiero sangre! / ¡Si solo cabe el odio en mis entrañas!» (p. 101). Los condenados son Dalí, que será quemado vivo, y Cervantes, a quien se le darán dos mil palos en sus espaldas. Los demás cautivos contemplarán la ejecución de la condena como escarmiento. Se le comunica a Azán Bajá que ha llegado un barco de España con mensajeros de paz y que desean hablar con él. El rey y Halima abandonan el lugar y se dirigen al palacio.

En tanto Cervantes, que está en la plaza esperando la realización de la condena, da muestra de su grandeza y generosidad: perdona a Dalí y Fartax, recuerda su tierra lejana y pronuncia una de las siete palabras que Cristo pronunció en la cruz: «¡En tus manos, Señor, encomiendo mi alma!» (p. 111).

Llega Halima, que es portadora de la noticia de que se ha pagado el rescate de Cervantes, y Azán Bajá les comunica a los demás conjurados que ellos también han sido liberados. Dalí, aprovechando la confusión, hunde su puñal en el corazón de Halima. Cervantes, con los ojos arrasados en lágrimas y en medio de una desesperación infinita, exclama: «Me dais la vida y me quitáis el alma» (p. 112).

La atmósfera que caracteriza al mundo dramático de esta pieza de Espiñeira se tiñe con factores propios de las obras cervantinas centradas en el mundo árabe; no solo los espacios, sino también los personajes y motivos relacionados con dicho mundo. Se puede asegurar que en esta obra existe un juego permanente entre realidad y ficción. Se incorporan elementos realistas en la plasmación del mundo árabe, y así lo indican las notas aclaratorias que el autor ha colocado a pie de página. La ficción se centra en el vínculo amoroso que se establece entre Cervantes y Halima.

El protagonista es un ser real y su participación en los hechos que se relatan constan históricamente, e incluso los cuatro intentos de fuga se reducen a una y en él participan también personajes que compartieron el cautiverio con Cervantes. Nombres como Antonio de Sosa, autor de *Los mártires de Argelia*; el de Antonio de Toledo, caballero de la Orden de San Juan; el dominico Juan Blanco de Paz, que hizo abortar la tercera fuga. Y otros personajes del mundo árabe, como es el caso de Azán Bajá, que fue uno de los amos de Cervantes; Aidar, el jardinero del palacio que ayudaba a Cervantes y que en un momento determinado cambia su nombre por el de Juan, manifestando con ello su querer volver al seno cristiano. Recordemos que en la realidad histórica Juan fue uno de los que ayudó a Cervantes en su intento de fuga; fue colgado con un gancho de carnicería y torturado en presencia de los fugitivos (3 de octubre de 1577). Se menciona también a un renegado que traicionó a los conjurados denominado *El Dorador*, apelativo que le es dado a Quezada, que traiciona a Cervantes en la obra de Espiñeira.

Obras como *La vida de Miguel de Cervantes y Saavedra* de Francisco Fernández de Navarrete y *Los mártires de Argel* de Antonio de Sosa son mencionadas en el texto como fuentes referenciales. La *Información de Argel*, del mismo Cervantes, está en el trasfondo de los datos encontrables.

En las obras cervantinas centradas en Argel juegan un rol importante las mujeres moras que tienen relaciones amorosas con un cautivo cristiano. La belleza, por un lado, y su vinculación con la Virgen María, por otro, son elementos claves para caracterizarlas. En *Los baños de Argel* se encuentra Zahara, que es un antecedente directo de Zoraida, la protagonista femenina de *La historia del capitán cautivo*, novela intercalada en el *Quijote*. Don Lope le rinde un verdadero homenaje a esta mujer perfecta y redentora de todos sus males:

> ¡Oh extremo de los extremos
> de amor, que las almas doma!
> ¡Salud de mi enfermedad!

arrimo de mi caída,
de mi prisión libertad,
de mi muerte alegre vida,
crédito de mi verdad,
archivo donde se encierra
toda la paz de mi guerra,
sol que alumbra mis sentidos,
luz que a míseros perdidos
los encamina a su tierra,
vedme aquí a tus pies postrado,
más tu esclavo y más rendido
que cuando estaba aherrojado;
por ti ganado y perdido,
preso y libre en un estado;
dame tus pies sobrehumanos
y tus alejandras manos,
donde mis labios se pongan[10].

Zara tiene el papel protagónico en *El trato de Argel* y es descrita por Fátima para despertar el interés de Aurelio:

Mira tu señora Zara,
y lo mucho que merece,
mira que al sol oscurece
la luz de su rostro clara.
Contempla su juventud,
su riqueza, nombre y fama,
mira bien que agora llama
a tu puerta la salud.
Considera el interés
que en hacer esto te toca,
que hay mil que pondrán la boca
donde ella pone sus pies[11].

Zoraida, la hermosa dama mora de la novela intercalada del *Quijote*, es la que mejor ilustra belleza, virtud y simbolismo religioso, propia del Barroco: posee una hermosura que deslumbra en todos los sentidos.

[10] Cervantes, *Los baños de Argel*, p. 415.
[11] Cervantes, *El trato de Argel*, p. 415.

Por su parte el personaje Cervantes dice de Halima en la obra del chileno Espiñeira:

> Ella es, señores,
> pura como los ángeles del cielo.
> Mi ser encadenado a su albedrío,
> llevose ella tras sí mis pensamientos;
> ella es la luz de mi alma, pues ha sido
> el ángel tutelar del prisionero
> que en las sombrías horas de agonía
> en su tierna sonrisa hallaba aliento (pp. 92-93).

Como ya ha señalado la crítica con anterioridad, la relación entre *Los baños de Argel* y la *Historia del cautivo* es estrecha. Los personajes son vinculantes y el motivo de la carta es el mismo utilizado en ambas. Zara, Zahara, Zoraida son antecedentes inmediatos de Halima, la heroína en Espiñeira. *Cervantes en Argel* de Antonio Espiñeira se inscribe dentro de este proceso intertextual.

Bibliografía

Allen, J., «Autobiografía y ficción. El relato del capitán cautivo», *Anales Cervantinos*, 11, 1976, pp. 149-155.

Canavaggio, J., *Cervantes, entre vida y ficción*, Alcalá de Henares, Centro de Estudios Cervantinos, 2000.

— *Cervantes*, Madrid, Espasa-Calpe, 2005.

Cervantes, M. de, *Los baños de Argel*, Madrid, Tipográfica Renovada, 1921.

— *Información de Argel*, Madrid, El Árbol, 1981.

— *Don Quijote de la Mancha*, ed. del Instituto Cervantes dirigida por F. Rico, Barcelona, Crítica, 1998.

— *El trato de Argel*, Paris, Colección de los Mejores Autores Españoles, s./f.

Espiñeira, A. de, *Cervantes en Argel*, Santiago de Chile, Imprenta Cervantes, 1886.

Garcés, M. A., *Cervantes en Argel. Historia de un cautivo*, Madrid, Gredos, 2005.

Rosales, L., *Cervantes y la libertad*, Madrid, Sociedad de Estudios y Publicaciones, 1960.

Sánchez, A., «Libertad, humano tesoro», *Anales Cervantinos*, 23, 1994, pp. 9-21.

Sosa, A. de, *Diálogo de los mártires de Argel*, Madrid, Hiperión, 1990.

Trapiello, A., *Las vidas de Miguel de Cervantes*, Alcalá de Henares, Biblioteca ABC, 2004.

CAUTIVERIO FELIZ: CAUTIVOS CAUTIVADOS POR SU SEÑOR

Cedomil Goic
D. F. Sarmiento Emeritus Professor
University of Michigan
Academia Chilena de la Lengua

En nuestro estudio preliminar a la edición crítica de *Cautiverio feliz* (2001), de Francisco Núñez de Pineda y Bascuñán (1607-1682), preparada por Mario Ferreccio y Raïssa Kordic[1], y en una compilación de los poemas de esa obra hecha posteriormente en *Anales de Literatura Chilena*[2], hemos destacado el relieve de la poesía entre otros géneros concurrentes en la obra de Núñez de Pineda y Bascuñán. En esta ocasión, nos proponemos destacar los dos poemas en los cuales el autor describe el tipo del cautivo feliz para considerar en cada caso cómo se ordenan y alternan con otras modalidades discursivas dentro de la disposición retórica de sus capítulos. Los poemas de que se trata son «Romance en agradecimiento a Maulicán mi amo, debido a sus agasajos y corteses acciones» y «Romance y oración», y se encuentran respectivamente en los discursos 1, capítulo 11, y discurso 5, capítulo 10 de *Cautiverio feliz*. Uno es un poema de gratitud y encomio de su captor, el otro es una plegaria dirigida a Cristo y a la Virgen. Menéndez Pelayo lo consideró una imitación de un célebre romance de Luis de Góngora que no identifica. Los ecos corresponden, como señalamos

[1] Todas las citas de *Cautiverio feliz* serán por esta edición.
[2] Ver Goic, 2002b. Para otros aspectos ver también Goic 1992a, 1992b y 2002a.

en otra oportunidad, al romance «Entre los sueltos caballos», del poeta español, en el que el cautivo moro dice:

> Valiente eres capitán,
> y cortés como valiente:
> por tu espada y por tu trato
> me has cautivado dos veces.

Estos versos sirven claramente de subtexto al primero de los dos poemas de Núñez de Pineda.

En los dos poemas, se elabora la imagen del 'cautivo feliz' que remite, por un lado, a la figura del cautivo de infieles, que tiene una larga tradición en el Siglo de Oro en diversos géneros literarios, y, por el otro, a una figura y tipo cuyo sentido peregrina de su significación original cristiana hasta la dignificación del bárbaro o infiel. Los poemas de *Cautiverio feliz* se articulan además en la disposición del capítulo en que aparecen como un argumento nuevo o prueba que se suma y complementa los argumentos manejados por el autor. Estos se extienden desde la experiencia biográfica o histórica puntual y las sentencias clásicas o paganas, hasta las citas y referencias bíblicas, así como también a los comentarios de la literatura sagrada de diversas autoridades, desde los Padres de la Iglesia hasta los filósofos contemporáneos. La función retórica del poema incluido sirve a la demostración de la dignidad del indio y a la crítica de aquellas autoridades españolas que desconocen las normas del gobernante justo, y se ordena en el sentido final del libro que quiere explicar la razón de las dilatadas guerras de Chile.

«Romance en agradecimiento a Maulicán»

El «Romance en agradecimiento a Maulicán» se articula en el discurso 1, capítulo 11, de *Cautiverio feliz*, como encomio y agradecimiento a Maulicán, que le ha protegido de quienes querían darle muerte y tras superar el temor de ser entregado a sus enemigos.

El capítulo 10, del mismo discurso 1, describe el rito mapuche del sacrificio de un pobre soldado mozo y se cierra con el anuncio del discurso de Maulicán para decidir el destino de la compra o venta de

Pineda a quienes quieren apropiarse del joven prisionero para hacerlo objeto de un sacrificio semejante.

El capítulo 11, titulado «En que responde mi amo con astucia por librarme», comienza con el discurso de Maulicán, su captor. En él el cacique se muestra dispuesto a cumplir con los deseos de los demás que quieren dar muerte al prisionero, pero dice no querer hacerlo sin llevarle antes a su padre, toquis y caciques principales, para que vean su mérito, y luego dentro de pocos días promete le remitirá o llevará en persona. Antegüeno –un antiguo indio amigo que vivió entre los españoles, padeció de abusos y retornó al mundo de los suyos– acepta y aprueba la intención aparente de Maulicán. La narración se completa con la imagen de la cabeza del mozo recién sacrificado clavada en una estaca y el cuerpo abandonado en el suelo para ser devorado por las bestias. Pineda expresa de la manera siguiente el duro momento a pesar del frío invernal:

> yo me hallaba sudando con el fuego de las congojas y aflicciones que me oprimían el alma, de haber visto aquel triste espectáculo y lastimoso fin de mi compañero y por la sentencia de muerte que en mi presencia me promulgaron (p. 299).

En este punto, la Pasión de Cristo se ofrece como consuelo y alegría para el que padece tribulaciones y trabajos. Núñez de Pineda cita el Salmo 55, 2: «Apiádate de mí, oh Dios mío, porque el hombre me está atropellando indignamente; me tienen angustiado, combatiendo todo el día contra mí», y remite a continuación al comentario de San Agustín sobre el mismo salmo:

> Verdaderamente que es gran consuelo y alegría para el que tiene el vivo conocimiento de la pasión y de tormentos que padeció nuestro Redentor sin causa alguna más que la atención sola de nuestra salud y vida, el padecer tribulaciones y trabajos; pues hasta haberlos experimentado por Cristo, Señor Nuestro, no se puede llamar ninguno imitador suyo ni verdadero cristiano, como lo notó el glorioso padre San Agustín sobre el salmo 55, en que dice el profeta rey estas palabras: Tened misericordia de mí, Dios y Señor mío, porque estoy hollado y vilmente pisado del hombre. Quien más pudo decir estas razones que yo, cuando me vi oprimido, sujeto y postrado a los pies de una voluntad bárbara y sin estabilidad en sus acciones; en cuyo lugar dijo el santo: No ha dado principio a ser verdadero cris-

> tiano quien no le ha dado a padecer por Cristo, que sin la divisa de su bendita pasión no lo pareciera el mesmo, pues apreció tanto sus tormentos que, aun estando glorioso y triunfante, conservó las señales de su llagas y heridas por ostentar el entrañable amor que tuvo a nuestra naturaleza humana (p. 300).

Habiendo salido luego con otros compañeros a recoger leña, el joven Núñez de Pineda se entró en un bosquecillo y se hincó llorando y ofreciendo su sacrificio por medio de la Virgen del Pópulo, su devoción más personal. Allí lo sorprendió Maulicán, quien en el diálogo que inicia con el joven le explica las razones de su discurso y le dice:

> Capitán, no te dé cuidado la promesa y la palabra que a estos caciques feroces en tu presencia les he dado, porque ha sido a más no poder, por haber tenido aviso de un amigo mío que habían venido resueltos a matarte o llevarte sin mi gusto si yo no respondiese a propósito de su propuesta y con su petición no conformase; déjame poner con bien en los distritos de mi tierra, que allá yo soy también principal cacique, como ellos, y tengo muchos parientes y amigos, conque puedes tener por sin duda que no he de faltar a la palabra que te he dado; pues primero me verás morir a mí que dejar de cumplir lo que te digo: que por haberme visto en esta ocasión solo y haberme hallado entre tantos enemigos de mi dicha, prometí lo que no he de hacer, y así no te desconsueles por tu vida, que me da mucha pena el verte lastimado y afligido, porque me has obligado con tu agrado y fidelidad, y naturalmente me has llevado al afecto y el corazón.
>
> Estas razones me obligaron a echarme rendido a sus pies y con el agradecimiento debido decirle, con submisas razones y rendimientos alegres, lo que con pocas palabras ni retóricos estilos podía el alma significarle (p. 301).

En tales circunstancias, entonó su agradecimiento en lengua mapuche: «y así prorrompí gososo el siguiente romance, que en su lengua escuchó el sentido de mi intento con agrado».

ROMANCE EN AGRADECIMIENTO A MAULICÁN MI AMO, DEBIDO A SUS AGASAJOS Y CORTESES ACCIONES

Estas mal medidas letras
que de un pecho ardiente salen,
mi agradecimiento ofrece
a ti, valeroso Atlante.

En la guerra batallando,
mal herido en el combate,
desmayado y sin sentido,
confieso me cautivaste.
La fortuna me fue adversa,
si bien no quiero quejarme
cuando tengo en ti un escudo
para mi defensa, grande.
En la batalla adquiriste
nombre de esforzado Marte,
y hoy con tu cortés agrado
eternizarás tu sangre.
Porque al valor y al esfuerzo
que le asiste lo agradable,
no ha menester más crisol
para mostrar sus quilates.
Cautivo y preso me tienes
por tu esfuerzo, no es dudable;
mas con tu piadoso celo
más veces me aprisionaste.
Mas podré decir que he sido
feliz cautivo en hallarme
sujeto a tus nobles prendas,
que son de tu ser esmalte.
Vivas, señor, muchos años
a pesar de los cobardes
que con émulos se oponen
a tus acciones loables (1.11, vv. 1-32).

El análisis del poema permite percibir, en la primera cuarteta, el exordio y los determinantes retóricos de la falsa modestia –*captatio benevolentiae*–, y la intensidad del tono del agradecimiento. La estructura del texto tiene, en los versos iniciales, el modelo que enuncia la gratitud y el encomio de su captor por las bondades recibidas, verdadera matriz del poema:

Estas mal medidas letras
que de un pecho ardiente salen,
mi agradecimiento ofrece
a ti, valeroso Atlante.

La amplificación del modelo se desarrolla en tres partes: en la primera correspondiente a los versos 5 a 12, segunda y tercera cuartetas, explica la ocasión en que a consecuencia de la lucha queda mal herido e inconsciente, y cae cautivo, y cómo, a pesar de su desgracia, no quiere quejarse desde que encontró en su captor una gran protección:

En la guerra batallando,
mal herido en el combate,
desmayado y sin sentido,
confieso me cautivaste.
La fortuna me fue adversa,
si bien no quiero quejarme
cuando tengo en ti un escudo
para mi defensa, grande (vv. 5-12).

A continuación, en los versos 13 a 20, cuartetas cuarta y quinta, segunda derivación de la matriz, hace el elogio de su captor, quien, en la batalla, ganó fama de gran guerrero al sumar valor y grata cortesía, cualidades que muestran por sí solas su excepcional mérito y valentía.

La tercera derivación de la matriz, y amplificación de la *narratio*, que comprende las cuartetas sexta y séptima, pinta o describe la situación actual del hablante como cautivo y preso, cautivado por la piedad de un noble cacique, actitud que sobrepuja a la mera fuerza del dominio. Cautivo feliz sujeto a las virtudes nobles que adornan y caracterizan a su captor:

Cautivo y preso me tienes
por tu esfuerzo, no es dudable;
mas con tu piadoso celo
más veces me aprisionaste.
Mas podré decir que he sido
feliz cautivo en hallarme
sujeto a tus nobles prendas,
que son de tu ser esmalte (vv. 21-28).

La conclusión del poema cierra la descripción de su feliz cautiverio con los fervientes deseos de que el cacique viva muchos años a pesar de los envidiosos que lo combaten y que disienten de sus generosas acciones:

Vivas, señor, muchos años
a pesar de los cobardes
que con émulos se oponen
a tus acciones loables (vv. 29-32).

El gesto de Maulicán conduce en seguida al narrador y personaje a añadir argumentos en alabanza de su protector. Con bien definido estilo barroco, cita y traduce, primero, la sentencia de un clásico latino y, luego, el Evangelio de San Juan, para atraer el mayor ascendiente del argumento cristiano y proyectar de este modo la interpretación figural a las circunstancias actuales.

Se trata de un tipo cuyo antecedente clásico, una sentencia sobre el buen gobernante, que Núñez de Pineda extrae del libro *Epistulae ex Ponto*, del poeta latino, y que transcribe primero en prosa: «es de grandes príncipes y señores levantar a los caídos y lastimarse de los pobres y afligidos», y duplica con la cita latina de Ovidio (*Ep. ex Ponto*, Libro II, Elegía IX):

regia, crede mihi, res est succurrere lapsis,
convenit et tanto, quantus es ipse, viro

seguida de una redondilla con la traducción en verso castellano:

Es de un pecho generoso
dolerse de un lastimado
y el levantar al postrado,
de un príncipe majestuoso.

Núñez de Pineda reduplica la figura con el ejemplo de los Evangelios, al mostrar a Cristo conmovido por el llanto de las hermanas de Lázaro (Juan 11, 33), que lo mueve a devolverle la vida «porque como verdadero hombre de cualquier natural afecto se vestía, llorando con los que lloraban y afligiéndose con los afligidos para aliviarnos y darnos a entender que debemos nosotros lastimarnos y dolernos de las miserias y trabajos ajenos» (p. 303).

Y, por último, reconocerá en Maulicán los rasgos de este tipo de piedad y compasión cristianas, no siempre reconocible en los españoles:

> Visos tiene de Dios el que se lastima y conduele de las desdichas y trabajos que padecen otros, pues el mesmo Cristo nos sirve de norma y de

dechado, afligiéndose con los afligidos y llorando con los que lloran. Quien no se maravilla de la piedad de este bárbaro, que pudiera avergonzarnos, dejando atrás nuestras acciones, y enseñarnos a imitar a nuestro Redentor. Pues supo lastimarse de mis penas y afligirse de verme lastimado; que pocos o ningunos son los que hay entre nosotros que se conduelan y lastimen de esta nación humilde y desdichada, y de la esclavitud injusta que padecen algunos (p. 303).

Acto seguido, Núñez de Pineda procede a exponer el sentido final del libro, que se centra en determinar las causas de las dilatadas guerras de Chile que denuncia en su tratado:

> Vemos a los que han cautivado, asegurándolos debajo de convenio y trato de paces, no una sino es muchas veces, y en algunas ocasiones ha acontecido entrar ocultamente en las reducciones antiguas y pacíficos indios y cristianos y hurtarles los hijos y las hijas y enviarlos fuera del reino, vendidos por esclavos.
>
> Este es el trato y agasajo que hallan entre nosotros y la compasión y lástima que experimentan en nuestros naturales: ¿no son causas suficientes para que Chile tenga dilatada guerra –que es el blanco a que se van encaminando estos discursos–, y para que resplandezca más en este bárbaro el piadoso celo y natural magnánimo que le acompaña? Claro está, quién lo duda, ni quién podrá negar que es imposible que se conserve Chile de esta suerte (p. 303).

La experiencia vivida en la jornada le sirvió al joven Núñez de Pineda de consuelo e hizo posible su descanso y el sueño que dio fin a los sobresaltos que debió padecer durante el día. Con lo que termina este capítulo 11 del discurso 1.

Todo esto le muestra como cautivo cautivado por su señor, no ya preso de un bárbaro infiel, sino conmovido y agradecido de alguien en cuya piedad, espíritu compasivo y protección descubre la virtud del príncipe justo del espíritu clásico y, de modo y manera más importante, la verdadera piedad del príncipe cristiano.

Esta argumentación que acabamos de repasar, y su peregrinar en alusión a mundos diferentes y contradictorios, con extraña consecuencia, debe verse anticipada por las observaciones hechas en el exordio constituido por el capítulo 1 del discurso 1, donde Núñez de Pineda manifiesta los límites de la dificultad docta. Allí dice lo siguiente:

Para sus antojos muchos la elocuencia abusan, pocos los que sobria y legítimamente usan de esta facultad: aquel por orador insigne se reputa que con aparente velo de verdad cubre la mentira, y en estos nuestros lamentables siglos pocos o ningunos se desvían de tan común despeñadero; pues no por barruntos estas se experimentan verdades, aun en los más sabios y doctos predicadores, mezclando y envolviendo la clara luz del Evangelio santo en curiosos y afectados conceptos; mas juzgo en estos tiempos de semejantes afeites y rebosos necesitar nuestras costumbres, para que la palabra divina algún lugar tenga en nuestros corazones; que es propio del natural humano y de nuestras curiosas condiciones escudriñar con veras lo que nos ocultan y lo que con reboso se nos veda, como lo sintió Ovidio:

Nitimur in vetitum semper cupimusque negata

En lo que hay dificultad
estriba nuestro cuidado,
y tras lo oculto y vedado
se va nuestra voluntad.

Y en la réplica cristiana:

Preguntaron a su divino Maestro los sagrados discípulos que por qué causa o razón hablaba de ordinario en parábolas y enigmas, a que responde a nuestro intento San Juan Crisóstomo y dice que porque pusiesen más cuidado y solicitasen con más veras entenderle: que la obscuridad que encerraban en sí sus palabras les incitarían a escudriñarlas y a rumiar sobre ellas; que, si la intención de Cristo, Señor Nuestro, fuese no ser entendido, ni en parábolas ni enigmas ni en otro género de lenguaje les hablara palabra. Conque podremos decir lo que el gentil versista: que es conveniente y necesario en todo género de escritos y narraciones usar de parábolas y enigmas:

Si licet exemplis in parvo grandibus uti:

Son lícitos los disfraces
en los escritos mayores,
y usar de ejemplos y frases
aun en los que son menores.

Para concluir con falsa modestia:

Principalmente hablando de las cosas divinas y celestiales, como lo enseña San Clemente Alejandrino; conque se podrá entender que mi principal asunto no habrá sido encaminado a querer juzgar ni censurar estilos tan cultos y levantados como los que hoy se acostumbran en el lenguaje, que fuera desmedido atrevimiento y osado presumir querer emular lo que no alcanzo (p. 236).

«Romance y oración»

El otro poema, «Romance y oración», es un romance de 80 versos y 20 cuartetas octosílabas. Tiene la forma de una plegaria dirigida a Dios y la Virgen. El poema se encuentra en el discurso 5, capítulo 10 de *Cautiverio feliz* (1673) y también puede leerse en el discurso 5, capítulo 8 de la *Suma y epílogo* (1675), con el título de «Oración» y con algunas otras variantes.

En el capítulo 9 de *Cautiverio feliz*, se anticipa la oración con motivo del regreso de Molbunante, quien conducirá al joven cautivo al rescate junto a Quilalebo, y le advierte que viajarán de noche –acompañados de los parientes de los indios que serán rescatados e intercambiados por Núñez de Pineda– por el temor a las amenazas de los indios de otras parcialidades que pueden hacer peligroso su viaje. Estas circunstancias le inducen a retirarse para orar, mientras los caciques celebran una fiesta. La devoción le lleva a la acción de gracias a Nuestro Señor citando el Salmo 137, 6, y la paráfrasis de San Agustín, y a procurar, más adelante, la intercesión de la Virgen. No sin argumentar la inseguridad de la Fortuna con apoyo en Ovidio, San Gregorio Nacianceno, San Juan Crisóstomo y San Agustín, que nos dan a entender que «en medio de los mayores gustos y placeres se han de hallar mayores angustias y tristezas». Todo ello como efecto de que «los de la parcialidad de la cordillera estaban resueltos a salirnos al camino y, a fuerza de armas, perturbar la intención de mis parciales, amigos y defensores» (p. 875). Para afirmar a continuación: «ciertas esperanzas me acompañan y felices sucesos me prometo en el despacho y decreto de mis peticiones» (p. 876). Esto es así para Núñez de Pineda por tres razones: «Lo primero, porque sois Padre de piedad y de suma misericordia», argumento seguido de las paráfrasis de Francisco de Mendoza, la cita de San Pablo, *Epístola a Tito*, 3, 4, y la paráfrasis de San Crisóstomo a Mateo, 18, 21-22.

Lo segundo, gran Señor –proseguí en mi oración– porque soy pobre, atribulado y esclavo, en tierras extrañas, sujeto a voluntades ajenas, entre

> gente miserable y bárbara, sin más vestiduras ni abrigo que una camiseta o manta sobre mis carnes, descalzo de pie y pierna; y aunque bien querido y estimado de mi amo y de los amigos que me tienen a su cargo, otras parcialidades caribes y rigurosas solicitan mi muerte por varios modos y caminos, conque tengo por sin duda que estas penalidades y trabajos son ciertos indicios, Dios de mi vida, de que estáis presente en medio de estas mis congojas porque os preciáis de asistir al atribulado y socorrer al que se halla con necesidades, que con clamores y suspiros os invoca y llama (p. 877).

Sigue, una vez más, con la paráfrasis de los Salmos 90, 15 y 22, 4, Ruperto, sobre el Salmo 90, Job, 17, 3, y San Cipriano, para retornar al modo directo de sus aflicciones con un «Romance» «que en la aflicción que vivía le acompañaron, y desahogaron el pecho de congojas» (p. 878).

Entonces, al final del capítulo 9 dirá:

> Y volviendo a mi oración acabaré con lo tercero que alienta mi esperanza, y lo más eficaz para mis súplicas, que es tener por sin duda el auxilio y protección de la que se precia ser amparo y madre piadosa de pecadores: la Virgen santísima del Pópulo, Señora Nuestra, cuya imagen desde mis tiernos años fue de mi devoción el principal asunto (p. 879).

Último argumento que propone como uno que sobrepuja a los dos anteriores. La conclusión anticipa el contenido del capítulo siguiente.

El capítulo 10 está orientado a la memoria del origen de su culto y de la devoción fervorosa a la Virgen. Se inicia con el recuerdo de su infancia, cuando a los siete años de edad asistía a la iglesia en la casa de residencia de la Compañía de Jesús. Allí narra la inquietud que le producía la contemplación de la imagen de la Virgen, cuyos ojos se fijaban en él desde todos los ángulos de los cuales la miraba, y las pruebas que realizó para ver si esto era así. Esta experiencia sería el comienzo de su devoción. Núñez de Pineda enlaza el recuerdo de este hecho al tercer argumento de los enunciados en el capítulo 9 anterior en relación con su esperanza de la intercesión de la Virgen. Su procedimiento es la paráfrasis de diversos lugares del Evangelio según las autoridades. De San Anselmo (*De excelentia virg.*, cap. 6), «porque a Jesucristo, nuestro Dios y Señor, como a recto Juez, le toca y pertenece el castigar nuestras culpas y pecados, y a la Virgen Santísima el patrocinarnos, defendernos y ampararnos» (p. 881). Paráfrasis de los Padres de la Iglesia, San Bernardo, San Ambrosio y San Crisóstomo son citadas a continuación para corroborar en una serie de amplificaciones de la alabanza de la Virgen como abogada y llave maestra que abre las puertas del cielo o que las tiene de par en par abiertas como dice, además, Francisco de Mendoza (*Commentarium in IV Libros Regum*, Lib. 1, c. 4, v. 11, sect. 2, anot. 2, n. 1 [Lugduni: Sumpt. Laurentij Anisson, & Soc., 1647]): «Llave eres del Cielo, celestial Señora». Reitera los argumentos de San Ambrosio, agrega al Abulense y San Buenaventura, y reduplica los de Francisco de Mendoza: «Aquí entra nuestro argumento, y digo que, cuando a la madre ajena no se atrevía Cristo a negar totalmente lo que le pedía, ¿cómo a su propia madre podrá excusar el conceder lo que le pide y ruega» (p. 882 [*Commentarium in IV Libros Regum*, Lin. 1, c. 4, v. 12, sect. 2, anot. 12, n. 11]).

Argumento que refuerza con nuevas paráfrasis de San Buenaventura sobre la misericordia de la Virgen para con los pobres, humildes y miserables pecadores, referencias al Salmo 50 y de San Ambrosio (*Enarrationes in Psalmos*) sobre la eficacia de la oración repetida muchas veces.

El poema se introduce, finalmente, en los siguientes términos como conclusión del capítulo 10 y de las circunstancias de lo narrado:

> Acabé mi oración con los siguientes medidos renglones, que a los principios de mi cautiverio a la memoria ocurrieron, con los cuales todos los días solía dar principio a mis devociones, y aquí pondremos fin con ellos a mis súplicas y lastimosos ruegos (p. 883).

El exordio del poema ilustra la situación lírica de la plegaria en que el cautivo, retirado en un bosque, de rodillas en el suelo, consolado y afligido, ruega a Dios. La matriz es la gratitud, la aflicción y la humildad esperanzada del amenazado:

> Gracias os doy infinitas,
> Señor del empíreo cielo,
> pues permitís que un mal hombre
> humilde amanezca a veros.
> En este pequeño bosque,
> las rodillas por el suelo,
> los ojos puestos en alto,

vuestra grandeza contemplo.
Consolado y afligido
ante vos, Señor, parezco,
afligido con mis culpas,
consolado porque os temo (vv. 1-10).

La *narratio* apunta en una primera instancia a la variedad de sus discursos en lucha unos con otros y ocasionalmente predominando unos sobre otros:

Diversos son mis discursos
varios son mis pensamientos,
y luchando unos con otros
es la victoria por tiempos (vv. 13-16).

Sigue una serie de sentencias sobre la naturaleza débil, el espíritu que encamina a los extraviados y los dichosos que se dejan guiar por la mano divina:

La naturaleza flaca
está siempre con recelos
de los peligros que el alma
tiene entre tantos tropiezos.
El espíritu se goza
en medio de mis tormentos,
porque es docta disciplina
que encamina a los aviesos.
Dichosos son los que alcanzan
tener aquestos recuerdos,
guiados por vuestra mano
para que no andemos ciegos (vv. 17-28).

Una tercera parte remite a su situación actual en la que acepta y disfruta del destierro en el que las tribulaciones le han servido de freno y han encaminado sus pasos:

Trabajos y adversidades
entre inconstancias del tiempo
padezco con mucho gusto
en este feliz destierro.
En mí las tribulaciones

han sido un tirante freno
que ha encaminado mis pasos
y refrenado mis yerros (vv. 29-36).

La conclusión del poema tiene tres partes: primero, la enumeración –*enumeratio*– de los favores divinos y su paradójica función; luego, la amplificación –*amplificatio*–, con gratitud y encomio de la Virgen, suplicando; y, finalmente, su patrocinio y socorro –*conmiseratio*– para el que invoca afligido y está cautivo y preso.

La primera tiene la forma de la oración a Dios a cuyas manos se entrega alabándolo en sus grandezas. En ella, define el sentido propio del feliz cautiverio, pide que le encamine a su servicio, ofrece su vida a la voluntad divina y ruega merecer por quien la divinidad es y por su Hijo lo que no merece por sí mismo. A ella se suma la oración a la Virgen, a quien ruega finalmente, en la *commiseratio* de las últimas cuartetas, el patrocinio, con el encomio de sus méritos o virtudes celestes, para que socorra con sus ruegos al que le «invoca afligido / y al que está cauptivo y preso»:

Todos son, Señor, favores
y de vuestro amor efectos,
que atribuláis al que os huye,
porque en vos busque el remedio.
¡Oh! Rey de cielos y tierra,
¡oh! piadoso Padre eterno,
¡oh! Señor de lo criado,
¡oh! Dios de Sabaoth inmenso.
Vos, Señor, sois mi refugio,
Vos sois todo mi consuelo,
Vos de mi gusto la cárcel,
Vos mi feliz cautiverio.
Lo que os suplico rendido,
y lo que postrado os ruego,
es que encaminéis mis pasos
a lo que es servicio vuestro.
Que, si conviene que muera
en esta prisión que tengo,
la vida que me acompaña,
con mucho gusto la ofrezco.
En vuestras manos, Señor,

pongo todos mis aciertos,
que nunca tan bien logrados
como cuando estáis con ellos.
Merezca yo, por quien sois,
lo que por mí no merezco,
y por la sangre preciosa
de vuestro Hijo verdadero (vv. 37-64).

La amplificación que sigue significa la exaltación de la Virgen como intercesora o patrocinadora conforme a las autoridades citadas anteriormente en el capítulo y como renovada paráfrasis de los argumentos en que pone sus esperanzas. Confiando en la verdad del argumento, finalmente, en la *conmiseratio*, dominado por la emoción, ruega el patrocinio y socorro de la Virgen:

Y por los méritos grandes
de María, cuyos pechos
fueron de Jesús bendito
en su humanidad sustento.
Y vos, Purísima Reina,
escogida de *ab eterno*
para Hija de Dios Padre
y para Madre del Verbo,
del Santo Espíritu Esposa,
de las tres Personas templo,
corona de lo criado,
Señora del hemisferio,
patrocinad al que os llama,
socorred con vuestros ruegos
al que os invoca afligido,
y al que está cautivo y preso (vv. 65-80).

Todo esto deja indicios claros de la formación intelectual y retórica, y de las fuentes de literatura religiosa del autor que se apoya en las bibliotecas conventuales de Chile y especialmente del Perú, sin las cuales el rico monto de las referencias bibliográficas habría sido imposible. Muestra una dimensión más del tratado misceláneo y complejo de que estos poemas y sus comentarios forman parte bien articulada. La disposición en el discurso de lugares y paráfrasis de los Salmos, de los Evangelios y de otros textos vétero y neotestamentarios revela los rasgos de una visión religiosa del mundo, cuyo juego de tipos, de lugares, paráfrasis de los mismos y reduplicaciones nos hablan del barroco como «razón apasionada» –expresión de Ortega y Gasset. Todo ello ilustra el activo vector de la hispanización y de la cristianización que mezcla el hibridismo cultural que el contenido narrativo y descriptivo del libro mismo ilustra con la antropología cultural minuciosa e informativa de ritos y fiestas, parlamentos y rescates en las dos direcciones.

Bibliografía

Goic, C., «Góngora y la retórica manierista de la dificultad docta», en *Los mitos degradados. Ensayos de comprensión de la literatura hispanoamericana*, Amsterdam, Rodopi, 1992a, pp. 358-367.

— «Un inédito de Francisco Núñez de Pineda y Bascuñán», en *Los mitos degradados. Ensayos de comprensión de la literatura hispanoamericana*, Amsterdam, Rodopi, 1992b, pp. 349-357.

— «Bibliografía de y sobre Francisco Núñez de Pineda y Bascuñán», *Anales de Literatura Chilena*, 3, 2002a, pp. 241-249.

— «Poesía de Francisco Núñez de Pineda y Bascuñán», *Anales de Literatura Chilena*, 3, 2002b, pp. 161-221.

Núñez de Pineda y Bascuñán, F., *Cautiverio feliz*, ed. crítica de M. Ferreccio Podestá y R. Kordic Riquelme, estudio preliminar de C. Goic, Santiago, RIL, 2001, 2 vols.

UN CAUTIVO EN EL ARAUCO DEL SIGLO XVII

Carlos González Vargas/Hugo Rosati
Pontificia Universidad Católica de Chile

Rasgos biográficos

Estimamos que el cronista Francisco Núñez de Pineda y Bascuñán nació en la ciudad de San Bartolomé de Chillán, en el año de 1609, en lo que coincidimos con Sergio Correa Bello, uno de los autores que han profundizado en su vida y obra[1]. A los siete años de edad, debido a la muerte de su madre, es trasladado a la ciudad de Concepción, donde su padre, un importante militar en la Guerra de Arauco, lo interna en el Colegio de los Jesuitas. Allí permaneció unos nueve años, durante los cuales aprendió sus primeras letras, estudió latín y conoció las obras de muchos autores clásicos, lo que más tarde se verá reflejado en su producción.

Entre 1625 y 1629, fecha esta última en que es capturado, su carrera militar le había permitido alcanzar el grado de capitán de la Infantería española, cuando integraba el tercio de San Felipe de Austria, con asiento en Yumbel. La batalla en la que cae prisionero ocurre en el estero de Las Cangrejeras, en las cercanías de la mencionada sede, el día 15 de mayo de 1629.

Su cautiverio se extendió por seis meses y catorce días, hasta ser canjeado por tres caciques el 29 de noviembre, día en que llega al fuerte de Nacimiento, para dirigirse más tarde a las tierras de su padre,

[1] Consideramos que la obra de Sergio Correa Bello (1965) sistematiza muy bien la información concerniente al cronista y es una de las más completas.

en Chillán, ciudad a la que arriba el 7 de diciembre. Durante su cautiverio, el cacique Maulicán le perdona la vida y lo protege, en consideración a que era hijo del maestre de campo español don Álvaro Núñez de Pineda, a quien los mapuches llamaban «Álvaro maltíncampo» en señal de respeto por su carácter de gran guerrero y, también, por haber demostrado rasgos de generosidad para con los prisioneros indígenas, no importando su condición, extendiéndose su fama por toda la Araucanía.

La caballerosidad del padre salva la vida de Francisco, y Maulicán procura mantenerlo con vida durante todo su cautiverio, preocupándose él mismo de negociar su canje. La protección de su cautivo redunda incluso en que el cacique llegue a enemistarse con varios otros de sus pares, situación que lo obligó a eludir sistemáticamente a aquellos que lo buscaban para raptar y sacrificar a su cautivo.

Durante su cautiverio, los traslados a distintas parcialidades del área de los ríos Cholchol e Imperial permitieron al cronista conocer el territorio y familiarizarse con las costumbres y creencias indígenas. Posiblemente debido a la educación recibida desarrolló una aguda sensibilidad para percibir los más variados detalles de la vida en las comunidades que visitó y en el medio natural en que esto ocurrió.

¿Qué sucedió en los años posteriores con la vida de Pineda? Hay muy pocos antecedentes que se puedan recolectar entre 1630 y 1655 para agregarlos a los ya entregados por Diego Barros Arana y otros historiadores. Se sabe que llegó a ser maestre de campo, igual que su padre, y que tuvo a su cargo el fuerte de Boroa (en las cercanías del actual Temuco), donde tenía a su hijo Fernando como soldado. Fue alejado del mando en 1656, año en que comenzó la redacción de su obra, veintisiete años después de su cautiverio, la que concluirá, luego de escribirla durante diecisiete años, en 1673[2]. Entre 1664 y 1668 escribe un anónimo contra el gobernador Francisco Meneses, hecho que deteriora aún más su relación con dicha autoridad. La paternidad de este escrito no es negada ni por José Toribio Medina, ni por Correa Bello.

[2] Correa Bello indica que la obra pudo haber sido terminada diez años antes, lo que parece ser confirmado por la existencia de una carta del autor dirigida al virrey del Perú en 1664, en la cual menciona que ha terminado su libro. Ver Correa Bello, 1965; y *Manuscritos Medina* (Biblioteca Nacional de Chile).

Correa Bello, uno de sus biógrafos, sostiene que el autor viajó a Perú en 1667. Ese mismo año, al pasar por Arica en noviembre, le escribe a su hijo Fernando y luego se dirige a Arequipa a cobrar una suma de dinero a la Corona, por la posesión de una antigua encomienda de su padre. Probablemente llega a Lima en 1670, residiendo en la ciudad, lugar donde se dedica a concluir los últimos capítulos de la crónica[3]. También lee y estudia, entre otras, las obras de los jesuitas Francisco de Mendoza y Gaspar Sánchez, el libro del catedrático Antonio Maldonado, las obras del arzobispo Gaspar de Villarroel y la *Política indiana* de Solórzano Pereira, famosas en la época. En relación con este viaje, el cronista entrega la siguiente referencia (discurso 4, capítulo 27):

> Y yo digo de mí que, al cabo de mis años y de más de cuarenta y cuatro de servicios personales, me obligó la necesidad a salir de mi patria, pidiendo limosna por ajenos distritos para sustentar a mis hijos y buscarles remedio, pudiendo un gobernador evitarlo con una encomienda... (p. 772).

Regresa a Chile y en reconocimiento a su extensa carrera militar es nombrado gobernador de Valdivia en 1673, cargo que desempeña hasta octubre de 1675. Se sabe que vende tierras en Concepción y en 1679 logra ser nombrado corregidor de Indias en Pacajes, que pertenecía a la Real Audiencia de Charcas, Alto Perú[4]. Rechaza este nombramiento y, estando en Lima, a fines del año 1679, el virrey del Perú le concede el corregimiento de Moquehua. Viaja de Lima al puerto del Callao y se dirige a Arica para viajar a Moquegua, pero fallece durante el viaje, en el oasis de Locumba, al norte de Tacna, el 5 de mayo de 1680[5]. Esta fecha se reconoce porque existe una carta enviada desde Moquehua por el capitán Francisco Ruiz de Córdoba, fechada el 27 de junio de

[3] Los antecedentes aparecen en una colección de ocho cartas escritas por Pineda en Archivo Nacional, Real Audiencia, vol. MCMLXVII, pieza 3, fojas 28 a 58.

[4] Este nombramiento consta en Archivo Nacional, Real Audiencia, vol. MCMLXVII, pieza 3, fojas 39 y 40.

[5] Diego Barros Arana sostiene que Pineda falleció en 1682, sin haber alcanzado a desempeñar el cargo que le fuera otorgado. Ver Barros Arana, 2000, vol. V, cap. vigésimo cuarto, p. 304. Sergio Villalobos menciona que el oasis de Locumba está situado al norte de Tacna (2006, vol. I, p. 194).

1680, en la cual anuncia la muerte de Francisco Núñez de Pineda a sus familiares en Chile[6].

Si examinamos el recorrido realizado por Pineda se pueden apreciar dos rutas: la que, cuando es conducido como prisionero, hace por el interior del territorio, para evitar áreas frecuentadas por los conquistadores; y la otra que sigue para retornar con los suyos al ser canjeado, y que tiene un trazado más directo, según la narración del autor, por recorrer un sector sin grandes montuosidades enclavado en el valle central del país.

En relación con la ruta de ingreso, su captor, Maulicán, evita las zonas más peligrosas, ya que muchos jefes indígenas querían sacrificar al joven capitán. A la vez, Maulicán buscó las áreas más aptas para poder vadear los ríos, que eran verdaderas barreras geográficas.

Cronograma del cautiverio

Comienzo del cautiverio: batalla de Las Cangrejeras y viaje al corazón de la Araucanía

Abril, 1629:

> En este tiempo y ocasión asistía yo en el tercio de San Felipe de Austria, ocupado en una compañía de infantería española, como queda atrás manifiesto, adonde tuvimos aquella noche el aviso de lo que el antecedente día había sucedido [10 de abril], con el cual se determinó el sargento mayor y cabo del dicho tercio a salir al encuentro del enemigo y a esperarle en el paso por adonde era forzoso retirarse, habiendo cogido antes el rastro de su entrada. Hicímoslo así y, aunque llegamos a muy buen tiempo a ponernos en parada, la disposición que hubo en echar la emboscada no fue conforme a lo que los capitanes sentimos, pues se nos escaparon tres corredores del enemigo que se venían entrando por nuestro emboscadero, que a tan buena ocasión como esta habíamos llegado, pocas horas antes, a un valle cercado por una parte de la montaña áspera y escabrosa de la nevada sierra, y por la otra de unas grandes barrancas de un río que llaman Puchangue, adonde se arrojaron los tres corredores sin los caballos, [...]

[6] Consta en Archivo Nacional, Real Audiencia, vol. MCMLXVII, pieza 3, fojas 47 a 102.

finalmente nos quedamos solo con la vista de ellos que, a más no poder, nos dejaron en las manos sus brutos animales ensillados[7].

Mayo, 1629, viaje como cautivo:

> Nos fuimos acercando al río de Bío Bío, como dije, en un cuerpo hasta llegar a sus orillas, si bien al pasarle unos se adelantaron más que otros, porque con ferocidad notable sus precipitadas corrientes se venían aumentando a cada paso [...] llegamos al caudaloso río referido diez indios compañeros, un soldado de mi compañía, llamado Alonso de Torres, [...] pasamos el primer brazo [...] con grande peligro y riesgo de nuestras vidas; cuando fuimos a querer vadear el otro que nos restaba, no se atrevieron a esguazarle [...] por ser el restante brazo más copioso de agua, más dilatado y más apresurada su corriente, determinaron quedarse en aquella pequeña isla que tendría muy cerca de una cuadra de ancho y dos de largo [...]. [A la mañana siguiente] echaron por delante a un compañero alentado y que se hallaba con el mejor caballo que en la tropa se traía, y a pocos pasos que entró lo arrebató la corriente, y aunque fue nadando gran trecho sin desamparar el caballo, se le ahogó en medio del río [...] me ordenó mi amo que me desnudase y pusiese más ligero por si cayese en el río no me sirviese de embarazo la ropa que llevaba [...] y caminamos de esta suerte todos los diez indios que quedaron, el soldado Alonso de Torres y yo en demanda del paso que se reconoció ser el más angosto por donde nos arrojamos, con pocas esperanzas de salir con bien de las corrientes rápidas del río [...] me vi tres o cuatro veces fuera de la silla y sin el arrimo del caballo, [...] porque la fuerza de la corriente era tan veloz y precipitada, que no sabré significar ni decir de la suerte que me sacó el caballo a la otra banda del río [...] salimos el otro soldado, mi compañero y yo, con otro indio que se halló en un alentado caballo (pp. 275-286).

Una vez alcanzada la orilla, busca a su captor y le ayuda a salir del río:

> cuando el mío [se refiere a su captor] me vio con su caballo de diestro, me empezó a abrazar y decir muy regocijado: –Capitán, ya yo juzgué que te habías vuelto a tu tierra; seas muy bien parecido, que me has vuelto el alma al cuerpo; vuelve otra vez a abrazarme, y ten por infalible y cierto que, si hasta esta hora tenía voluntad y fervorosa resolución de rescatarte y mirar por tu vida, con esta acción que has hecho me has cautivado de tal

[7] Núñez de Pineda y Bascuñán, *Cautiverio feliz*, ed. M. Ferreccio Podestá y R. Kordic Riquelme, p. 251. En adelante se cita por esta edición.

> suerte, que primero me has de ver morir por ti que permitir padezcas algún daño; y te doy mi palabra, a la ley de quien soy, que has de volver a tu tierra a ver a tu padre y a los tuyos con mucho gusto (p. 288).

Mayo, 1629, segunda quincena. Cuando iban hacia Repocura, la tierra de Maulicán,

> en la mitad del camino hallamos aislados más de cincuenta indios de la parcialidad de los serranos a las orillas de un río llamado Rainaco [Renaico], que por la abundancia del agua y precipitación de sus corrientes no habían podido pasar adelante.

A continuación el autor hace notar que están a poco más de tres días de camino de la parcialidad de su captor, Maulicán, y agrega más información:

> Luego que llegamos, otro día por la mañana se juntaron los dichos habitadores de las nevadas sierras y vinieron al sitio adonde nos habíamos alejado mi amo y yo, con otros seis u ocho compañeros y amigos suyos, con resolución manifiesta de comprarme para satisfacer el deseo que tenían de quitar la vida al hijo de Álvaro (p. 79).

> Pasamos con bien aquel raudal [el río Bío Bío] después de haber visto a los demás abrir camino y esguazádole sin riesgo, y a muy buen paso aquel día nos pusimos muy cerca del río de Cactén, que así llaman por arriba al que pasa por La Imperial, habiendo descabezado todos los demás esteros que componen otros ríos por abajo, como son Coipo, Curalaba y otros, que en el rigor del invierno son más tratables por arriba, cerca de sus nacimientos. Alojamos aquella noche a la orilla de un estero (p. 305).

Al amanecer, los acompañantes «rogaron a mi amo que pasase con ellos a sus casas a descansar y holgarse tres o cuatro días, pues tan cerca se hallaba de sus humos» (p. 305), y llegan a los ranchos del cacique Colpoche.

Tres días más tarde:

> Antes del amanecer algunas horas, me recordó del sueño Maulicán, mi amo, con grande regocijo y alegría, diciéndome: –Capitán, ya es tiempo de que vamos disponiendo nuestro viaje, porque estoy con grandes deseos de ver a mi amado padre, a mis hijos y a mi tierra (p. 329).

Alrededor de las tres de la tarde de ese día se despide del soldado que lo acompañaba en su viaje de cautivo:

> Aparteme a un lado de los demás a despedirme y abrazar a mi compañero el soldado, y en un buen rato no pudimos hablarnos palabra el uno al otro (p. 337).

Mayo o principios de junio:

> salimos como a las tres de la tarde, con dos mocetones por guías, que nos fueron a pasar el río de La Imperial, llamado Captén por aquella parte, los cuales nos encaminaron y señalaron una vereda angosta que seguimos (p. 81).

Habla Maulicán durante el viaje a Repocura:

> y, pues no llevamos camino ni vereda, el propio estero nos podrá servir de guía marchando para abajo, que juzgo nos habemos subido muy arriba, porque aquel cerro alto que de la otra banda divisamos es el de Elol, por adonde habemos de atravesar para nuestra tierra (p. 82).

Camino a Repocura, llegada a las casas de Inailicán:

> dadle mis encomiendas al cacique Inailicán y decidle que soy yo el que con este temporal deshecho anda perdido y extraviado por llegar a mi tierra y a mi casa [habla Maulicán]. [...] salimos con bien de aquel empeño, y a paso más que moderado, que llaman galope, nos pusimos en la casa del cacique, que ya nos tenía prevenida una buena candelada (p. 346).
>
> Este cacique Inailicán era uno de los que ofrecieron pagas para comprarme en el parlamento (p. 348).

Nota: Inailicán los recibe en sus casas y durante la comida se produce un conflicto entre Inailicán y Maulicán, ya que el primero quiere ultimar al autor, lo que obliga a Maulicán a esconder a Pineda en un gallinero, para luego salir rápidamente al día siguiente:

> [Al alba] llegó Maulicán, mi amo, con dos caballos ensillados que le habían prestado sus amigos, dejando al cacique Inailicán durmiendo la borrachera, y me hizo montar en el uno, y a aquellas horas les dimos rienda y marchamos hasta sus tierras (p. 353).

y a buen paso subimos las lomas y cerros de Eloy, que eran los que traía marcados Maulicán para encaminarse a su tierra; y, habiendo caminado poco más de dos leguas, encontramos en medio de aquellos cerros otros ranchos del cacique Antegüeno, que forzosamente habíamos de pasar por ellos, porque el camino nos llevó a sus puertas, adonde salió el cacique y nos hizo apear de los caballos con repugnancia de mi amo (p. 354).

Estadía en las casas del cacique Antegüeno, hermano de Inailicán:

Entramos adentro de la casa, y el cacique Antegüeno –que también era de los que se hallaron en el parlamento de mi venta o compra– nos llevó a un estremado fogón, dividido de otros que había adentro, en que asistían las mujeres; allí nos hizo poner unas esteras en que asentarnos, y mandó a un criado suyo que desensillase nuestros caballos, a que repugnó Maulicán diciendo que había de pasar a su tierra luego, aunque el agua no cesase, que ya estábamos acostumbrados a las inclemencias del tiempo y a estar mojados de ordinario; a que le respondió el cacique que para dos leguas que le quedaban para su tierra tenía bastante tiempo, aunque saliese a la tarde (p. 354).

y después de haber comido y bebido lo bastante y oreado al fuego nuestras mantas (–por la tarde–) nos despedimos del cacique Antegüeno con grandes agradecimientos, y salimos de allí con más gusto que de la casa de Inailicán, su hermano (p. 356).

Último tramo del camino a Repocura:

El camino cogimos a buen paso por una veredilla que atravesaba el camino real de La Imperial, y derecha nos llevaba a su tierra Repocura; y, por priesa que nos dimos, llegamos a las orillas del río de este valle (–río Chol Chol–) al tender sus cortinas las tinieblas. Venía de monte a monte –como dicen–, y de la otra parte estaban los ranchos de su padre y de su familia, como dos cuadras abajo del balseadero, adonde tenían una canoa, a modo de barquillo, por adonde se manijaban los pasajeros [...] y en breve rato nos pusimos en la casa de mi amo, adonde le aguardaban muchos días había anhelosos su padre –llamado Llangareu, toque principal de aquella tierra–, sus hijos y mujeres, con otros amigos y comarcanos (p. 357).

Estadía en tierras mapuches

Permanencia en la parcialidad de Repocura (posiblemente durante la segunda quincena de junio y primera quincena del mes de julio, 1629):

> echamos todas las mantas y camisetas encima de las frezadas para repararnos del frío y de las heladas, que en aquel valle eran continuas; que, como entonces era la fuerza del invierno, junio y julio, padecí algunas penalidades originadas de la nieve y hielos que de ordinario nos cercaban y combatían (p. 375).

Caciques cordilleranos buscan un aliado entre los pares de Llancareu en Repocura y área circunvecina:

> Los caciques de la cordillera, quienes se indignaron grandemente con Maulicán por haber faltado a lo que había quedado con ellos, con que determinaron al instante confederarse con un cacique, émulo y contrario de Maulicán, llamado Lemullanca, de su mesma parcialidad y compañero en los consejos y juntas de guerra del cacique principal Llancareu [...] esta confederación fue secreta, para que por su parte Lemullanca solicitase por varios modos y caminos enviarles mi cabeza o mi persona [...] admitió la flecha de este oculto trato con mucho gusto el Lemullanca (pp. 370-371).

Esto provoca que el cronista sea trasladado a otras parcialidades más al sur, para protegerlo durante su estadía como prisionero.

Junio-julio:

> Habiendo llegado a tener noticia el gobernador Ancanamón que yo asistía en el valle de Repocura, confinante a su parcialidad, dispuso una grande fiesta y borrachera que llaman ellos cagüín, y esta era con una circunstancia de entretenimiento deshonesto, llamado en su lenguaje hueyelpurún [...] envió a convidar para esta fiesta a Maulicán, mi amo, y juntamente al hijo de Álvaro, su cautivo, rogándole me llevase a aquel festejo para el día señalado, que el plazo fue de cuatro días (p. 381)[8].

Después de la fiesta de Ancanamón regresan a Repocura (pp. 432-433).

Julio:

> Dentro de pocos días después que hubimos vuelto del convite de Ancanamón [...] estaban los caciques de la cordillera, nuestros enemigos, de

[8] Los términos en lengua indígena utilizados en este artículo son: *cagüin* (kawiñ) = reunión; *hueyelpurún* (weyelpurun), *hueye* (weye) = homosexual; *perún* = baile, baile de homosexuales; *lonko* = cabeza, jefe mapuche; *toqui* = jefe guerrero mientras dura el conflicto.

> venir a los ranchos de Maulicán una noche y maloquearlos, por cogerme en ellos descuidado y llevarme resueltamente a pesar de los suyos, y poner en ejecución su intento a fuerza de armas (p. 437).

Última semana de julio. Ante el peligro de recibir nuevos malones de los caciques de la montaña, se marcha de Repocura:

> consultando Maulicán, mi amo, con su padre y sus amigos el qué le parecía más acertado quitarme del tropiezo y del peligro, vinieron a resolver que convendría pasarme más adelante dos o tres leguas, a casa de un amigo suyo, llamado Luancura, cacique de mucho respeto, poderoso y rico, y muy inclinado a hacer bien a los españoles [...]. [Marchamos] a la casa del cacique, que estaba a las orillas del río de Cholchol, que por otro nombre llaman Tabón, adonde llegamos a mediodía y fuimos recibidos con sumo gusto y regalados con extremo (p. 449).

Reside en tierras del cacique Luancura durante la última quincena de julio. Menciona un hecho que tiene lugar el 30 de julio, cuando llevará a cabo la ceremonia de bautizo de varios muchachos mapuches. El autor recuerda que esto ocurre la «víspera del gran patriarca San Ignacio de Loyola; le dije que, pues le había cabido por suerte bautizarse en tal día, que se llamase Ignacio, porque era mañana su día, que fue esto a los treinta de julio» (p. 476).

Comienzos de agosto. Maulicán viene a la parcialidad de Luancura a invitarlo a una fiesta:

> [Habla Maulicán] y a mi me llamó y me dijo, en presencia de Luancura, que de La Imperial le habían enviado a convidar para una gran fiesta que tenían y una solemne borrachera, que se encaminaba solamente a ver al hijo de Álvaro, [...] y que así se hallaba obligado a llevarme consigo, que para tal día volvería por mí y me llevaría con licencia del cacique, nuestro amigo y bienhechor (p. 477).

Se dirigen a la fiesta:

> Caminamos aquel día cerca de seis leguas, porque pasamos el río de La Imperial por la misma ciudad antigua y desolada [...]. Pasamos el río en una canoa que hallamos de esta banda [...] anochecionos dos leguas más delante del río [...]. [A la mañana siguiente] Subimos a caballo aquellas horas y fuimos en demanda del festejo que se hacía y de la borrachera

> ostentativa que nos aguardaba dos leguas delante de adonde nos alojamos [...] llegamos al sitio antes de mediodía, adonde se iban agregando muchas parcialidades [...] envió Maulicán y Llancareu, su padre, a avisar al cacique Huirumanque, que era el dueño y tuauten de la fiesta, y el que había enviado a convidarnos (p. 522).

Agosto: fiesta en la parcialidad de Huirumanque, durante este mes (p. 523). Huirumanque recibe al cronista:

> Llegaron al sitio adonde estábamos aguardando, y cogió el cacique una vasija grande de madera que llaman malgües, y brindó con él a mi amo y con otro a Llancareu, su padre, y luego pidió un jarro de plata que traía aparte una hija suya, con un licor suavísimo y regalado de manzanas, con el cual me brindó diciéndome que por el deseo que tenían todos los de su distrito de La Imperial, su tierra, de ver al hijo de Álvaro, cuyo valor y nombre estaba tan temido y respetado, habían dispuesto aquel festejo y cagüín, que quiere decir junta común y alegre borrachera, por lo cual habían enviado a convidar a Maulicán, mi amo (pp. 523-524).

Una semana después:

> Acabada la fiesta a los seis días, porque el tiempo no dio lugar a más, trató Maulicán, su padre y los de su cuadrilla y comarca de irse retirando hacia sus tierras; y, al despedirse del cacique Huirumanque, el todo de aquel regocijo, le pidió encarecidamente me dejase en su casa, que me tendría como a su hijo y miraría por mí con todo amor y cuidado (pp. 532-533).

Mediados de agosto, llegada a la parcialidad de Tureupillán, una jornada al norponiente de casa de Huirumanque:

> [Habla Maulicán a Tureupillán] En cuya conformidad os ruego –dijo al buen viejo– que miréis con todo cuidado por este capitán, que le tengo en lugar de hijo y se ha de rescatar este verano, y, aunque vengan por él en mi nombre, que pueden usar de esta traza mis enemigos, no lo entreguéis de ninguna manera, si no es a mí o algún pariente mío con la seña que yo os enviaré, o cartas que le traigan (p. 535).

Estadía en casa del cacique Tureupillán, situada dos jornadas al surponiente de Repocura:

> Cogieron su derrota mis compañeros y dueños de mi voluntad para su tierra, Repocura, y dejáronme de la otra banda del río de La Imperial, en casa de Tureupillán, anciano, al parecer, de más de ochenta años, aunque estaba más ágil y alentado que el viejo Llancareu, padre de mi amo, que juzgué no sería la diferencia que había entre los dos de un año (p. 536).

Actividades que desarrolla el autor durante su estadía en casa del cacique Tureupillán. De los ocho hijos del cacique, a dos de ellos les enseña a rezar:

> yo os enseñaré de muy buena gana, y en vuestra lengua las habéis de aprender para que con más facilidad y gusto os hagáis capaces de los misterios de Dios, entendiendo lo que rezáis (p. 546).

Se dedica a curar a la mujer del indio Pedro:

> envolví la inflamación con las hierbas bien molidas, y sobre ellas puse la bolsa o funda para que no diese lugar a que se despegasen [...] abriguele aquella parte con paños calientes y mantas [...] después volví a repetir la cura, bañándola como de antes el pecho (pp. 618-619).

Estando en la parcialidad de Tureupillán visita la casa del cacique Naucopillán, primo hermano del anterior:

> Quedamos entregados al sueño, después de nuestra plática y jovial entretenimiento, lo restante de la noche en casa del cacique Naucopillán, primo hermano de Tureupillán, mi huésped y patrón en aquella parcialidad (p. 585).

Septiembre-octubre; visita la cercana parcialidad del cacique Quilalebo:

> El tiempo de las cavas y de hacer sus chacras es por septiembre, octubre y noviembre [...]. El cacique Quilalebo convidó a los de su cava y contorno, de cuya parcialidad era mi huésped el cacique Tureupillán, deudo y amigo de este Quilalebo, quien era enemiguísimo de españoles, habiéndose criado con ellos desde muchacho [...] fuimos a su casa, adonde se ajuntaron más de setenta indios con sus arados e instrumentos manuales [...] estos días son de regocijo y entretenimiento entre ellos (p. 626).

Durante su estadía en la parcialidad de Quilalebo:

> Pasó en esta sazón un español cautivo con su amo, que se encaminaban para la costa en demanda de algunas legumbres, mariscos y pescados, que le teníamos en abundancia los que nos hallábamos vecinos a una laguna, que estaría de nuestros ranchos poco más o menos de una cuadra; a esta la bañaba el mar y tenía sus crecientes y menguantes como ella, y, como tan apacible y sosegada, había dentro cantidad de embarcaciones de canoas, balsas y piraguas, en que los muchachos y chinas andaban de ordinario por vía de entretenimiento, mariscando y pescando con redes y trasmallos, que con gran facilidad sacaban choros, erizos, ostiones, pejerreyes, róbalos y otros géneros en abundancia, así para comer y regalarse, como para feriarlos a los que de la cordillera y otras partes distantes venían en su demanda (pp. 694-695).

Conversaciones con Quilalebo acerca de la guerra. El cacique relata la muerte del gobernador don Martín García Óñez de Loyola en 1598:

> Habéis de saber, capitán –dijo el viejo–, que, cuando mataron al gobernador Loyola, se levantó nuestra tierra y se despoblaron las ciudades y fortalezas que entre nosotros había (p. 719)[9].

Estando el cronista en la parcialidad de Quilalebo se produce un enfrentamiento en las cercanías del río Bío Bío y caen cautivos tres caciques principales:

> [A orillas del río Bío Bío] tuvo nuestro ejército una considerable suerte, de la cual se originó la brevedad de mi rescate, por haber cautivado en esta ocasión tres caciques principales, y entre ellos uno comarcano y vecino de Maulicán, mi amo, que, enamorado de una hija de este Taiguelgueno –que así se llamaba el vecino–, entre las pagas que por mí le dieron, [...] con que se facilitaron nuestros trueques y cambios, como después en su lugar significaremos (p. 802).

Estando en la parcialidad de Quilalebo llega un mensajero:

> llegó un mensajero de casa de Tureupillán, a quien, como atrás queda referido, me dejó encomendado Maulicán, mi amo, y a quien habían llegado cartas del gobierno para mí, y mensaje o embajada del cacique preso

[9] La cita completa de este relato se encuentra en el punto 7.2.5.2 de González Vargas y Rosati, 2008.

> Taigüelgüeno con un cuñado suyo llamado Molbunante [...] luego que llegó a su noticia la prisión de su cuñado, se resolvió a entrar en nuestras tierras [...] y a tratar con el gobernador de su rescate [...] en cuya razón me escribía el gobernador que lo comunicase con los caciques de mi devoción y parientes de los presos y amigos de mi amo para que con toda brevedad me trajesen al fuerte del Nacimiento, adonde estarían los caciques que se habían de trocar por mí (p. 807).

Maulicán prepara un equipo de personas de confianza para realizar el canje:

> Esta carta y mensaje me despachó [Maulicán] con un pariente de mi amo que vino en su compañía a lo del cacique Quilalebo, mi amigo y camarada, adonde había quedado por algunos días a divertir el tiempo a su petición y ruego, y el dicho Molbunante, embajador principal y de estos tratos solicitador, se quedó a esperarme en casa de Tureupillán, mi primer amigo y huésped en aquella parcialidad (p. 808).

Nota: Este hecho ocurre aproximadamente el 19 de noviembre, «porque quedó de estar con la respuesta dentro de diez días, y que se habían pasado ya los cuatro; a que respondió Quilalebo que le parecía muy bien que abreviásemos con nuestro viaje».

El regreso a casa: noviembre de 1629

Lugar de su canje:

> para que con toda brevedad me trajesen al fuerte del Nacimiento, adonde estarían los caciques que se habían de trocar por mí y todo lo que yo pidiese de caudal y fuese necesario en que no le pondría límite ni tasa (p. 807).

Distancia entre la casa de Quilalebo y Tureupillán, comenzando el regreso a casa:

> Poco antes de ponerse el sol llegamos a la casa del cacique Tureupillán, habiendo caminado cerca de tres leguas que había de distancia de la una parte a la otra [...]. Hízome el mensajero Molbunante grandes agasajos y trató de que la respuesta y su despacho quedase aquella noche hecha (p. 809).

Lista de caciques canjeados por el autor, estando en casa de Molbunante:

> y dieron aviso de haber llegado Maulicán, mi amo, con otros seis o siete caciques de su parcialidad, amigos y deudos suyos, vecinos y paniaguados, que los unos y los otros eran también deudos, amigos y aficionados de Taigüelgüeno, Licanante y Huechuvilo, que eran los caciques que se hallaban presos, por quienes se había de efectuar mi rescate y el de Diego Zenteno de Chávez, que en la mesma ocasión fue cautivo, siendo soldado de mi compañía y de mi propia edad y aspecto (pp. 916-917).

Comentarios al cronograma

Con el objeto de facilitar la comprensión del itinerario de su cautiverio, hemos seguido, paso a paso, el texto del autor, separando su desarrollo en tres grandes momentos: en primer término, la batalla y su entrada como prisionero a tierras mapuches; en segundo lugar, sus movimientos y estadía en las parcialidades indígenas, lo que se prolongó por casi siete meses; y, por último, el regreso a la casa de su padre.

El desarrollo del cautiverio pone en evidencia varios hechos y situaciones destacables: se establece lentamente un lazo de amistad y fidelidad entre cautivo y captor, lo que resulta de pequeñas situaciones que tienden a estrechar el vínculo; por ejemplo, cuando deben vadear el río Bío Bío, ambos arriesgan sus vidas (ver en «Cronograma del cautiverio» mayo, 1629, viaje como cautivo). El autor pudo haber escapado buscando refugio en tierras españolas, sin embargo, frente a la adversidad, se preocupa de ayudar a los indígenas que lo conducían. Esta insólita actitud genera en ellos respeto para con él y, de allí en adelante, se comienza a desarrollar un fuerte lazo de amistad con el jefe indígena que lo había capturado, el cual le será después muy útil al aparecer algunos otros jefes indígenas cuya sola intención era sacrificarlo. Maulicán, en actitud valiente y decidida, opta por protegerlo y llevarlo sano y salvo hacia los dominios de su padre, la parcialidad de Repocura.

La amistad generada entre Maulicán y Pineda, luego de haber atravesado el segundo brazo del río Bío Bío, acción en la cual el primero casi pierde la vida y el autor muestra una especial preocupación por encontrarlo, produce un compromiso que originará una leal amistad entre ambos, lo que, sin lugar a dudas, facilita la liberación final del soldado español. Incluso, este lonko, Maulicán, se enemista con otros lonkos de parcialidades tanto serranas como algunas del mismo sector de Repocura, llegando a tener enfrentamientos verbales muy ásperos con sus pares por defender a Pineda. Los caciques deseosos de sacrificar al joven Pineda atacan la parcialidad de su captor, realizando un ataque por sorpresa (malón) en el que llegan a revisar prácticamente todas las viviendas, salvándose nuestro autor ya que Maulicán, previendo la situación, lo esconde durante varios días en la espesura de un bosque cercano.

Otro elemento que llama la atención lo constituyen los distintos tipos de recepción de que es objeto el grupo que acompaña al captor y a su cautivo durante su trayecto hacia la parcialidad de Repocura, a la cual pertenecía Maulicán. De hecho, durante el viaje se detienen en tres parcialidades distintas antes de llegar a su destino: la del cacique Colpoche, la de Inailicán y la de Antigüeno. El primero de ellos es muy acogedor y los recibe con afecto, en cambio el segundo está lleno de odio hacia el español y lo único que lo motiva es su deseo de sacrificarlo en un parlamento en el cual participasen todos los lonkos de la región.

Cuando el grupo llega a la parcialidad de Maulicán, tras haber salido sigilosamente de las tierras de Antigüeno y sorteado las dificultades del terreno y de un clima adverso, totalizando quince días de viaje, tanto a pie como a caballo, es recibido por la familia de su captor, la que lo hace sentirse acogido y dignamente tratado. Llancareu, padre de Maulicán, promete a Pineda que mientras permanezca en su parcialidad será protegido por él y por su gente, e incluso por lonkos de parcialidades cercanas, muy amigos de ellos.

Durante su estadía ocurren algunos hechos dignos de atención: primero, se familiariza con un modo de vida, con costumbres y alimentos muy distintos a aquellos que para él eran usuales; segundo, acude a reuniones e invitaciones de que es objeto el padre de Maulicán y este mismo, lo que –por ejemplo– hace que pueda participar de una celebración que dura varios días. Tales hechos le dan cuenta de la existencia de un modo de vida diferente, lo que le permite observar costumbres y ritos. En todo caso, creemos que es relevante destacar que sus observaciones permiten captar que el mundo de valores del mapuche está plenamente vinculado con su mundo de creencias. Es decir, sus fiestas y reuniones no son simplemente ocasiones para emborracharse y hartarse de comida hasta más allá de la saciedad, a pesar de que el mismo cronista las califica con estos términos, al igual que el común de los conquistadores españoles y criollos que escriben y comentan la época de la conquista y la colonia.

El deseo de cuidar de la integridad de Pineda por parte de Maulicán y su familia queda de manifiesto cuando, por protegerlo, se observa que lo desplazan hacia otras parcialidades, incluso, algunas de ellas, situadas al sur del río Imperial y cerca del borde costero. Esto enriquece su experiencia por el contacto que entabla con algunos caciques ancianos y muy prestigiosos, como es el caso de Huirumanque y Quilalebo, los que, con el paso de los meses, le entregan nueva información que amplía sus puntos de vista y generan en él una actitud de respeto hacia este pueblo que empieza a conocer y comprender en sus modos de vida.

Todo esto queda refrendado cuando comienza su regreso a casa, ya que lo hace protegido por un grupo de mapuches armados, acompañados por sus lonkos, los cuales se esfuerzan en viajar de noche, para evitar una posible agresión de parte de los lonkos cordilleranos, para así canjearlo sano y salvo por jefes prisioneros de los españoles, lo que finalmente ocurre en el fuerte de Nacimiento. Desde este lugar será acompañado por fuerzas españolas, hasta llegar a casa de su padre en la ciudad de Chillán.

Bibliografía

Archivo Nacional (Santiago de Chile), volúmenes Real Audiencia CCCXXIX, fols. 258-260. Dos documentos oficiales, 1642-1644.

Archivo Nacional (Santiago de Chile), volúmenes Real Audiencia MDCCCXLIX, pieza 4. Juicio de Pineda contra Rodríguez en 1653.

Augusta, Fray F. J. de, *Diccionario araucano*, Chile, Editorial San Francisco, Padre Las Casas, 1956.

Barros Arana, D., *Historia general de Chile*, vols. IV y V, Santiago de Chile, Universitaria/Centro de Investigaciones Diego Barros Arana, 2000.

Bengoa, J., *Historia de los antiguos mapuches del sur. Desde antes de la llegada de los españoles hasta las paces de Quilín, siglos XVI y XVII*, Santiago de Chile, Catalonia, 2003.

BIBAR, G. de, *Crónica y relación copiosa y verdadera de los Reinos de Chile. MDLVIII*, transcripción paleográfica de I. A. Leonard, según manuscrito original, propiedad de The Newberry Library, Chicago, Ill., U.S.A., Santiago de Chile, Fondo Histórico y Bibliográfico José Toribio Medina, 1966.

Cautiverio feliz, manuscrito de la crónica en Archivo Nacional, Santiago de Chile.

CORREA BELLO, S., *El «Cautiverio feliz» en la vida política chilena del siglo XVII*, Santiago de Chile, Andrés Bello, 1965.

Colección de Historiadores de Chile y Documentos relativos a la Historia Nacional, vol. III, Santiago de Chile, Imprenta Ferrocarril, 1863.

GONZÁLEZ VARGAS, C., «Contabilidad mapuche. El quipu —përon— como instrumento de cálculo entre los mapuches (1541-1881)», *Revista del Colegio de Contadores* (Santiago de Chile), 183, marzo de 1985, pp. 21-29.

— y H. ROSATI, *Maulicán y Francisco: enemigos-amigos en el Arauco del siglo XVII. Comentario al «Cautiverio feliz»*, Santiago de Chile, Ediciones Pontificia Universidad Católica de Chile, 2008.

— H. ROSATI y F. SÁNCHEZ CABELLO, *Guaman Poma, testigo del mundo andino*, Santiago de Chile, Centro de Investigaciones Diego Barros Arana/LOM, 2003.

NÚÑEZ DE PINEDA Y BASCUÑÁN, F., *Suma y epílogo de lo más esencial que contiene el libro intitulado «Cautiverio feliz y guerras dilatadas del Reino de Chile»*, estudio preliminar de J. Anadón, prólogo y transcripción de R. McNeil, Santiago de Chile, Sociedad Chilena de Historia y Geografía/Ediciones Universidad Católica de Chile, 1984.

— *Cautiverio feliz*, ed. M. Ferreccio Podestá y R. Kordic Riquelme, vols. I y II, Santiago de Chile, Gobierno de Chile/Universidad de Chile/RIL, 2001.

OVALLE, A. de, *Histórica relación del Reino de Chile*, Santiago de Chile, Pehuén, 2003.

RAMÓN, A. de, y J. M. LARRAÍN, *Orígenes de la vida económica chilena, 1659-1808*, Santiago de Chile, Imprenta Calderón, 1982.

VILLALOBOS, S., *Historia de los chilenos*, vol. I, Santiago de Chile, Taurus, 2006.

AMOR Y CAUTIVERIO: A PROPÓSITO DE ALGUNAS RECREACIONES DE LA HISTORIA DE LUCÍA MIRANDA (SIGLOS XIX Y XX)

Mariela Insúa
GRISO-Universidad de Navarra

Lucía Miranda, una bella y virtuosa española; Sebastián Hurtado, su esposo, ambos miembros de la expedición de Gaboto de 1526[1]; y dos hermanos indígenas pertenecientes a la tribu de los timbúes: Mangoré y Siripo. Estos son los personajes que conforman el cuarteto amoroso. El espacio: el fuerte Espíritu Santo, fundado por el piloto veneciano en la desembocadura del Carcarañá, un afluente del Paraná. El conflicto: el «desordenado amor»[2] que despierta Lucía en el corazón del cacique Mangoré. Este, al no verse correspondido por la cristiana, que se mantiene fiel a su marido, pergeña una alevosa traición contra los españoles, con quienes hasta entonces los timbúes habían mantenido una relación cordial. Así, el bárbaro convence a su hermano Siripo para que ataquen el fuerte, aprovechando que varios de los hombres habían partido en busca de comida, entre ellos Hurtado. Con la excusa de llevar unos regalos, penetran en el fuerte, lo incendian y matan a traición a los pocos soldados que allí había. En la refriega muere también Mangoré. Siripo se prenda entonces de Lucía y decide quedarse con ella como único botín de guerra. Sebastián, a su regreso, acude a rescatar a su esposa, pero es tomado prisionero y condenado a muerte. Lucía le

[1] Ruy Díaz de Guzmán confunde las fechas en su crónica conocida como *La Argentina manuscrita* (1612) al señalar que la expedición parte en 1530.

[2] Díaz de Guzmán, *La Argentina*, p. 96.

ruega al cacique que le perdone la vida. El bárbaro acepta bajo la condición de que prometan no volver a verse y que Sebastián tome por esposa a una timbú. Pese a ello, y como «para los amantes no hay leyes que les obliguen a dejar de seguir el rumbo donde los lleva la violencia del amor»[3], Lucía y Sebastián quebrantan el pacto. Una india celosa, antigua favorita de Siripo, los delata. Ambos mueren como mártires suplicando a Dios: Lucía quemada en la hoguera y Sebastián asaeteado. Este es el testimonio inicial de la trágica historia de la primera cautiva blanca del Río de la Plata. Así recoge este periplo de amor y cautiverio el historiador paraguayo Ruy Díaz de Guzmán en el capítulo VII del libro I de su crónica *La Argentina*, escrita en 1612[4].

La crítica coincide en señalar la naturaleza ficcional de este relato, ya que en la expedición de Gaboto no se embarcaron mujeres[5]. A pesar de esta falta de fundamento histórico –o tal vez justamente gracias a ello, como señala María Rosa Lojo[6]–, la leyenda de Lucía Miranda ha dado origen a una extensa prole de recreaciones literarias[7]. Estas van desde las versiones aportadas por los historiadores jesuitas en los siglos XVII y XVIII (Del Techo, Lozano, Charlevoix, Guevara)[8] hasta la ópera *Siripo* (1937)[9], pasando por su inclusión en algunas historias del Paraguay y del Río de la Plata del XIX (Funes, Azara)[10]; la tragedia *Lucía*

[3] Díaz de Guzmán, *La Argentina*, p. 100.

[4] Para mayores datos acerca de este episodio en la obra de Díaz de Guzmán, ver la introducción de Gandía a su edición de la obra y Lojo, 2007a, pp. 25-33.

[5] Así lo demostraron Eduardo Madero en su *Historia del Puerto de Buenos Aires* (1892) y José Toribio Medina en su monumental estudio sobre *El veneciano Sebastián Caboto al servicio de España* (1908). Ver introducción de Gandía a *La Argentina*, p. 26.

[6] Lojo, 2007a, p. 26.

[7] Para un panorama de las recreaciones de la tragedia de Lucía Miranda, ver Lojo, 2007a, pp. 33 y ss.

[8] La historia es recogida en *Historia de la Provincia del Paraguay de la Compañía de Jesús* (1897, publicada en latín en 1673) de Nicolás del Techo; *Historia de la Compañía de Jesús en el Paraguay* (1755) de Pedro Lozano; *Histoire du Paraguay* (1756) de Pierre François-Xavier de Charlevoix; e *Historia del Paraguay, Río de la Plata y Tucumán* (*c.* 1758-1768) de José Guevara. Para un acercamiento a estas versiones ver Iglesia, 1987, pp. 59 y ss.; Lojo, 2007a, pp. 35-41, y 2007b.

[9] Basada en el texto *Siripo. Poema heroico en tres actos* (1914), de Luis Bayón Herrera y con música de Felipe Boero.

[10] *Descripción e Historia del Paraguay y del Río de la Plata* (escrita en 1790, publicada en 1847) de Félix de Azara; e *Historia Civil del Paraguay, Buenos Aires y Tucumán* (1816-1817) del deán Gregorio Funes.

Miranda[11] del jesuita Manuel Lassala, escrita en italiano; la recreación en lengua inglesa *Mangora, King of the Timbusians, or the Faithful Couple* (1718) de Sir Thomas Moore; o el *Siripo* (representado en 1789)[12] de Lavardén, considerada la primera obra teatral culta de la Argentina, que además será la primera dentro de un conjunto de piezas escénicas centradas en la historia de Lucía Miranda[13]. Por último, cabe destacar dentro de este corpus temático las recreaciones desde el género de la novela histórica, donde podemos mencionar la *Lucía Miranda* de Eduarda Mansilla y la de Rosa Guerra, publicadas ambas obras homónimas en 1860; *Lucía de Miranda o la conquista trágica* (1916) de Alejandro Cánepa; y *Lucía Miranda* (1929) de Hugo Wast. A estas últimas cuatro obras dedicaré el presente estudio, donde analizaré la configuración del proceso amoroso y el modo en el que experimentan los protagonistas el cautiverio sentimental.

Los estudios que han abordado este episodio relatado por Díaz de Guzmán y sus recreaciones se han centrado en su carácter de mito originario «protonacional»[14], desde distintas perspectivas; pero siempre teniendo en cuenta varios vectores que se repiten, a tenor de la época o de la ideología desde la que se escriben.

En este sentido, debe tenerse en cuenta el motivo básico que sustenta el relato: el enfrentamiento de dos grupos humanos que se consideran diferentes –españoles e indígenas, cristianos y gentiles, bárbaros y civilizados– por un objeto preciado: una mujer que reúne una serie de condiciones que la hacen especial para unos y otros. La presencia de la cautiva blanca, en el centro del enfrentamiento étnico, ha sido interpretada en función de la lucha por la posesión de territorio –disputarse a una mujer era también disputarse un espacio–[15]; asimismo se ha

[11] *Lucía Miranda. Tragedia*, Bologna, 1784. Resulta curioso en esta versión que los caciques enamorados se llamen Zamoro y Lautaro, este último en clara relación con el famoso caudillo araucano.

[12] Esta obra, que desaparece en el incendio del teatro de la Ranchería en 1792, cuenta con varias reelaboraciones posteriores. El tema de las refundiciones del *Siripo* de Lavardén ha sido estudiado por Lojo, 2007a, pp. 50 y ss.

[13] Las otras obras teatrales centradas en esta leyenda son *Lucía Miranda: drama histórico en cinco actos y en verso* (1864), de Miguel Ortega; *Lucía* (1879), de Malaquías Méndez; y *Siripo. Poema heroico en tres actos* (1914), de Luis Bayón Herrera.

[14] Ver Iglesia, 1987, p. 56; Malosetti Costa, 1994, pp. 9-10; y Lojo, 2007a, p. 11.

[15] Marre, 2003, p. 199.

leído esta historia como una alegoría del enfrentamiento de culturas y de las tensiones de la sociedad argentina en relación con su origen[16]. A propósito de este aspecto se ha explicado que el resurgimiento de la historia de Lucía Miranda en el siglo XIX es un síntoma más de la continuidad del conflicto racial, ya que el indio sigue apareciendo como una amenaza para el proyecto blanco de expansión territorial, que ha de culminar con la Campaña del Desierto de Roca y el definitivo exterminio del indígena[17].

Otro aspecto en el que se ha centrado la crítica, especialmente los trabajos que estudian las novelas de Guerra y Mansilla, es el carácter femenino de Lucía, en sus logros como mujer, como mediadora entre mundos diferentes, entre la naturaleza y la cultura[18]. Por otro lado, se ha enfatizado que esta cautiva, la primera de una larga saga de sufridoras de la Pampa, constituye una imagen del deseo de lo «otro»[19]; porque, en efecto, en la mayoría de las recreaciones Lucía Miranda aparece como una mujer deseada, «admirada», que cautiva tanto a los salvajes como a los españoles. De este modo, la heroína y mártir genera un cúmulo de sentimientos encontrados en los hombres de ambos bandos, pero sobre todo en los dos caciques Mangoré y Siripo, encadenados por la pasión a esa bella mujer que llegó de allende el océano. Veamos las variantes en la representación de este dilema amoroso en las cuatro novelas señaladas.

Las *Lucía Miranda* (1860) de Rosa Guerra y Eduarda Mansilla

En 1860 dos mujeres de letras, ambas porteñas, coinciden en publicar sus recreaciones del mito de Lucía Miranda. El género escogido es en los dos casos la novela histórica de tono sentimental, de intención didáctica y trasfondo moral. La crítica ha analizado en diversas ocasiones estas dos novelas conjuntamente en tanto versiones «femeninas» del mito[20]. Se ha

[16] Rotker, 1999, p. 151.

[17] Rotker, 1999, p. 157.

[18] Lojo, 2007a, p. 11.

[19] Malosetti Costa, 1994, p. 10.

[20] Han estudiado estas obras de modo relacionado Molina, 1993; Masiello, 1997, pp. 51 y ss.; Hanway, 2001; Mataix, 2006; Langa Pizarro, 2007; y Lojo, 2007a, pp. 54-72.

enfatizado el papel que cumple Lucía en estas obras como nexo entre la civilización y la barbarie[21]; con ello ambas escritoras estaban marcando una diferencia importante en el tratamiento del rol de la primera cautiva blanca, al representarla en relación de cierta cercanía con el mundo indígena y no exclusivamente como una víctima de su salvajismo.

Eduarda Mansilla, sobrina de Rosas y hermana del escritor Lucio V. Mansilla, mujer de mundo y de cultura sobresaliente, publica *Lucía Miranda* entre mayo y julio de 1860 como folletín en el diario *La Tribuna*, bajo el seudónimo de *Daniel*. Años después, en 1882, saldrá ya como obra exenta con el subtítulo *Novela histórica* y firmada con su nombre. Lo que más destaca argumentalmente en el texto de Mansilla es la amplificación de la materia básica: Lucía Miranda es el centro en torno al cual se proyectan, hacia el pasado y en el presente, una serie de historias sentimentales que se vinculan «especularmente»[22] con la vida de la protagonista.

En efecto, se podría plantear que la obra se estructura como un retablo de historias de amor desafortunadas en las que el sufrimiento y la fatalidad en todas sus formas constituyen el principal eje de acción. El martirio sufrido por Lucía y Sebastián a manos de los timbúes es una parte dentro de este conjunto argumental. De hecho, se dedica más de la mitad de la novela a la narración de otras historias de amor antes de entrar propiamente en los padecimientos de la cautiva y su marido. Nos encontramos de esta manera con la referencia al osado amor de los padres de Lucía, don Alonso de Miranda y la morisca llamada también Lucía; los padecimientos del soldado Nuño de Lara –que Mansilla convierte en padre adoptivo de Lucía– por su amada, la bella Nina Barberini, noble napolitana que al enfermar de peste decide abandonarlo pocos días antes de la boda; asimismo, la propia Nina relatará la triste historia de su madre María de las Rosas, la joven hija de unos pescadores que enloqueció al morir su padre en alta mar y que luego, presa de su locura y sin apenas percatarse, quedó embarazada de un caballero principal, dándola a ella a luz. Ya en el Nuevo Mundo, además de la trágica historia de Lucía, se cuentan los amores mestizos de Alejo, el hijo de una posadera gaditana y de la timbú Anté. Esta es

[21] Masiello, 1997, p. 64; Rothker, 1997, p. 125; y Mataix, 2006, p. 220.

[22] Lojo hace referencia a estas «reverberaciones especulares» en la novela de Mansilla (Lojo, 2007a, p. 58).

también una relación sufriente, ya que antes de poder unirse en matrimonio, de acuerdo con el rito de la tribu, Anté debe raparse la cabeza y con ello pierde sus encantos ante su amado. Destaca en todas estas historias la configuración de los personajes femeninos, que son caracterizados por Mansilla en función de su capacidad para soportar el sufrimiento generado por el amor[23].

Centrémonos ahora en el conflicto amoroso principal. El idilio de Lucía y el joven Hurtado surge de la amistad. Sebastián, sobrino de Fray Pablo, el maestro de Lucía, se traslada a Murcia para formarse como hombre de armas bajo la tutoría de Nuño de Lara. Allí se conocen los muchachos y entablan una tierna relación de camaradería, de lecturas compartidas y de tímidos escarceos. La intención de alcanzar gloria y fama será permanente en este personaje desde sus inicios como soldado. El anhelo de destacar en la batalla es lo que le lleva a abandonar momentáneamente su dulce felicidad junto a Lucía para partir a Alemania bajo las órdenes del duque de Medinaceli. Cinco años después lo encontramos pronto a embarcarse al Nuevo Mundo, para seguir en la aventura y hacerse de un nombre, pero esta vez junto a su esposa, que ya ha dejado de ser una núbil belleza para convertirse en toda una mujer «en el pleno desarrollo de sus gracias y tesoros» (Mansilla, *Lucía Miranda*, p. 284).

Lucía y Sebastián constituyen un matrimonio modélico. Destaca en este sentido el valor de la mujer que está dispuesta a enfrentar peligros desconocidos con tal de permanecer junto a su cónyuge. La Miranda de Mansilla se muestra siempre más generosa y entregada que su esposo. Además actúa en el grupo español como un «ángel salvador», que comparte sus provisiones y procura animar a los miembros de la tripulación. Estas mismas dotes se pondrán de manifiesto en tierra, cuando se convierta en educadora y evangelizadora de los timbúes.

Las indias a las que alecciona Lucía apreciarán en ella su hermosura, la blancura de su tez y su sabiduría. Estas mismas gracias encantarán a Marangoré[24], quien se va a prendar de la dama «de rostro de luna y ojos de estrellas» (Mansilla, *Lucía Miranda*, p. 338). El narrador expone

[23] Ver Molina, 2005, p. 375.

[24] En las distintas recreaciones de la historia de Lucía Miranda se aprecian variantes en los nombres de los caciques timbúes. Así: Mangoré, Mangora, Mangorá, Marangoré; Siripo, Siripó, Siripa, Siripus, etc.

en el desarrollo de la parte final de la novela el proceso de enamoramiento del cacique: el abandono de sí mismo, el alejamiento de su esposa Lirupé y la turbación que le genera la española. La idea de la pasión que esclaviza queda sugerida en el epígrafe del capítulo XVI de la segunda parte, tomado de unos versos del poeta irlandés Thomas Moore, que hablan del despotismo que ejerce este sentimiento sobre quien lo experimenta[25]. En efecto, el cacique timbú se convierte en un auténtico cautivo de amor.

Siripo, que en esta versión es gemelo de Marangoré, cual un nuevo Caín en el Paraná, incita a su hermano para que cometa el error trágico que acarreará la desgracia del cacique y la de todo el bando español. Como señala Lojo, en el Siripo de Mansilla se materializan los aspectos negativos e incluso demoníacos de la barbarie[26]. De esta manera, el Tentador (como lo llama la voz narrativa) atormenta al cacique enamorado y despierta en él los celos que lo llevan a traicionar el pacto de amistad con los españoles con tal de hacerse con Lucía. Me interesa destacar la inclusión por parte de Mansilla de pasajes en los que se analiza el tormento interior experimentado por el indio. En ellos se expresa cómo por ser un salvaje, que no está acostumbrado a las lides del amor, Marangoré sufre más intensamente que los hombres educados que saben de este tipo desdenes:

> El hijo del desierto, nacido al aire libre de las Pampas, cuyos ojos, abiertos a la calurosa luz del sol, abrazan desde el primer día la inmensidad de la Pampa y la esplendente bóveda del cielo, imágenes de libertad y amor; él, sin más ley que su deseo, sin más guía que el altivo pensamiento, siente, delante de Lucía, subyugada su rebelde naturaleza (Mansilla, *Lucía Miranda*, p. 348).

Siripo experimenta la atracción hacia Lucía con mayor bestialidad que su hermano. Sin embargo, tras el rapto, cuando ya es el nuevo jefe de la tribu, se rinde ante la cautiva y le promete que sus súbditos la reverenciarán como a su mujer. La fiel Lucía lo rechaza tildándolo de monstruo y opta por ser sacrificada junto a su marido antes de entre-

[25] «Tis not in words to tell the power / The despotism, that from, that hour / passion held o'er me» (Mansilla, *Lucía Miranda*, p. 343).

[26] Lojo, 2007a, p. 65.

garse al fiero timbú. Mansilla cierra su versión con la imagen de la ceniza enamorada de ambos esposos, confundidos en un último abrazo tras el suplicio; y con la huida de Anté y Alejo hacia la inmensidad de la pampa, dejando el final de la novela abierto a nuevas peripecias de amor.

Si la novela de Mansilla se distingue formalmente por la *amplificatio* del episodio nuclear, la de la maestra y periodista Rosa Guerra se caracteriza justamente por lo contrario, por su brevedad y síntesis de la acción. Otro rasgo distintivo de esta obra es la exacerbación del aspecto sentimental. La misma autora declara que escribe su «novelita» como un presente de bodas para su amiga Elena Torres. El objeto del relato es ensalzar a estos mártires de amor, cuales redivivos Romeo y Julieta en el Nuevo Mundo (en este sentido valora la obra el escritor Miguel Cané en una carta a la autora)[27]. Esta versión es también la más «lacrimosa». En la nota introductoria la misma Guerra, dirigiéndose a su amiga, le recuerda las lágrimas que corrieron por las mejillas de ambas cuando leyeron «este patético episodio de la Historia americana» (Guerra, *Lucía Miranda*, pp. VII-VIII).

Si bien es cierto que en esta recreación se pone énfasis en el padecimiento del matrimonio español, esto no quiere decir que los personajes queden plasmados de un modo estereotipado. Muy por el contrario, nos encontramos, sobre todo en el caso de Lucía, con una construcción bajo las pautas del realismo, con una mujer lejos de la idealización, con alma pero también con cuerpo[28], virtuosa y a la vez seductora como la madre Eva:

> Era la Miranda, no una de esas heroínas pertenecientes a todos los poetas y novelistas, herencia común de cuantos plagian la belleza, molde donde todo el que escribe novelas, o hace versos, vacía sus divinidades.
>
> No tenía quince años, ni labios de coral, ni dientes de perlas, ni ojos color de cielo, ni cabellos de ángel, ni sus divinos ojos estaban siempre contemplando el firmamento, ni menos se alimentaba de suspiros y lágrimas.

[27] Esta carta de 12 de noviembre de 1858 se incluye en los preliminares de la edición de 1860.

[28] El tema de la «corporeidad» en esta novela ha sido abordado por Hanway, 2001, pp. 120 y ss.

> Lucía Miranda era más bien una de las mujeres de Balzac, en todo el brillo y fuerza de la edad, en toda la plenitud de la hermosura, en toda la elegancia de las formas (pp. 4-5).

Lucía es, en palabras del narrador, una «mujer irresistible» (p. 7), y este ha de ser el germen de la desgracia futura. Por ello será llamada «la Elena de Troya de los españoles» (p. 45). Mangora es descrito en esta novela con virtudes caballerescas y como poseedor de una fina educación. No obstante el poder de atracción que ejerce la española sobre él –sin pretenderlo, por supuesto–, cambia su carácter y hace que brote en el timbú una oculta bestialidad. En un comienzo Mangora y el matrimonio cristiano mantienen una relación de amistad. Lucía le enseña las gracias de la vida conyugal e incluso le promete casarlo con una española en el futuro. Pero el cacique ya está enceguecido por la llama del amor. Resulta curioso que, a medida que aumenta la pasión de Mangora, el relato deje de hacer referencia a su caballerosidad para centrarse en sus rasgos más bárbaros. Como en las otras versiones, el indio enamorado es invadido por la zozobra; se siente «hechizado» y se declara esclavo de la española. De este modo, Guerra nos presenta a un Mangora que combina su salvajismo con la galantería, que se sirve del conocido tópico del vasallaje de amor. Incluso llega a sugerirse que solamente la virtud de la fiel Lucía permite que el cacique no se convierta en rival de Sebastián.

La escena del rapto posee en esta novela un halo de seducción que no está presente en otras recreaciones. Mangora, en medio del fuerte calcinado, aparece como un hermoso «ángel exterminador». Lucía se ha desmayado y él la cree muerta; en ese momento se produce un acercamiento físico: el cacique «profana los labios de la virtuosa esposa de Hurtado» (p. 59). El indio, al ver que no despierta, promete hacerse cristiano si Dios la salva. Justo en ese momento Nuño de Lara lo hiere de muerte, Lucía vuelve en sí y, antes de que expire, bautiza «al hombre que, después de su marido, amaba más en el mundo» (pp. 69-70).

Siripo en esta novela, como en la de Mansilla, aparece caracterizado negativamente, y al final lo vemos convertido en un demonio de desbordadas pasiones. La descripción del suplicio de Lucía y Sebastián se centra en la fortaleza del vínculo esponsal que los une, que ha podido vencer las tentaciones y convertirlos en «mártires de su deber y del amor conyugal» (p. 91).

Como hemos podido apreciar en ambas *Lucía Miranda* de 1860, la dicotomía *civilización* y *barbarie* se matiza: el cacique, sobre todo en la versión de Guerra, no aparece como un salvaje *ex nihilo*, sino que la pasión se apodera del indio –del hombre– y lo convierte en su esclavo. Por un lado, esta descripción del proceso amoroso coincide con el tópico tradicional del enamorado como prisionero y, por el otro, responde a la idea romántica del arrebato pasional[29]. En el caso de Siripo el proceso actúa de modo diferente: él sí aparece como bárbaro desde el comienzo y pretende a Lucía también desde su barbarie. En todo caso, tanto Mangoré como su hermano son captores que antes han sido cautivados.

Lucía de Miranda o la conquista trágica (1918) de Alejandro Cánepa

En 1918 el historiador y escritor argentino Alejandro Cánepa publica *Lucía de Miranda o la conquista trágica. Novela histórica americana*, que había aparecido antes, en 1916, como folletín. Del mismo modo que en la recreación de Mansilla, aquí también se ofrece una retrospectiva de la vida de los protagonistas antes de partir a América. En esta versión nos encontramos con una Lucía hija de condes, mientras que Sebastián es presentado como un hidalgo de segunda, cuyo único haber es la valentía. Ambos se conocen en unas justas caballerescas en las que Hurtado sale vencedor. El hidalgo se prenda de la hermosura de esta dama de alcurnia de alma andaluza y «altiveces de reina mora» (Cánepa, *Lucía de Miranda*, p. 27), y comienza a cortejarla. En cuanto el padre de la joven se entera, se opone a la relación por no considerar al candidato digno de su hija. Pero la «pasión delirante» de Sebastián lo anima a romper con todas las barreras sociales. Cánepa introduce en este punto de la historia una serie de capítulos de estilo muy folletinesco, en los que vemos a Sebastián disfrazado de capuchino raptando a su amada de la casa solariega en la que había sido confinada; a Lucía combatiendo con los bandoleros que los atacan en su huida o a ambos uniéndose en secretos esponsales en la abadía de San Ginés. El plan de embarcarse en

[29] Ver Mataix, 2006, p. 218.

la expedición de Gaboto forma parte de la intriga amorosa. En efecto, para Sebastián Hurtado el móvil del viaje a América no es únicamente alcanzar riquezas y fama, sino hallar un espacio en el que pueda construir un hogar con Lucía, lejos de los convencionalismos de estirpe.

Siguiendo la tónica de las recreaciones anteriores, la Lucía de Cánepa es también de belleza inigualable y despierta pasiones e incluso «lujuriantes apetitos» entre los miembros de la tripulación; mas la fidelidad a su esposo y su entereza moral se muestran inquebrantables. Otro rasgo destacado en la heroína es su valentía –descrita por el narrador como de carácter «varonil»– que le permite enfrentar con gran fortaleza los peligros propios de la aventura.

El primer encuentro de Mangorá y Lucía se produce en el festejo de inauguración del fuerte, en el que la española entona una canción andaluza. El cacique, al verla y oírla, entra inmediatamente en el «arrobamiento» propio de un fanático. Se observan variantes en la caracterización de Mangorá con respecto a las recreaciones anteriores. Desde el comienzo el narrador enfatiza su bestialidad. Incluso se suele recurrir a la animalización de este cacique y también de los otros timbúes. Mangorá es comparado con una «fiera salvaje» (p. 133) pronta a atacar a su víctima y más adelante queda retratado con poses «mefistofélicas» (p. 156), sus actitudes son calificadas de diabólicas e incluso él y su hermano, cuando estén prontos a traicionar a los españoles, serán descritos como dos vampiros al acecho. No obstante, en algunos pasajes Mangorá es apreciado como un apuesto exponente de su raza indígena, buen gobernante y gran guerrero. De Siripo, en cambio, se señalan solamente los rasgos negativos: su naturaleza impetuosa, su crueldad y su desordenada tendencia a los placeres carnales. Conviene mencionar que esta demonización del bando timbú ya había estado presente en las versiones del episodio insertas en las historias de jesuitas[30].

Los atractivos de la Miranda consiguen mermar momentáneamente el carácter bestial de Mangorá. Así, según comenta el narrador, el «rey de las selvas» se humaniza al contacto con las virtudes de la belleza blanca, se convierte en su vasallo y casi consigue «igualarse a otro hombre de una raza superior» (pp. 145-146). En esta versión se incorpora un nuevo personaje al conflicto amoroso: Thabor, la favorita de Man-

[30] Ver Iglesia, 1987, p. 60.

gorá, la india celosa que, cual pantera, acechará a Lucía. Cabe señalar en relación con esto que la novela de Cánepa incluye varias secuencias en las que se resalta la idea de la depredación o el motivo de la cacería. Destaca en este sentido el episodio en el que Lucía es agredida por Thabor en las cercanías de la laguna del Tigre Loco, mientras su marido se había ido a cazar un venado. En esta ocasión la concubina del cacique es descrita como una pantera que ataca para defender su guarida. Se produce entonces –afirma la voz narrativa– el choque de la civilización y la barbarie (p. 180). Como podemos apreciar, se insiste constantemente en la idea de la superioridad moral y «estética» de Lucía como mujer blanca.

Esta interpretación aportada por Cánepa puede ser puesta en relación con las teorías naturalistas. El enfrentamiento de timbúes y blancos, de bárbaros y civilizados, se entiende en este contexto como representación de la lucha de razas. Mangorá es analizado como un organismo de enorme fortaleza física pero de gran debilidad psicológica y moral: la pasión enceguecedora se apodera de él, por su flaqueza natural que determina su comportamiento, anulando su voluntad. La tragedia posterior del fuerte Espíritu Santo ha de entenderse, en palabras del narrador, como la «obra nefanda de un cerebro desequilibrado». En el polo opuesto nos encontramos con Lucía, dechado de virtudes, portadora «de la antorcha encendida del pensamiento que ilumina las conciencias» (p. 180).

En el desenlace la dicotomía *civilización* y *barbarie* se lleva al límite: Siripo se muestra más sanguinario que en las otras versiones y la bacanal que acompaña a la masacre de los esposos acentúa la brutalidad de sus ejecutores. Como podemos apreciar, no estamos ante el sentimental cautiverio de amor de Mansilla o Guerra; aquí los caciques timbúes se muestran determinados racialmente: el instinto animal es el que los domina, Lucía es una presa de la que desean apoderarse.

Lucía Miranda (1929) de Hugo Wast

En 1929 Gustavo Martínez Zuviría, conocido como Hugo Wast, un popular escritor argentino representante del nacionalismo católico, publica una nueva versión de la historia de la primera cautiva blanca. La crítica ha interpretado este renacer del mito en el contexto del fenómeno de la inmigración que se produce en Argentina en las primeras décadas del siglo XX. Así, Rotker señala que la historia de Lucía Miranda, marcada por el enfrentamiento entre dos grupos raciales, se recupera ahora para insistir en la diferencia, «para tratar de enterrar con palabras una realidad que empieza a contaminarse ya no con indios o negros sino con otros también temibles: los inmigrantes»[31]. En todo caso, en el texto de la novela no hay referencias directas a la situación coetánea desde la que se escribe.

En esta novela la acción comienza en alta mar, cuando estalla un complot de la tripulación contra Gaboto. Se aprecia, desde el comienzo, el objetivo de mostrar que las malas intenciones anidan también en los españoles. Un ejemplo de esto lo encontramos en la historia intercalada de Urraca, prima de Lucía, y Bermudo Crespo, quien es acusado falsamente de traición por su compañero Ruy Orgaz porque pretendía a la joven. Otro detalle en el que se observa la malicia de Gaboto y sus hombres es el hecho de que traten de mantener ilusionado a Mangoré con Lucía, mediante actitudes ambiguas, para beneficiarse de los regalos que les lleva el cacique. Incluso algunos de los españoles se molestan con Lucía porque no concede en secreto a Mangoré lo que quiere, y de esta forma mantener a salvo la colonia.

En lo que se refiere al conflicto amoroso central, Mangoré se muestra en un primer momento hermoso y galán, que homenajea casi «como un caballero cristiano» (Wast, *Lucía Miranda*, p. 118) a Lucía. Este hecho despierta los celos de su favorita Iberahy, que concentra todo su odio contra los blancos y se alía con Siripo para terminar con ellos. En la versión de Hugo Wast se recupera la idea del amor que esclaviza, pero esta vez bajo la forma del hechizo. Mangoré siente que su corazón ha sido «envenenado», como si hubiera pisado una víbora ñandurié en el campo. Así lo entiende también Iberahy, que decide acabar con Lucía para así encontrar el antídoto contra este misterioso mal que aqueja a su indio (pp. 189 y 195). Mangoré se siente paralizado por este nuevo sentimiento que se adueña de su ser. Entre tanto, los timbúes, que temen que el cacique entregue todos sus bienes a los españoles, lo increpan diciéndole que «se ha dejado atar las manos con los cabellos de una mujer» (p. 197) y que está «aturdido como una

[31] Rotker, 1999, p. 168.

gacela enredada en la trampa del cazador» (p. 200). En esta versión Mangoré no asalta el fuerte por conseguir a Lucía, sino porque sus hombres y también Iberahy logran convencerlo de que deben atacar. Iberahy le canta a su hombre una canción lastimosa y él, que todavía la ama, aunque sigue hechizado por la bella española, empuña el tizón de la guerra. En el ataque del fuerte es Lucía la que le clava la espada a Mangoré. El cacique le dice que para él es un regalo que ella le dé la muerte. Lucía se conmueve y le ofrece el bautismo. Siripo hereda la dignidad de rey y también el amor que envenenó el corazón de su hermano. En esta novela hay además otros indígenas que se prendan de sus cautivas y, en lugar de tratarlas como tales, las agasajan como princesas. Es más, dos españolas que no tenían pretendientes se casan con guerreros timbúes. Pero de poco le sirve a Siripo tratar a Lucía como a una reina, pues a ella el vínculo sagrado la mantiene fiel a Hurtado. Poco antes de que Lucía sea condenada a morir quemada, como las hechiceras, Siripo le pregunta: «–¿Qué licor te ha hecho beber ese hombre para que así lo quieras?», y ella responde: «–En tierra de cristianos, señor, es el amor la más dulce cadena de una esposa» (p. 288).

* * *

En conclusión, amor y cautiverio constituyen una dupla inseparable en el mito de Lucía Miranda y sus recreaciones. Ya en los inicios de la gesta, Ruy Díaz de Guzmán señalaba que Siripo «no quiso por su parte tomar otra cosa, que por su esclava a la que por otra parte era señora de su albedrío»[32]. Resulta curioso que este episodio que se ha leído siempre como la historia de la primera cautiva blanca sea también la historia de otros tantos cautivos del amor y la pasión.

Bibliografía

Cánepa, A., *Lucía de Miranda o la conquista trágica. Novela histórica americana*, Barcelona, Maucci, 1918.

Díaz de Guzmán, R., *La Argentina*, ed. E. de Gandía, Madrid, Historia 16, 1986.

[32] Díaz de Guzmán, *La Argentina*, p. 99.

GUERRA, R., *Lucía Miranda. Novela histórica*, Buenos Aires, Imprenta Americana, 1860. Disponible en: <http://www.cervantesvirtual.com/servlet/SirveObras/bvj/04693870900293799697857>.

HANWAY, N., «Valuable White Property: Lucía Miranda and National Space», *Chasqui. Revista de Literatura Latinoamericana*, 30.1, 2001, pp. 115-130.

IGLESIA, C., «Conquista y mito blanco», en C. Iglesia y J. Schvartzman, *Cautivas y misioneros. Mitos blancos de la Conquista*, Buenos Aires, Catálogos Editora, 1987, pp. 11-88.

LANGA PIZARRO, M., «La gran figura silenciada: la mujer en el primer siglo de la Conquista rioplatense», *América sin Nombre*, 9-10, 2007, pp. 109-122.

LOJO, M. R., «Introducción» a E. Mansilla, *Lucía Miranda (1860)*, ed. M. R. Lojo y equipo, Madrid/Frankfurt, Iberoamericana/Vervuert, 2007a, pp. 11-137.

— «Lucía Miranda, un mito protonacional en varias lenguas: latín, castellano, francés e inglés. Algunos antecedentes del *Siripo* de Lavardén y de las *Lucía Miranda* de 1860», *Letras. Revista de la Facultad de Filosofía y Letras de la Pontificia Universidad Católica Argentina*, 55-56, 2007b, pp. 109-129.

MALOSETTI COSTA, L., *Rapto de cautivas blancas. Un aspecto erótico de la barbarie en la plástica rioplatense del siglo XIX*, Buenos Aires, Universidad de Buenos Aires, 1994.

MANSILLA, E., *Lucía Miranda (1860)*, ed. M. R. Lojo y equipo, Madrid/Frankfurt, Iberoamericana/Vervuert, 2007.

MARRE, D., «Chinas y cautivas en la historia para la nación», en *Mujeres argentinas: las chinas. Representación, territorio, género y nación*, Barcelona, Universitat de Barcelona, 2003, pp. 179-220.

MASIELLO, F., *Entre civilización y barbarie. Mujeres, nación y cultura literaria en la Argentina moderna*, trad. M. Eguía, Rosario, Beatriz Viterbo, 1997.

MATAIX, R., «Romanticismo, feminidad e imaginarios nacionales. Las *Lucía Miranda* de Rosa Guerra y Eduarda Mansilla», *Río de la Plata*, 29-30, 2006, pp. 209-224.

MOLINA, H. B., «Femenino/masculino en *Lucía Miranda* (1860) de Eduarda Mansilla», *Alba de América*, 45-46, 2005, pp. 373-391.

— «Los españoles en las *Lucía Miranda* (1860)», en *Actas del III Congreso Argentino de Hispanistas. España en América y América en España*, ed. L. Martínez Cuitiño y E. Lois, Buenos Aires, Asociación Argentina de Hispanistas/Universidad de Buenos Aires, 1993, pp. 694-701.

ROTKER, S., «Lucía Miranda: negación y violencia del origen», *Revista Iberoamericana*, 178-179, 1997, pp. 115-127.

— *Cautivas. Olvidos y memoria en la Argentina*, Buenos Aires, Ariel, 1999.

WAST, H., *Lucía Miranda*, Burgos, Aldecoa, [1950].

ENCUENTROS Y DESENCUENTROS EN LA FRONTERA: MUJERES MAPUCHES EN EL *CAUTIVERIO FELIZ* DE FRANCISCO NÚÑEZ DE PINEDA Y BASCUÑÁN

Stefanie Massmann
Universidad Andrés Bello

Las narraciones de cautiverios pueden considerarse, en términos retóricos, lugares de enunciación especialmente aptos para el encuentro cultural. Los estudios referidos a estos textos, especialmente en el marco de la crítica literaria, han leído con notables resultados el lugar del cautiverio en esta clave, y buenos ejemplos de ello son los trabajos de Jaime Concha, Gilberto Triviños y Lisa Voight. Para Concha el cautiverio contiene el germen de una utopía, puesto que su presencia en la historia es «un oasis etnohistórico en que se concentra lo que la conquista decididamente no fue», es decir, «la superioridad del débil sobre el opresor reducido a "buen cautivo"»[1]. De manera similar, en *La polilla de la guerra en el Reino de Chile* Gilberto Triviños elabora esta idea con respecto a varios textos coloniales chilenos: producciones como el *Cautiverio feliz* –señala– relatan el reverso de la conquista en tanto

[1] Concha, 1986, p. 8. Jaime Concha señala tres paradojas que instaura el fenómeno del cautiverio como utopía *in nuce*: 1) la ruptura de la jerarquía vertical, en cuanto el dominador pasa a ser dominado (el mundo al revés); 2) la transgresión de fronteras, en cuanto el cautiverio pasa a ser un fenómeno de transferencia y de aprendizaje mutuo; y 3) la fusión o «milagro cultural», en cuanto se abre «la esperanza de la comprensión interétnica y de una eventual fusión entre el cautivo y aquellos entre quienes vive» (Concha, 1986, p. 7). Concha no hace referencia a la obra de Pineda y Bascuñán, pero ejemplifica con dos casos de cautiverios del siglo XVI, el de Bernal Díaz del Castillo y el de las cartas de Pedro de Valdivia.

«invierten de modo patente la norma colonial de la posesión violenta»[2]. También Lisa Voigt, al comparar las narraciones de cautiverio de América del Norte con los relatos producidos en el contexto cultural de la colonia española, entiende las narraciones de cautiverio como textos producidos en una «zona de contacto» –utilizando el concepto de Marie Louise Pratt–, lo que implicaría que necesariamente son, en algún grado, híbridas[3].

Con todo, sabemos que las funciones que pueden cumplir los relatos de cautiverio son mucho más variadas y complejas: están asociados al adoctrinamiento religioso, a la propaganda política, al sensacionalismo o al conocimiento histórico, etnográfico o estratégico[4]. No obstante, sea cual fuere su función, en su mayoría los relatos de cautiverio insisten más en reafirmar la identidad del cautivado y marcar las diferencias entre civilización y barbarie que en relativizarlas. Es desde este contexto crítico y cultural que intentaré proponer una lectura del *Cautiverio feliz*[5], obra que el criollo chileno Francisco Núñez de Pineda y Bascuñán terminó de redactar en 1673[6]. Este texto, que narra su pro-

[2] Triviños, 1994, p. 93.

[3] Voigt, 2001, p. 229.

[4] Ver Voigt, 2001.

[5] El *Cautiverio feliz* es obra del criollo chileno Francisco Núñez de Pineda y Bascuñán, nacido alrededor de 1608 en la ciudad de Chillán, Chile. Hijo de un conquistador sevillano y maestre de campo general –máximo grado del Ejército chileno–, se educa con los jesuitas hasta los dieciséis años, cuando ingresa al Ejército para seguir los pasos de su padre. Tiene unos veinte años cuando es tomado cautivo por los mapuches tras la derrota de Las Cangrejeras (1629), y permanece con ellos durante los seis meses y medio que demora su liberación en el fuerte de Nacimiento. El cautiverio es la experiencia que articula una obra que terminará de escribir más de cuarenta años después, cuando su situación ha cambiado drásticamente: tras una brillante carrera militar –en 1648 obtiene, como su padre, el grado de maestre de campo–, termina su vejez sin el reconocimiento y la estabilidad económica que esperaba por dedicar su vida al servicio del rey. Para una biografía completa de Pineda y Bascuñán, ver Anadón, 1977.

[6] El único manuscrito de la obra se encuentra en el Archivo Nacional de Santiago de Chile. El extenso proceso de escritura al que aludo fue confirmado en 1978 por el hallazgo, en la Bodleian Library de Oxford, de *Suma y Epílogo*, epítome de la versión de 1663 escrito también por Pineda y Bascuñán y publicado en 1984 por José Anadón. La publicación de la obra completa había sido realizada por Diego Barros Arana en 1863, en el tercer tomo de su *Colección de Historiadores de Chile y Documentos relativos a la Historia Nacional.*

pio cautiverio entre los mapuches, presenta una distintiva representación y valoración del indígena que se expresa en dos aspectos: primero, en la convivencia con los mapuches, que los sitúa en un contexto radicalmente distinto al de la guerra[7]; y, segundo, en las convicciones e intereses particulares del autor, que determinan su postura partidaria de un trato más justo y compasivo hacia los indígenas. Si bien esta obra, como acabo de bosquejar, parece una excepción a la vocación eurocéntrica de los relatos de cautivos, en esta oportunidad me gustaría más bien recalcar los límites que el texto impone al encuentro cultural. En efecto, parte de la crítica[8] ha sido enfática en señalar que la inclinación de Pineda y Bascuñán hacia los mapuches no es fruto de una solidaridad desinteresada, sino de una estrategia retórica que le permitiría criticar ciertas políticas de la administración española y reivindicar sus derechos como criollo[9]. La identificación del cautivo Núñez de Pineda con sus captores no es sino parcial y, hasta cierto punto, estratégica, y reafirma su pertenencia a la cultura hispana y su civilidad. Ello queda en evidencia en el ámbito de las prácticas religiosas y en el de las relaciones carnales con mujeres indígenas, en donde no se admite cercanía o mezcla con lo mapuche. En lo que sigue pretendo elaborar particularmente este segundo punto, puesto que grafica de manera elocuente el juego de cercanías y distancias entre el joven soldado y sus cautivadores que se elabora en el texto.

Las mujeres cumplen un rol secundario en la obra, puesto que el cautivo se relaciona mayormente con hombres jóvenes y caciques; no obstante, hay algunas escenas en las que se releva a las mujeres mapuches, y suelen ser ampliamente citadas por críticos y comentaristas precisamente porque divergen de las pesadas reflexiones sobre la guerra

[7] Mario Rodríguez destaca, por ejemplo que «el *Cautiverio feliz* marca con énfasis la aparición en la trama del relato colonial de la vida cotidiana, despojada del carácter "fabuloso" con que había sido tratada en los textos del siglo XVI y la primera mitad del XVII» (Rodríguez, 2002, p. 40).

[8] Qiu, 1994, Bost, 1996, y Bauer, 1998, han realizado lecturas que valoran en su justa medida la representación favorable que hace el *Cautiverio feliz* del indígena.

[9] Hay, sin embargo, excepciones: Ramón Soriano afirma, en lo que considero un arranque de excesiva confianza, que el *Cautiverio feliz* es «un canto generoso de los derechos del indio» (Soriano, 1987, p. 21), concordando con la idea de José Anadón, quien había sostenido que la experiencia del cautiverio había transformado a Pineda y Bascuñán en defensor del araucano (ver Anadón, 1977).

que abundan en el texto. Ejemplo de ello es la siguiente escena, en donde el joven cautivo se encuentra a una mujer mapuche lavándose en el río y reflexiona acerca de su impresión:

> Contemplemos un rato la tentación tan fuerte que en semejante lance el espíritu maligno me puso por delante: a una mujer desnuda, blanca y limpia, con unos ojos negros y espaciosos, las pestañas largas, cejas en arco –que del Cupido dios tiraban flechas–, el cabello tan largo y tan tupido, que le pudo servir de cobertera, tendido por delante hasta las piernas, y otras particulares sircunstancias, que fueron suficientes por entonces a arrastrarme los sentidos y el espíritu (*Cautiverio feliz*, p. 649).

Pese a que la descripción destaca la sensualidad y belleza de las mujeres mapuches, Pineda y Bascuñán es enfático al negar cualquier relación carnal con ellas. Su resistencia se mantiene, incluso, cuando las mujeres le son ofrecidas abiertamente por los caciques:

> Yo juzgué que lo hacía el casique por tentarme y por reconoser la inclinación que tenía al sensual apetito; a quien respondía advertido que estimaba con estremo la amorosa acción de la dama, pero que perdonase mi cortedad y el no poderla servir en correspondencia torpe y deshonesta [...] que a la voluntad que me mostraba quedaba bastantemente agradesido, que los cristianos y cautivos no podíamos ofender a Dios, nuestro Señor, tan a las claras, y más con mujeres infieles y ajenas de nuestra profesión; porque es pecado doble y de mayor marca (p. 428).

Esta actitud puede entenderse desde diversos ángulos. En primer lugar, el rechazo está relacionado con la necesidad de presentarse a sí mismo como un sujeto virtuoso que no ha traicionado su pertenencia cultural al entrar en contacto con los mapuches. Parte de esta imagen se construye a través de apropiación del relato hagiográfico[10], puesto que el cautivo debe enfrentar durante su confinamiento diversas pruebas y realiza milagros y conversiones para salir enaltecido del calvario. El modelo del relato hagiográfico sirve, en consecuencia, para acallar cualquier sospecha que pudiera surgir a partir de la solidaridad que manifiesta hacia el indio.

[10] Ver Mora, 2002, donde se describe la familiaridad del *Cautiverio feliz* con la hagiografía.

El hito de la lucha contra el demonio es el modo más directo en que utiliza el relato hagiográfico para los fines recién mencionados. La superación de este trance es cumplido por el cautivo al resistirse a las tentaciones carnales que le impone el mapuche durante su cautiverio, ya que los caciques invitan a Pineda y Bascuñán a largas fiestas en las que se baila y bebe abundante chicha. En estas fiestas los caciques suelen ofrecerle mujeres, que Pineda y Bascuñán rechaza haciendo gala de su entereza moral y de su castidad, como veíamos en la cita anterior.

Esta resistencia es coherente con la censura absoluta de las prácticas religiosas mapuches. Con todo, la situación del cautivo es incómoda, ya que a la vez se siente agradecido de los indígenas y es consciente de que sus escrúpulos pueden ser interpretados como expresión de superioridad. Así como Pineda y Bascuñán se encuentra en una situación delicada en relación con los lectores hispanos, también manifiesta cierta incomodidad con respecto a los mapuches, puesto que en su situación como cautivo debe agradecer todas las muestras de confianza de los cautivadores sin traicionar su propio modelo de conducta. La censura tajante a la relación carnal debe ser compensada, por tanto, con el fin de disminuir la distancia entre el mapuche y el criollo[11].

La digresión que sigue a una de estas escenas de rechazo –y que estilísticamente puede ser considerada superflua e inadecuada– adquiere sentido al leerse en relación con este problema. Se trata de la discusión que Pineda y Bascuñán entabla con el cacique Tureupillán acerca de las mujeres, en el curso de la cual el mapuche advierte al cautivo que ellas «de su naturaleza son habladoras, embusteras, ambiciosas, entremetidas y envidiosas» (p. 858) y que son «desdichados aquellos que se sujetan a sus gustos y apetitos y se gobiernan por ellas» (p. 859). Tureupillán llega incluso a poner en duda los beneficios de la poligamia, cuestión de mayor conflicto en la evangelización, al señalar que «después que tuve más maduro el juicio y fui reconociendo que la muchedumbre de mujeres en una casa era una confusión continua y un desasociego grande el que causaban, porque entre tantas no faltaban las noveleras, livianas y antojadisas, y era impocible guardarlas y con-

[11] No es necesario mencionar el brutal contraste entre esta situación –en la que el cautivo debe disculparse por no aceptar a las mujeres que se le ofrecen– con las constantes referencias que se hacen a lo largo del libro respecto de la violencia con la que los españoles suelen abusar de las indígenas.

tentarlas» (p. 860), de modo que termina por aconsejar al joven que «si acaso os casáis, no [...] queráis sustentar a muchas mujeres, porque gastan la vida, apresuran las canas, debilitan los miembros, quitan las fuersas y perturban los sentidos» (p. 861). Lo que aquí observamos es la manera en que se resuelve el problema que plantea la defensa absoluta de los fundamentos cristianos de la cultura hispana y que no coincide con la amistosa relación que tiene el joven Pineda con sus cautivadores. Esta situación lo obliga a compensar el rechazo a las costumbres mapuches y a la relación carnal con las mujeres (que forma parte del relato hagiográfico), con la coincidencia ideológica de cacique y cautivo en el discurso misógino. Pineda y Bascuñán convierte, entonces, una concomitancia superficial en una avenencia ideológica que oblitera todas las diferencias culturales que puede haber entre ellos. El discurso misógino proporciona un sentido distinto, pero compartido entre ambas culturas, a la resistencia que Pineda y Bascuñán muestra en su relación con las muchachas mapuches[12].

Una tercera lectura del rechazo a la mujer mapuche pone de inmediato los límites a este intento de establecer coincidencias e igualdades con el mundo cultural mapuche. Ralph Bauer lo interpreta como una manifestación de su aversión al mestizaje[13], lo que puede parecer en principio una postura arriesgada si se consideran las muestras de respeto y apertura que hay en el texto hacia el mapuche. Con todo, existen ciertos elementos del *Cautiverio feliz*, imbricados en una compleja red de juegos identitarios, que pueden alimentar una lectura de este tipo. Quisiera subrayar que el *Cautiverio feliz* esconde con particular nitidez ciertas diferencias identitarias que no son siempre visibles, especialmente la distinción entre los indios fronterizos, imperiales y serranos y –en el lado español– la distinción entre españoles peninsulares y crio-

[12] En este punto doy por supuesto el hecho de que la coincidencia en el discurso misógino que representa Pineda y Bascuñán es solo superficial, puesto que es un discurso que posee, en cada caso, un espesor cultural distinto. Para el español está cargado de significados que se remontan, por ejemplo, al relato bíblico, y que no se encontrarían en el discurso misógino mapuche (en caso de existir realmente como una serie de representaciones y valoraciones relativamente estables sobre la mujer). Lo que me interesa destacar en este punto es que Pineda y Bascuñán hace un esfuerzo por borrar todas esas diferencias para proporcionarle un significado más aceptable –a ojos del cacique– a su rechazo a las mujeres mapuches.

[13] Bauer, 1998, p. 72.

llos[14]. A pesar de esta heterogeneidad, el texto oblitera totalmente la posibilidad del mestizaje, y, en efecto, la palabra *mestizo* no es utilizada nunca en el texto, como tampoco se hace referencia a ningún tipo de síntesis cultural homogénea. La apropiación y legitimación que hace el cautivo de algunos aspectos de la cultura mapuche y la amistad que une al soldado criollo con los caciques tiene un límite claro: la pertenencia cultural de un sujeto –más allá de su composición étnica– solo tiene dos posibilidades, ser blanco o ser indio.

La actitud frente a las mujeres mapuches cumple múltiples –y en ocasiones, contradictorias– funciones en el texto: por un lado asegura la virtud del narrador y autor de la obra, por otra parte –ya en el nivel del enunciado– marca un límite inexpugnable a la cercanía con el bárbaro. Al mismo tiempo, permite la aparición del discurso misógino que justifica la reserva hacia la mujer indígena y destaca una coincidencia ideológica con el mapuche que no reviste peligro alguno.

La multiplicidad de funciones de una sola hebra del texto es solo una muestra de la compleja construcción textual e ideológica de esta obra que, como puede apreciarse, construye un nuevo lugar de enunciación. Este nuevo lugar es en esencia ambiguo, puesto que por un lado sigue fiel, en lo fundamental, al proyecto imperial, pero por otro comienza a defender intereses locales que muchas veces no coinciden con los metropolitanos. En el *Cautiverio feliz* hay, por tanto, un esfuerzo del autor por dar cuenta de su propia experiencia como soldado en uno de los territorios más apartados del imperio, configurando de este modo una alternativa al discurso eurocéntrico.

Bibliografía

Anadón, J., *Pineda y Bascuñán, defensor del araucano*, Santiago de Chile, Universitaria, 1977.

Bauer, R., «Imperial History Captivity, and Creole Identity in Francisco Núñez de Pineda y Bascuñán's *Cautiverio feliz*», *Colonial Latin American Review*, 7.1, 1998, pp. 59-82.

Bost, D. H., «Historians of the Colonial Period: 1620-1700», en *The Cambridge History of Latin American Literature* , ed. R. González Echevarría y E.

[14] Ver Massmann, 2007.

Pupo-Walker, Cambridge, Cambridge University Press, 1996, vol. I, pp. 143-190.

CONCHA, J., «Requiem por el buen cautivo», *Hispamérica*, 45, 1986, pp. 3-15.

MASSMANN, S., «Casi semejantes: tribulaciones de la identidad criolla en *Infortunios de Alonso Ramírez* y *Cautiverio feliz*», *Atenea*, 495, 2007, pp. 109-125.

MORA, C. de, *Escritura e identidad criollas. Modalidades discursivas en la prosa hispanoamericana del siglo XVII*, Amsterdam/Nueva York, Rodopi, 2002.

NÚÑEZ DE PINEDA Y BASCUÑÁN, F., *Cautiverio feliz*, ed. M. Ferreccio Podestá y R. Kördic Riquelme, Santiago de Chile, RIL, 2001.

QIU, Y., «El propósito enmascarado: Pineda y Bascuñán y el *Cautiverio feliz*», *Mester*, 23.2, 1994, pp. 101-111.

RODRÍGUEZ, M., «Azar, pormenor, seducción y poder en *Cautiverio feliz*», *Revista Chilena de Literatura*, 61, 2002, pp. 39- 60.

SORIANO, R., «El *Cautiverio feliz* de Francisco Núñez de Pineda y Bascuñán: cuadro de costumbres, ficción novelesca y crítica política de la Guerra de Arauco y de los funcionarios del Reino de Chile», *Anuario de Estudios Americanos*, 22, 1987, pp. 3-21.

TRIVIÑOS, G., *La polilla de la guerra en el Reino de Chile*, Santiago de Chile, La Noria, 1994.

VOIGT, L., *Sites of Captivity in Colonial Latin American Writing: «La Florida del Inca», «Cautiverio feliz», «Caramuru»*, Dissertation Abstract International, Ann Arbor (Michigan), UMI, 2001.

«CAUTIVO QUEDO EN TUS OJOS»: EL CAUTIVERIO DE AMOR EN EL TEATRO DEL SIGLO DE ORO SOBRE LA CONQUISTA DE ARAUCO*

Carlos Mata Induráin
GRISO-Universidad de Navarra

El tema de América en el teatro español del Siglo de Oro cuenta con abundante bibliografía, y ha sido estudiado sobre todo para autores como Lope o Tirso[1]. Varias de esas comedias se centran en Chile, y se ambientan concretamente en el contexto de la Conquista de Arauco. En esta ocasión voy a estudiar el tema del cautiverio (y especialmente el cautiverio de amor) en este corpus, que incluye cinco comedias: *La belígera española*, *Algunas hazañas de las muchas de don García Hurtado de Mendoza*, *Arauco domado*, *El gobernador prudente* y *Los españoles en Chile*, aunque al final me referiré muy brevemente a otras dos piezas un tanto especiales: *El nuevo rey Gallinato* de Andrés de Claramonte (con una ambientación vaga en un territorio fronterizo entre Perú y Chile, pero no en Arauco); y *La Araucana* (que no es una comedia, sino un auto sacramental atribuido a Lope de Vega).

* Esta investigación se integra en el proyecto «Patrimonio teatral clásico español. Textos e instrumentos de investigación (TC-12)», patrocinado por el Programa CONSOLIDER-INGENIO, del Plan Nacional de I+D+I (CSD2009-00033) del Ministerio de Ciencia e Innovación del Gobierno de España.

[1] Un buen repertorio de comedias indianas puede verse en Zugasti, 1996. Para el tema de América y el teatro pueden verse Moríñigo, 1946; Ruffner, 1956; Pedro, 1954; Franco, 1954; Hamilton, 1968; Dille, 1988; Arellano, 1992; Campbell, 1992; Reichenberger, 1992; Sommer-Mathis, 1992; Ruiz Ramón, 1993; Kirschner, 1996; o González-Barrera, 2008, entre otros trabajos.

Un par de advertencias preliminares, antes de entrar en materia. La primera es que no me voy a detener en el comentario de las fuentes, la historicidad, la estructura, etc. de cada una de estas piezas, sino que focalizaré mi atención en el tema concreto del cautiverio, dando tan solo unas pinceladas mínimas para contextualizar mis comentarios. Para más detalles, remito a los trabajos de Lee y Lerzundi que han estudiado este tema de Arauco en el teatro español del Siglo de Oro[2]. La segunda tiene que ver con el hecho de que en todas estas comedias aparece reflejado el cautiverio general de Arauco y sus gentes. En efecto, la dicotomía libertad/cautiverio, rebelión/sujeción está presente como telón de fondo en todas estas obras. La libertad es el valor supremo para los araucanos, caracterizados en estas versiones teatrales de la conquista –como no podía ser de otra manera– por su arrogancia, fuerza, barbarie, crueldad y, sobre todo, por un amor desmedido a la libertad, valor máximo entre ellos. Para los antiguos mapuche, la muerte con honor, peleando en combate, es mil veces preferible a la infamia de caer prisioneros y vivir como esclavos. En este sentido, son muchas las citas de pasajes que podrían extractarse a propósito de ese desmedido deseo de libertad. Al analizar cada obra solamente citaré algunos ejemplos significativos de este cautiverio al que se ve reducido el pueblo araucano, pero me centraré especialmente en los casos particulares de cautiverio, y sobre todo en los casos de cautiverio de amor.

La belígera española, de Ricardo de Turia (1616)

Aunque el título de esta pieza pudiera hacernos pensar que la protagonista es doña Mencía de los Nidos (esta mujer-soldado, denominada por los araucanos «la belígera española», es personaje citado en el canto VII de *La Araucana* de Ercilla), en realidad no es así, pues aquí lo principal del conflicto es el triángulo amoroso formado por Lautaro, Guacolda y Rengo. Es cierto que en la comedia se refiere la intervención heroica de la dama, que detiene la huida de los españoles de Con-

[2] Ver especialmente Lee, 1993 y 1996; y Lerzundi, 1996. También Antonucci, 1992; Dixon, 1993; Lauer, 1994; Kirschner, 1998; Contreras, 2003; Janik, 2004; y Ruano de la Haza, 2004. Para el influjo de *La Araucana*, Atero Burgos, 1998, y el estudio preliminar de I. Lerner a su edición de Cátedra, 1993.

cepción tras el ataque de los araucanos, así como su actuación como valeroso caudillo y finalmente gobernadora de la ciudad; y también hay lugar para el cortejo amoroso que le dedica don Pedro de Villagrán. Pero, en realidad, lo que sustenta la acción de esta «tragicomedia histórica-novelesca», como la denomina Lerzundi[3], es el citado triángulo amoroso entre los personajes araucanos. El mismo crítico señala que la «fuente directa y única de *La bellígera española* es *La Araucana* de Ercilla»[4].

Pero vayamos directamente a lo relacionado con la materia del cautiverio. Guacolda, dama de Lautaro, es robada por Rengo, lo que atenta contra el honor del primer caudillo, que se consume de celos. Al final Lautaro pierde la vida, con lo que cobra realidad la maldición profética lanzada contra él por Valdivia al morir[5]: que su viuda se case con su principal rival. El desenlace de la acción queda, de algún modo, abierto: Guacolda acepta el matrimonio con Rengo, pero sabemos que es para matarlo y vengar así la muerte de su amado Lautaro.

Hay en esta comedia bastantes aspectos interesantes: todo lo relacionado con la muerte de Valdivia y su maldición contra Lautaro, que finalmente se cumple, como acabo de indicar; la mujer en traje de hombre (Guacolda disfrazada de español); la presencia de sueños, avisos, agüeros (la Muerte), así como las intervenciones sobrenaturales en el asalto de La Concepción (las figuras contrapuestas de Eponamón y la Virgen). Un *leitmotiv* repetido a lo largo de la obra es el de la codicia de Valdivia; también interesa señalar la mención de la prueba del tronco para la elección del toqui (en forma de relato, porque en esta pieza no interviene Caupolicán como personaje[6]); o las referencias al mundo clásico de la Antigüedad grecorromana en boca de los indios[7].

[3] Lerzundi, 1996, p. 72.

[4] Lerzundi, 1996, p. 72.

[5] Sobre la muerte de Valdivia, ver Donoso, 2006.

[6] Sobre Caupolicán como personaje literario, ver Durand, 1978; Cifuentes Aldunate, 1983-1984; Romanos, 1993; Auladell, 2004; y Promis, 2008. Para la prueba del tronco, Zugasti, 2005 y 2006.

[7] Aunque a veces se dice que su dios es el Sol o hablan del cielo y de Eponamón, por ejemplo, son más frecuentes en sus labios menciones a dioses y personajes de la mitología y la Antigüedad grecolatina o hispana: Ulises, Circe y los lotófagos (vv. 7-8), Faetón (v. 111), el carro del sol (v. 112), una sirena (v. 397), Marte (vv. 528, 1445, 1941 y 2693), Baco y Belona (vv. 599-600), Diomedes (v. 1006), César (v. 1014), el rey Rodrigo (v. 1984), Belona (v. 2226), las amazonas (v. 2232),

En esta pieza el amor y el cautiverio se da entre personajes araucanos (Guacolda presa de Rengo en dos ocasiones[8]) y no surge una relación sentimental entre personajes de bandos rivales. En cualquier caso, con relación al tema que trato, me interesa destacar la utilización de la metáfora de la *prisión de amor* por parte de Guacolda. Así, cuando es liberada por Lautaro, ella queda enamorada de su valor:

GUACOLDA La presteza y furia brava
que mostraste por vengarme
de forma me enamoraba
que, aunque era para librarme,
sin libertad me dejaba;
y así por esta ocasión
la libertad, con ser bella,
no estimara mi afición,
si no viera que por ella
vuelvo a entrar en tu prisión;
que aunque el alma no salió
jamás della, aunque se vio
el cuerpo preso, ese quiero
que sea tu prisionero,
pues el cuerpo te agradó (vv. 350-364).

La prisión física de Guacolda se reitera en el desenlace de la comedia: cuando Lautaro muere, ella le quiere seguir en la muerte. Se va a matar arrojándose sobre una espada, pero los soldados españoles Ortiz y Hurtado la detienen, y al punto quedan impresionados por su belleza. Dice Hurtado:

HURTADO El mío [mi pecho] sé que tenéis
de tierno amor traspasado,
india más que el sol hermosa.
De cuanto habemos robado,

Régulo (v. 2290), el mago Phitón (vv. 2852 y 2938), Tarquín (v. 3046)... Se trata del mismo código de referencias cultas que aparece también en boca de los españoles.

[8] Así lo expresa el propio Rengo: «Dos veces en mi poder / te he tenido, y todas dos / no te he querido ofender, / y sabe el Sol, nuestro dios, / y tú, lo que pude hacer» (vv. 3242-3246).

Ortiz, no quiero otra cosa,
sino esta mujer (vv. 3116-3121a).

Pero Ortiz también la quiere, y ambos se acuchillan hasta que sale don Pedro, quien decide quede libre y contraiga matrimonio con Rengo. Me interesa consignar la respuesta de este: «Deja, Guacolda, el llorar, / pues tu dueño es tu cautivo» (vv. 3175-3176). Tras una serie de protestas, ella acepta casarse con Rengo, no sin dejar constancia –en sus apartes– de que lo hace así para poder vengar, en su momento, a Lautaro.

Algunas hazañas de las muchas de don García Hurtado de Mendoza, de nueve ingenios (1622)

Esta pieza fue escrita en colaboración por nueve ingenios, siendo el impulsor del proyecto Luis de Belmonte Bermúdez, quien pasó a México y Perú, y conoció a Pedro de Oña y a don García Hurtado de Mendoza[9]; los demás colaboradores fueron Juan Ruiz de Alarcón, Luis Vélez de Guevara, Antonio Mira de Amescua, Guillén de Castro, Fernando de Ludeña, Jacinto de Herrera y Sotomayor, Diego de Villegas y Francisco de Tapia y Leyva, conde del Basto[10]. La idea surgió a partir de las justas poéticas en honor a San Isidro celebradas en 1620 y 1622, y el texto se publicó ese último año[11].

La acción de esta obra se inicia tras la muerte de Valdivia y la llegada del nuevo gobernador, el mozo don García, y termina con el cautiverio, la conversión al cristianismo y la muerte de Caupolicán. Lerzundi ha señalado las fuentes, que son fundamentalmente *La Araucana* de Ercilla, el *Arauco domado* de Oña, los *Hechos de don García Hurtado de Mendoza*... de Cristóbal Suárez de Figueroa y quizá el *Arauco domado* de Lope[12].

[9] Para el personaje histórico, ver Cristóbal Suárez de Figueroa, *Hechos de don Hurtado García de Mendoza*..., y Campos Harriet, 1969.

[10] Ver Vega García-Luengos, 1991. Las comedias en colaboración fueron muy frecuentes en el Siglo de Oro, aunque lo normal era entre dos o tres ingenios. No es única, en cualquier caso, esta colaboración de nueve dramaturgos.

[11] Citaré por la ed. de P. C. Lerzundi, del año 2008, con algunos ligeros cambios en la puntuación, que no señalaré.

[12] Lerzundi, 1996, pp. 74-76.

El tema del cautiverio aparece en esta comedia de nueve ingenios con tres funciones principales: en primer lugar, con un enfoque general, común a todas las piezas, que es el enfrentamiento de españoles y araucanos –el Imperio español trata de poner en cautiverio una región que se caracteriza precisamente por su carácter indómito. En segundo término, a través de algunos episodios de cautividad: en el desarrollo de la acción hay algunos indios araucanos que son apresados y también algunos españoles capturados por aquellos; esto permite que los dirigentes de ambos bandos rivalicen en cortesía, al dejar en libertad a los presos. En efecto, Caupolicán y don García compiten en una especie de torneo de cortesía, de forma similar a como sucede en la *Historia del Abencerraje y de la hermosa Jarifa* o en algunos romances moriscos como el célebre «Entre los sueltos caballos…» de Góngora. Y así, si don García libera a Nacol y Teucapel, a pesar de que lo han intentado matar a traición aprovechando una embajada de paz, lo mismo hará el caudillo araucano con sus prisioneros españoles[13].

En fin, el tema de los cautivos de amor –que es el que más me interesa en esta ocasión– está ejemplificado en esta pieza por el caso de Guacolda y Rebolledo. En efecto, en la tercera jornada Guacolda es apresada y el español queda enamorado de ella:

REBOLLEDO No he visto mujer más bella:
rayos del sol atropella.
¡Vive Dios, que me ha vencido
su bizarro talle y cara! (vv. 837-840).

Prendado de su hermosura, Rebolledo empleará siempre el léxico y la imaginería amorosa propios de los galanes de comedia, por ejemplo, la metáfora *dama* = *sol*, y otras similares:

REBOLLEDO Noche ha de ser, si se ausenta
aquesta hermosa araucana (vv. 855-856).

Y en esa misma escena asistimos a este diálogo:

[13] El indio Coquín ha apresado al español Chilindrón. Por otra parte, al final de la obra, encontraremos el cautiverio de Caupolicán, que ha sido apresado por Reinoso, etc.

REBOLLEDO Quisiera, hermosa Guacolda,
que el puro amor que te muestro
le estimes y le conozcas.
GUACOLDA Pues si me quieres y estimas,
vente conmigo.
REBOLLEDO La honra
es en hombres bien nacidos
más que el amor poderosa.
GUACOLDA Pues ya me voy.
REBOLLEDO Muy bien puedes.
GUACOLDA Mi ventura ha sido corta,
pues que no llevo esta presa
por señal de mi vitoria (vv. 945-955).

Los sentimientos de Rebolledo hacen que se debata entre el amor y el honor:

REBOLLEDO ¡Qué presto iba desmintiendo
mis esperanzas dichosas,
pues descuidado y lascivo,
haciendo al amor lisonjas,
iba perdiendo el honor
sin ver que el riesgo pregona
afrentas para el cobarde,
para el osado vitorias! (vv. 956-963).

A su vez, Guacolda queda impresionada por el «español soldado»:

GUACOLDA La estrella favorable
de un español soldado
influye tal piedad en mi cuidado,
que a ser amor llegara
si, detenida en la veloz carrera,
ser más que inclinación le conociera (vv. 1977-1982).

Y así, cuando Rebolledo cruza el río que separa los dos campamentos, Guacolda lo protege. Apreciemos el léxico y las imágenes empleadas por el español, sin que falten en sus parlamentos las alusiones a las heridas de amor causadas por los bellos ojos de la hermosa:

REBOLLEDO No fue la suerte en todo desdichada.
Esta es Guacolda que, del arco armada,

Cupido es de estos montes,
si no Dïana de estos horizontes.
GUACOLDA No temas, español.
REBOLLEDO Fuera locura
que cobraran las puntas de las flechas
el temor que le debo a tu hermosura;
y en mí, puesto que fueran rigurosas,
si anticipan tus ojos las heridas,
fuera fuerza quedar ellas ociosas (vv. 2019-2028).

Consideremos igualmente este otro diálogo amoroso, en torno a la idea del fuego de amor que ha cruzado las aguas sin apagarse[14]:

GUACOLDA ¡Quién te pudiera dar otro vestido!
REBOLLEDO El mío se ha enjugado
a los rayos del sol que tú le has dado.
GUACOLDA Pues ¿el vestido pasa?
REBOLLEDO Pasa el vestido, y aun el alma abrasa;
pues sabe el dios alado y niño ciego
que entre las ondas me abrasaba en fuego.
GUACOLDA Pues, ¿cómo ardiendo sales,
infamando el remedio en los cristales?
REBOLLEDO Amor es fuego y es de Venus hijo,
que fue nacido de la blanca espuma;
y siendo el parentesco tan cercano
de las espumas y del fuego ardiente,
¿qué mucho que no muera en la corriente
de ese cristal que sin razón infamas,
si produjeron las espumas llamas? (vv. 2037-2052).

Como podemos apreciar, Rebolledo hace un cumplido uso de las metáforas ígneas y, en general, del lenguaje amoroso petrarquista propio de los galanes de comedia.

El otro episodio que ahora me interesa destacar lo encontramos en la misma jornada segunda, un poco antes, cuando era la india Gualeva la que había cruzado el río, y su belleza quedaba descrita por don García Hurtado de Mendoza con estas palabras no exentas tampoco de metáforas amorosas y alusiones mitológicas:

[14] Idea que desarrolla magníficamente Quevedo en su célebre soneto «Cerrar podrá mis ojos la postrera…».

MARQUÉS Enamora
el bizarro hermoso brío
con que las ondas rompiendo,
la corriente atropellando,
la crespa espuma aumentando,
círculos de plata haciendo,
bellísima carabela,
de cristal tejiendo lazos,
remos hace de los brazos
y de los cabellos vela.
De la espuma plateada
que ella levanta y deshace,
segunda Venus se nace,
si no es sirena que nada.
Con uno y otro farol
engañando, desafía
por sirte del fuego al día,
por escollo de oro al sol.
Ya que nuestro margen toca,
sangre muestra en el cabello,
pendiente el arco del cuello
y las flechas en la boca.
Ya tomó puerto, y el frío
traje que al sol desordena
en perlas paga a la arena
la plata que debe al río.
Ave agora diligente
la que fue en el agua barco,
flecha parece del arco
que sacó al cuello pendiente (vv. 1678b-1707).

Y luego el marqués de Cañete la elogia por su valentía al avisarle de que contra él «ya suena el alboroto / del ejército araucano» (vv. 1819-1820):

MARQUÉS Detenta, aguarda, araucana
valerosa, que presumes
desmentir con tus finezas[15]

[15] Lerzundi edita lo que trae la *princeps*, «desmentir tantas finezas», pero prefiero la lectura enmendada de las ediciones modernas (BAE, 1852 y Clásicos Españoles, 1927), que mejora el sentido y la sintaxis de la frase.

bárbaras ingratitudes,
y afrentando las edades,
por valor o por costumbre,
borrar historias romanas
con hazañas más ilustres;
que después de agradecer
esta fineza que luce
tanto en mis obligaciones,
con las que gallarda cumples,
quiero advertirte, Gualeva,
que al recelo nunca pude,
por Mendoza y español,
reconocer servidumbre (vv. 1834-1849).

En este episodio, no hay propiamente enamoramiento y cautiverio de amor, pero sí la indicación de que la belleza y la valentía de las damas araucanas pueden impresionar al propio gobernador, quien emplea –como hemos podido observar por los pasajes citados– un léxico galante en su retrato y caracterización de Gualeva.

Arauco domado, de Lope de Vega (1625)

Esta comedia, cuyo título completo es *Arauco domado por el Excelentísimo señor don García Hurtado de Mendoza*, se publicó en la *Parte veinte de las comedias de Lope de Vega*, Madrid, Viuda de Alonso Marín, 1625. Como escriben sus editores modernos, Jesús Gómez y Paloma Cuenca, la «acción de la tragicomedia, como se denomina en las ediciones antiguas, es enteramente bélica; versa sobre la expedición de castigo capitaneada por García Hurtado de Mendoza en 1557»[16]. En la dedicatoria «A don Hurtado de Mendoza, su hijo, marqués de Cañete», Lope le indica que su padre fue «freno español y yugo católico de la más indómita nación que ha producido la tierra» (p. 751), al tiempo que se refiere a su pieza como «esta verdadera historia». De todo el ciclo de comedias araucanas, esta es la más conocida y la que cuenta con más bibliografía, sin duda por el hecho de ser de quien es.

[16] Gómez y Cuenca, estudio preliminar a Lope de Vega, *Comedias*, vol. IX, pp. XI-XII.

Ni que decir tiene que el binomio esclavitud/libertad recorre toda la obra. Ya el propio título de *Arauco domado*, al igual que en la obra homónima de Oña, sugiere esa idea de sujeción a un yugo, frente a la rebelión contra el invasor y la defensa de la libertad que lleva a cabo el pueblo mapuche, y esta idea se hace presente desde el diálogo inicial entre Tipalco, indio yanacona, y Rebolledo, soldado:

TIPALCO ¿Que este soldado, amigo, es don García?
REBOLLEDO Este es aquel Hurtado de Mendoza
que a gobernar, su padre, a Chile envía.
TIPALCO La libertad que el rebelado goza
en el gobierno de la gente anciana
aumentarase con la gente moza (p. 753).

Merece la pena recordar también el parlamento de Galvarino, después de que le hayan cortado las manos, en el tercer acto. La acotación indica: «*Sale Galvarino, con las manos en unos troncos de sangre*» (p. 827); tras interrogarse con estas palabras: «¿cuánto mejor es morir / con las armas peleando / que vivir sirviendo un noble / como bestia y como esclavo?» (pp. 827-828), arenga a los suyos de esta manera:

¡Desdichados de vosotros,
araucanos engañados,
si vendéis la libertad
de vuestra patria a un extraño,
pues que pudiendo morir
llenos de plumas y armados,
queréis morir como bestias
en poder destos tiranos!
¿Será mejor que esas plumas
de que os miráis coronados,
esas macanas famosas,
esas flechas, hondas y arcos,
llevar las cargas a cuestas
destos españoles bravos
y morir en los pesebres
de sus galpones y tambos?
¿Será mejor que esos hijos
vayan de leña cargados,
y que sus madres les den,

con vuestra afrenta y agravio,
siendo amigas de españoles,
otros mestizos hermanos
que los maten y sujeten
con afrentas y con palos?
Mirad lo que hacéis, chilenos;
morid con honra, araucanos... (pp. 828-829).

Galvarino no tiene manos para empuñar las armas, pero sí una lengua valiente para exhortar a los suyos a la pelea. Sus palabras hacen mella en los araucanos y Tucapel, Rengo y todos los demás juran hacer la guerra a los españoles[17].

En fin, cabría recordar también el importante diálogo entre don García y Caupolicán hacia el final de la comedia; cuando el español le recuerda al indio que era vasallo del rey de España y le debía fidelidad, el toqui responde proclamando orgullosamente su libertad:

CAUPOLICÁN Libre nací[18].
La libertad defendí
de mi patria y de mi ley;
la vuestra no la he tomado.
GARCÍA Si por ti no hubiera sido,
Chile estuviera rendido.
CAUPOLICÁN Ya lo está, si estoy atado.
GARCÍA Mataste a Valdivia, echaste
muchas ciudades por tierra.
Tú diste fuerza a la guerra,
tú la gente rebelaste,
tú venciste a Villagrán
y tú morirás por ello.
CAUPOLICÁN Aun bien, que tienes mi cuello
en tus manos, capitán.
Venga a Felipe, derriba
a Chile, ponle a sus pies;
que en esta vida que ves,
todo su poder estriba (p. 840).

[17] Orompello exclama: «¡Desdichados de vosotros / si los cuellos no domados / rendís una vez al yugo / de los fieros castellanos!» (p. 829).

[18] Esta formulación recuerda la de Gelasia, un personaje cervantino que en un soneto de *La Galatea* exclama: «Libre nací y en libertad me fundo».

Por lo demás, en el desarrollo dramático de esta pieza encontramos diversos casos de cautiverio: el de Rebolledo, al servicio del humor (cuando los indios lo van a asar, dice que irá por sal, porque así su carne les sabrá mejor; luego les indica que tiene una enfermedad y que, si lo comen, todos morirán; la enfermedad se llama *escapatoria*...); el de Guillén (lo mata Galvarino, y eso justifica el suplicio posterior de cortarle las manos al indio); el de Tucapel, liberado por Gualeva; además Gualeva permanece un tiempo con los españoles, pero no en calidad de cautiva sino como invitada; igualmente, tenemos el cautiverio final de Caupolicán, que sirve de ejemplo de castigo al rebelde, de escarmiento, aunque muere bautizado. Pero no hay propiamente ningún cautiverio de amor, no surge una relación sentimental entre indias y españoles; esa posibilidad solo queda levemente apuntada cuando don Felipe de Mendoza (hermano de don García) pondera la belleza de Gualeva.

En efecto, Rebolledo ha contado a Gualeva las virtudes y buenas prendas de don Felipe, y ella se siente inclinada hacia el español y desea verlo. Rebolledo les prepara una entrevista. Gualeva habla, en efecto, con don Felipe y las palabras de este indican que queda cautivo de amor por la hermosura de la india. Cuando pondera su belleza con léxico petrarquista, Gualeva comenta que pensaba que los soldados tenían menos blandura. A lo que responde cortés el español:

> Cuando al campo los envían
> de acero y honor armados,
> muestran braveza a los hombres;
> pero hablando con mujeres,
> ¿cómo, hermosa dama, quieres
> ver su arrogancia y sus nombres?
> Cuando hablo a Tucapel,
> y él lo sabe ya de mí,
> soy león, mas para ti,
> ¿para qué he de ser cruel?
> Allá, deseo rendir;
> aquí, estar siempre rendido (pp. 805-806).

Y si Gualeva va a enterarse ahora de que fue precisamente don Felipe quien hirió a Tucapel, el español quedará lastimado por las flechas de los ojos de Gualeva (p. 806). En cualquier caso, ahí queda la cosa, meramente apuntada, y este episodio sentimental no alcanza después un desarrollo dramático mayor.

El gobernador prudente, de Gaspar de Ávila (1663)

Esta comedia se publicó tardíamente en la *Parte veintiuna de las comedias nuevas de los mejores ingenios de España* (Madrid, 1663), aunque debió de ser redactada, según indica Lerzundi[19], en torno a 1624-1625. Su acción comienza con la elección de Caupolicán como jefe de los araucanos y la rivalidad amorosa de Tucapel y Lautaro por Guacolda. A la muerte de Valdivia, se produce la llegada de don García, y desde este momento toda la obra no es sino un panegírico de la prudencia y las buenas prendas del nuevo gobernador: da buenos consejos a todos, no es codicioso, libera de tributos a los indios de paz, se muestra humilde (se tiende al paso del Santísimo Sacramento para que pase por encima de él), descubre el carácter engañoso de la embajada de paz de Colocolo, etc. La obra termina con la muerte de Caupolicán, ordenado empalar por Reynoso, no por don García, y el bautismo de Gualcolda con el nombre de María.

El tema del cautiverio aparece en esta comedia de *El gobernador prudente* con las mismas funciones principales que ya he señalado para las anteriores. En primer lugar, la cautividad de todo Arauco, cuando Colocolo exhorta a los suyos a liberarse de la esclavitud española con estas palabras:

> COLOCOLO Y supuesto que os ha hecho
> el Sol parte superior
> en este oprimido pecho,
> del arrogante español
> sacudid el yugo estrecho (vv. 151-155).

Y, aunque extenso, merece la pena copiar todo el tramo final de su arenga:

[19] Ver Lerzundi, 1996, p. 35. Citaré por su edición del año 2009, con ligeros cambios en la puntuación, que no señalaré.

COLOCOLO
Tiempo hubo en que pensabais
que eran dioses los cristianos,
y disculpados estabais,
pero ahora no, araucanos,
que sabéis lo que ignorabais.
Hombres son, y como tales,
codiciosos y mortales,
pues vemos que heridos mueren
y que sedientos adquieren
nuestros preciosos metales.
Pues hombres sin más virtud
que una hidrópica inquietud
y un ambicioso adquirir,
¿por qué os han de reducir
a mísera esclavitud?
Si el Sol nos da dependencia
de su esclarecida lumbre
a todos, ¿por qué sentencia
a tan baja servidumbre
nos condena su inclemencia?
Tributarios deben ser
los que viven sin poder;
pero ¿podranlo negar
los que saben pelear
y los que saben vencer?
Invencibles araucanos,
acaudillad vuestras manos,
haced imperio absoluto
contra el inferior tributo
que os imponen los cristianos.
Valor tenéis, pelead,
y que pretenden, mirad,
estatutos extranjeros
domesticar a sus fueros
vuestra exempta libertad;
que oponiendo a sus rigores
vuestros brazos vencedores,
ser podréis desde este día
desta opresa monarquía
valientes restauradores (vv. 166-205).

Tras escucharlo, todos los jefes deciden pelear, y entonces concluye Colocolo:

COLOCOLO Noble Arauco, patria amada,
pedid al Sol libertad,
pues dél estáis reservada (vv. 258-260).

Esta idea del cautiverio general de Arauco se reitera cuando Lautaro reflexiona sobre la ofensa que hace a su patria al estar peleando al lado de los españoles:

LAUTARO ¿Un enojo leve
me ha de hacer que, vengativo,
a Chile deje cautivo? (vv. 758b-760).

Es entonces cuando decide arengar a los suyos, que van de retirada:

LAUTARO ¿Adónde vais, araucanos?
¿Cómo así queréis perder
la libertad y el poder? (vv. 766-768).

Incluso Guacolda, al comienzo de la jornada III, sueña la destrucción y cautiverio de Arauco:

GUACOLDA ¡Triste de mí!, que he soñado
que en estrecha sujeción
he visto a Arauco domado
y tu altivo corazón
de una flecha atravesado (vv. 1854-1858).

El tema concreto del cautiverio de amor aparece en esa misma jornada tercera cuando Guacolda es apresada, y don Felipe y don Luis quieren quedársela los dos, hasta que finalmente don García ordena que la liberen. De toda la escena, me interesa la réplica del gracioso Bocafría, que con sus chistosas palabras subraya el efecto que la belleza de la india («es excelente», dice en el v. 2110) ha causado en los dos caballeros españoles: «Esto es hecho: aquí tenemos / saetazo de Cupido» (vv. 2106-2107). Los efectos de la hermosura de Guacolda (que pide a los dos rivales que le den la muerte, si son caballeros) son poderosos, y estas son las razones que ofrece don García para ponerla en libertad:

GARCÍA Conozco que es su beldad
la causa de esta porfía.
Y si amorosas pasiones
turban honrosos blasones,
menos dañoso ser puede
que libre una india quede,
que presos dos corazones;
que aunque pensar fuera error
que se reduce a delito
el gusto donde hay honor,
flaquezas del apetito
entorpecen el valor.
¡Libre estáis! (vv. 2116-2128a).

Los españoles en Chile, de Francisco González de Bustos (1665)

Es la pieza más tardía del corpus de materia dramática araucana[20]. Cabe destacar que no se trata de una comedia histórica, sino de enredo amoroso; doña Juana dice al comienzo de la segunda jornada: «fortuna, ¿dónde has hallado / tanto tropel de quimeras», y eso, un verdadero tropel de quimeras (de enredos, celos, confusiones, etc.) es la acción de *Los españoles en Chile.*

En esta pieza encontramos también el cautiverio de Arauco, casos concretos de cautiverio físico (con un tratamiento humorístico por parte del gracioso Mosquete) y el cautiverio de amor. Daré tan solo unas notas telegráficas sobre la acción para contextualizar mis comentarios: 1) doña Juana es una dama que ha sido deshonrada en Perú por don Diego de Almagro y que, vestida de varón, llega hasta Arauco siguiendo a su burlador (planteamiento argumental archirrepetido en el teatro áureo y que tanto gustaba a la mosquetería); 2) la india Fresia, tras oír ponderar las virtudes de don Diego, se irá inclinando hacia él, lo que provocará los celos de doña Juana; 3) doña Juana, que vestida de varón se hace pasar por don Juan, será cautivada por los araucanos y la india Gualeva se enamorará de «él», de ese supuesto don Juan; 4) tras una batalla, Fresia será

[20] Para más detalles sobre esta pieza, ver Mata Induráin, 2008.

hecha prisionera por los españoles y, a su vez, también don Diego sentirá inclinación por su belleza. Esta es, en apretadísimo resumen, la maraña de celos y enredos que se van tejiendo, cuyas tramas, subtramas y episodios menores no puedo detenerme a comentar ahora.

Por supuesto, igualmente encontramos aquí el tema del cautiverio de Arauco, por ejemplo, en este parlamento que Colocolo dirige a Caupolicán:

COLOCOLO Bien a costa de la sangre
nuestra, araucanos, lo vemos,
pues sus fuertes españoles
(no destas glorias contentos)
hasta en Arauco, invencible,
sus estandartes pusieron;
que no se libra remoto
de su magnánimo aliento
ni el africano tostado,
ni el fiero adusto chileno.
Desde entonces, araucanos,
a su coyunda sujetos
hemos vivido, hasta tanto
que vosotros, conociendo
la violencia, sacudisteis
el yugo que os impusieron (fol. 2rb).

Y algo más adelante, en el mismo parlamento, proclama que la vida sin libertad es lo mismo que la muerte:

COLOCOLO ¡Ea, valiente capitán!,
la libertad aclamemos,
que vida sin ella es muerte (fol. 2vb).

El tratamiento humorístico del tema del cautiverio lo tenemos en la primera jornada, cuando Mosquete y doña Juana (que finge ser don Juan) son apresados por los indios. Cuando Fresia decide quedarse con Mosquete, el gracioso le dice que se ha equivocado al elegirlo a él como cautivo, enumerando humorísticamente todas sus tachas:

MOSQUETE Vusté en escoger no sabe
cuál es su mano derecha.

FRESIA ¿Por qué lo dices?
MOSQUETE Lo digo
porque soy la peor bestia
y de más horribles tachas
del mundo.
FRESIA ¿De qué manera?
MOSQUETE Porque tengo hambre continua
y tengo sarna perpetua,
un lobanillo en un lado
y güelo de ochenta leguas
a hombre bajo, que los bajos,
como tienen los pies cerca
de lo amargo del pepino,
no hay demonio que los güela.
Tengo mataduras, pujos,
almorranas, hipo, reumas,
y no me pongo escarpines,
conque, según la propuesta,
puede usted quedar ufana
de ver la ganga que lleva (fol. 4v).

En fin, el tema del cautiverio de amor aparece en los pasajes en los que dialogan Gualeva y doña Juana (a la que cree hombre, don Juan). Y también en los parlamentos de Fresia y don Diego. Tras la batalla, la india cae prisionera de los españoles y don Diego queda prendado de ella: «Mis ojos / no han visto tal hermosura» (fol. 8vb). En suma, queda cautivo y preso de amor:

DIEGO ¿Quién eres, divino mostruo?
¿Quién eres, que, como a diosa,
hoy a tus plantas me postro?

Levanta la espada y dásela.

Vuelva el acero a tu mano,
vibra en mi pecho tu odio;
pero no, que ya me has muerto
con los rayos de tus ojos.
Y porque sepas que yo
soy tu prisionero solo
(porque tu vista a mi gente

no cause algún alboroto),
en ese bruto que miras
atado a ese verde tronco
te pon y vete a tu real.
FRESIA A tu valor reconozco
la libertad y la vida (fol. 9ra).

Y más adelante, cuando Tucapel y Rengo traten de liberar a Fresia y don Diego sea defendido tanto por Fresia como por doña Juana (siempre vestida de varón), asistiremos a este diálogo que explicita el cautiverio de amor del español:

FRESIA ¡Ay, don Diego,
dueño del alma te nombro!
DIEGO ¡Ay, araucana divina,
cautivo quedo en tus ojos! (fol. 9rb).

OTRAS DOS PIEZAS DE AMBIENTACIÓN CHILENA: *EL NUEVO REY GALLINATO* Y EL AUTO SACRAMENTAL DE *LA ARAUCANA*

Terminaré con una reflexión a modo de coda a propósito de otras dos obras dramáticas auriseculares de ambientación chilena, *El nuevo rey Gallinato* y *La Araucana*, auto sacramental.

El nuevo rey Gallinato, *de Andrés de Claramonte*

El nuevo rey Gallinato y ventura por desgracia es una comedia poco conocida de Claramonte, conservada en forma manuscrita y editada modernamente (en 1983) por María del Carmen Hernández Valcárcel. Cuenta las hazañas de Rodrigo Gallinato, hombre sumamente desgraciado en España y que llegará a ser rey en América merced a su boda con Tipolda, la hija de Guacol, rey de Cambox, un reino fronterizo entre Chile y Perú. Para ello, ha de vencer la rivalidad amorosa y bélica de Polipolo, rey de Chile, que también pretende a Tipolda. En esta obra, vagamente ambientada en Chile, encontramos el cautiverio de Polipolo, apresado por Gallinato; y, sobre todo, el hecho de que Tipolda queda cautivada de amor por Gallinato. Pero, dado que esta acción nos aparta de la materia y ambientación estrictamente araucanas, no me detendré en el comentario.

La Araucana, *auto sacramental atribuido a Lope de Vega*

Ya en otra ocasión me he acercado a este auto[21] y he estudiado su construcción alegórica y la figura de Caupolicán como tipo de Cristo. Aquí propiamente no cabe hablar del cautiverio de amor, si no es de una manera simbólica y trascendente: el auto nos cuenta la historia de la redención de la humanidad por la acción salvadora de Caupolicán-Cristo, cuya sangre redentora, generosamente derramada en amoroso sacrificio, salva a Arauco (es decir, a toda la humanidad) y lo libera del pecado. Solo en este sentido simbólico se hace presente el tema del cautiverio y la redención.

Final

En las páginas precedentes he tratado de mostrar cómo se hace presente en estas piezas dramáticas de materia araucana el tema del cautiverio, en general, y más concretamente el cautiverio de amor. A modo de resumen, podría hacerse la siguiente consideración: cuando al dramaturgo le interesa más el plano histórico, es decir, cuando la acción dramática se centra en el conflicto bélico entre españoles y araucanos, que sirve para ensalzar panegíricamente la imagen del gobernador don García Hurtado de Mendoza, el tema amoroso está menos presente. Pero cuando –permítaseme que lo diga así– Marte da un paso atrás, entonces Venus se adelanta a primer término, y esto da lugar a comedias en las que la Guerra de Arauco ya no es importante más que como mero telón de fondo para las peripecias y lances amorosos: Arauco se convierte en un espacio geográfico exótico para ambientar el desarrollo de algunas intrigas de amores y celos –el ejemplo más significativo lo tenemos, sin duda, en *Los españoles en Chile*, donde los araucanos y las araucanas tie-

[21] Ver Mata Induráin, en prensa.

nen la misma consideración, y desempeñan las mismas funciones de galanes y damas que si fueran personajes europeos–, y es entonces cuando encontramos de preferencia ese tema del cautiverio de amor que permite bellas formulaciones como «soy tu prisionero solo», «tu dueño es tu cautivo», «estar siempre rendido» o «cautivo quedo en tus ojos».

Bibliografía

Antonucci, F., «El indio americano y la Conquista de América en las comedias impresas de tema araucano (1616-1665)», en *Relaciones literarias entre España y América en los siglos xvi y xvii*, coord. Y. Campbell, Ciudad Juárez, Universidad Autónoma de Ciudad Juárez, 1992, pp. 21-46.

Arellano, I., ed., *Las Indias (América) en la literatura del Siglo de Oro. Homenaje a Jesús Cañedo*, Kassel, Reichenberger/Gobierno de Navarra, 1992.

Atero Burgos, V., «*La Araucana* en la literatura española de los Siglos de Oro», en *Estudios de la Universidad de Cádiz ofrecidos a la memoria del profesor Braulio Justel Calabozo*, ed. J. Martín Castellanos, F. Velázquez Basanta y J. Bustamante Costa, Cádiz, Servicio de Publicaciones de la Universidad de Cádiz, 1998, pp. 341-354.

Auladell Pérez, M. Á., «De Caupolicán a Rubén Darío», *América sin Nombre*, 5-6, diciembre de 2004, pp. 12-21.

Ávila, G. de, *El gobernador prudente/The Prudent Governor*, ed. P. C. Lerzundi, Lewiston/Quennston/Lampeter, The Edwin Mellen Press, 2009.

Belmonte Bermúdez, L. de *et al.* (nueve ingenios), *Algunas hazañas de las muchas de don García Hurtado de Mendoza*, ed. P. C. Lerzundi, Lewiston/Quennston/Lampeter, The Edwin Mellen Press, 2008.

Campbell, Y., coord., *Relaciones literarias entre España y América en los siglos xvi y xvii*, Ciudad Juárez, Universidad Autónoma de Ciudad Juárez, 1992.

Campos Harriet, F., *Don García Hurtado de Mendoza en la historia americana*, Santiago de Chile, Andrés Bello, 1969.

Cifuentes Aldunate, C., «Caupolicán, creación y recreaciones de un mito», *Versants* (Genève), 4, 1983-1984, pp. 59-76.

Contreras O., C., «Arauco en el imaginario de Lope de Vega», *Alpha*, 19, 2003, pp. 11-32.

Dille, G. F., «El Descubrimiento y la Conquista de América en la *comedia* del Siglo de Oro», *Hispania. A Journal Devoted to the Teaching of Spanish and Portuguese* (Los Angeles, California), 71.3, 1988, pp. 492-502.

Dixon, V., «Lope de Vega, Chile, and a Propaganda Campaign», *Bulletin of Hispanic Studies*, 70.1, 1993, pp. 79-95.

DONOSO, M., «Pedro de Valdivia tres veces muerto», *Anales de Literatura Chilena*, 7, 2006, pp. 17-31.

DURAND, J., «Caupolicán, clave historial y épica de *La Araucana*», *Revue de Littérature Comparée*, 205-208, 1978, pp. 367-389.

ERCILLA Y ZÚÑIGA, A. de, *La Araucana*, ed. I. Lerner, Madrid, Cátedra, 1993.

FRANCO, Á., *El tema de América en los autores españoles del Siglo de Oro*, Madrid, Nueva Imprenta Radio, 1954.

GONZÁLEZ-BARRERA, J., *Un viaje de ida y vuelta: América en las comedias del primer Lope (1562-1598)*, Alicante, Universitat d'Alacant (Cuadernos de *América sin Nombre*, 23), 2008.

GONZÁLEZ DE BUSTOS, F. de, *Los españoles en Chile*, en *Parte veinte y dos de Comedias nuevas, escogidas de los mejores ingenios de España*, Madrid, Andrés García de la Iglesia, a costa de Juan Martín Merinero, 1665.

HAMILTON, J. W., *Dos obras de Lope de Vega con tema americano*, Auburn (Alabama), Auburn University Press, 1968.

JANIK, D., «La "materia de Arauco" y su productividad literaria», en *La formación de la cultura virreinal*, vol. II: *El siglo XVII*, ed. K. Kohut y S.V. Rose, Madrid/Frankfurt, Iberoamericana/Vervuert, 2004, pp. 121-134.

KIRSCHNER, T. J., «La evocación de las Indias en el teatro de Lope de Vega: una estrategia de inclusión», en *Mira de Amescua en candelero. Actas del Congreso Internacional sobre Mira de Amescua y el teatro español del siglo XVII (Granada, 27-30 octubre de 1994)*, ed. A. de la Granja y J. A. Martínez Berbel, Granada, Universidad de Granada, 1996, vol. II, pp. 279-290.

— «Encounter and Assimilation of the Other in *Arauco domado* and *La Araucana* by Lope de Vega», en *Christian Encounters with the Other*, ed. J. C. Hawley, New York, New York University Press, 1998, pp. 33-43.

La Araucana. Auto sacramental, ed. de M. Menéndez Pelayo, en *Obras de Lope de Vega publicadas por la Real Academia Española*, vol. III, *Autos y coloquios (fin). Comedias de asuntos de la sagrada escritura*, Madrid, Establecimiento Tipográfico Sucesores de Rivadeneyra, 1893, pp. 109-119.

LAUER, A. R., «La Conquista de Chile en el teatro español del Siglo de Oro», en *El escritor y la escena II*, ed. Y. Campbell , Ciudad Juárez, Universidad Autónoma de Ciudad Juárez, 1994, pp. 95-103.

LEE, M. L., *De la crónica a la escena: Arauco en el teatro del Siglo de Oro*, Ph. D. Dissertation, Columbia, University of British Columbia, 1993.

— *De la crónica a la escena: Arauco en el teatro del Siglo de Oro*, Ann Arbor, UMI, 1996.

LERZUNDI, P. C., *Arauco en el teatro del Siglo de Oro*, Valencia, Albatros Hispanófila, 1996 (versión publicada de la tesis doctoral *La Conquista de Chile en el teatro del Siglo de Oro*, New York, CUNY, Grad. Center, 1979).

MATA INDURÁIN, C., «Rebeldes y aventureros en *Los españoles en Chile* (1665), de Francisco González de Bustos», en *Rebeldes y aventureros: del Viejo al Nuevo*

Mundo, ed. H. Cortés, E. Godoy y M. Insúa, Pamplona/Madrid/Frankfurt, Universidad de Navarra/Vervuert/Iberoamericana, 2008, pp. 161-186.

— «El personaje de Caupolicán y la alegoría cristológica en *La Araucana*, auto sacramental atribuido a Lope de Vega», en *Actas del VIII Congreso de la Asociación Internacional Siglo de Oro (AISO), Santiago de Compostela, Universidade de Santiago de Compostela, 7-11 de julio de 2008*, en prensa.

Moríñigo, M. A., *América en el teatro de Lope de Vega*, Buenos Aires, Universidad de Buenos Aires, 1946.

Pedro, V. de, *América en las letras españolas del Siglo de Oro*, Buenos Aires, Sudamericana, 1954.

Promis, J., «Formación de la figura literaria de Caupolicán en los primeros cronistas del Reino de Chile», en *Rebeldes y aventureros: del Viejo al Nuevo Mundo*, ed. H. R. Cortés, E. Godoy y M. Insúa, Pamplona/Madrid/Frankfurt, Universidad de Navarra/Iberoamericana/Vervuert, 2008, pp. 195-219.

Reichenberger, K., «América, las Indias y los indianos en el teatro de los Siglos de Oro», en *Las Indias (América) en la literatura del Siglo de Oro. Homenaje a Jesús Cañedo*, ed. I. Arellano, Kassel, Reichenberger/Gobierno de Navarra, 1992, pp. 91-105.

Romanos, M., «La construcción del personaje de Caupolicán en el teatro del Siglo de Oro», *Filología* (Buenos Aires), XXVI, 1-2, 1993, pp. 183-204.

Ruano de la Haza, J. M.ª, «Las dudas de Caupolicán: *El Arauco domado* de Lope de Vega», *Theatralia. Revista de Poética del Teatro*, 6, 2004 (monográfico sobre *Teatro colonial y América Latina*), pp. 31-48.

Ruffner, S. J., *The American Theme in Selected Dramas of the Golden Age*, Dissertation, Los Angeles, University of Southern California, 1953.

Ruiz Ramón, F., *América en el teatro clásico español. Estudio y textos*, Pamplona, Eunsa, 1993.

Sommer-Mathis, A. *et al.*, *El teatro descubre América. Fiestas y teatro en la Casa de Austria*, Madrid, MAPFRE, 1992.

Suárez de Figueroa, C., *Hechos de don Hurtado García de Mendoza, cuarto marqués de Cañete*, Madrid, Imprenta Real, 1613.

Vega, L. de, *Arauco domado*, en *Comedias*, vol. IX, ed. J. Gómez y P. Cuenca, Madrid, Turner/Biblioteca Castro, 1994, pp. 749-848.

Vega García-Luengos, G., «Las hazañas araucanas de García Hurtado de Mendoza en una comedia de nueve ingenios: el molde dramático de un memorial», *Edad de Oro*, 10, 1991, pp. 199-210.

Zugasti, M., «El *toqui* Caupolicán y la prueba del tronco a la luz de un nuevo texto. Entre etnohistoria y literatura», *Colonial Latin American Review*, 15.1, 2006, pp. 3-28.

— «Notas para un repertorio de comedias indianas del Siglo de Oro», en *Studia Aurea. Actas del III Congreso de la AISO (Toulouse, 1993)*, ed. I. Arellano,

M. C. Pinillos, F. Serralta y M. Vitse, vol. II, *Teatro*, Pamplona/Toulouse, GRISO/LEMSO, 1996, pp. 429-442.

— «Pedro Ordóñez de Ceballos en América: un nuevo texto en torno a la prueba del tronco (*Araucana*, canto II)», en *América en España: influencias, intereses, imágenes*, ed. I. Simson, Madrid/Frankfurt, Iberoamericana/Vervuert, 2005, pp. 69-116.

EL CAUTIVO, EL TAUMATURGO: CAMINOS Y CAMINANTES EN LA ESCENA DE LA VIDA Y DE LA MUERTE

Lygia Rodrigues Vianna Peres
Universidade Federal Fluminense

Nuestras reflexiones se vuelven hacia el pasado, tiempo en el que los hombres, valorados por esfuerzos sobrehumanos y por mentes soñadoras, por ambición o por fe, se embarcaban hacia caminos nunca antes navegados. Se consentía la aventura y atendían al llamamiento de la autoridad mayor, los reyes, cuyos dominios ya estrechos debían ensancharse en la mar océano, a través de caminos desconocidos, abiertos en su momento, por caminantes audaces, sujetos, todos ellos, a los caprichos de Júpiter, a la furia de Neptuno o a la discordia de los Céfiros. Pensamos, evidentemente, en todos aquellos hombres que, por una especie de ideal caballeresco y –reiteramos– por fe o ambición, fueron los protagonistas caminantes desde la Península Ibérica hacia las sendas marítimas que llevaban a las Indias.

Entretanto, antes de que estuviera desangrado el mar océano por Cristóbal Colón, en el vecino Portugal, un joven infante, tal vez imberbe, sueña con la aventura de nuevos dominios y riquezas. Además, a él se le ofrecía un conocido camino, muchísimo más cerca, a través del cual su padre, el rey don Juan I de Portugal, y sus hermanos, el príncipe don Duarte y el Infante don Enrique, habían ya conquistado Ceuta en 1406. Nos referimos a don Fernando, el Infante Santo de Portugal, protagonista y víctima del «desastre de Tánger», el 31 de septiembre de 1637. Fue este un mísero cautivo, cuya ejemplaridad fue puesta en escena por Calderón de la Barca, en *El Príncipe constante*, cuya fecha probable de redacción es 1628.

En otro tiempo, más adelante, España tiene registrada en su historia la batalla de Lepanto (1571), y en su literatura destacamos *La novela del cautivo*, historia intercalada en la primera parte del *Quijote*, de Miguel de Cervantes; por otro lado, la temática del cautiverio ya se encuentra en *Los tratos de Argel* y se va a reiterar en 1615 en la expresión teatral *Los baños de Argel*.

Entre el cautivo Infante Santo de Portugal y el cautivo en Argel, Miguel de Cervantes, volvemos nuestra atención hacia el español Álvar Núñez Cabeza de Vaca, quien registra, en *Naufragios*, su largo y duradero camino por tierras, ríos y mar de Norteamérica. Memoria, recuerdos, invención e imaginación forman el relato del conquistador jerezano después de 14 años de haber retornado a España, es decir, en 1541. En nuestra opinión, esta obra, de sumo interés por ser la primera crónica sobre las tierras del sur estadounidense y fuente de investigación para antropólogos e historiadores, constituye la expresión extremada de un caminante por largos caminos en la más rigurosa, amena y fértil naturaleza; de un cautivo objeto de las más crueles acciones venidas del hombre natural de la tierra. Hambre, sujeción, trabajo penoso, vividos en la conformación de la fe cristiana, memoria/recuerdos –*Naufragios*– escritos, tal vez, bajo el pensamiento erasmista, como llamado para la enseñanza y ejemplaridad de Cristo.

Escribe Álvar Núñez a la Cesárea y Católica Majestad Carlos I que

> a 17 días del mes de junio de 1527 partió del puerto de Sant Lúcar de Barrameda el gobernador Pánfilo de Narváez, con poder y mandado de Vuestra Majestad para conquistar y gobernar las provincias que están desde el río de las Palmas hasta el cabo de La Florida, las cuales son de Tierra Firme[1].

Delimitado el espacio pretendido por la expedición, del río de las Palmas al cabo de La Florida, en el golfo de México; señalada la autoridad de Pánfilo de Narváez –«con poder y mandado de Vuestra Majestad»–; Álvar Núñez se presenta inmediatamente como uno de los oficiales: Cabeza de Vaca, por tesorero y alguacil mayor. Sebastián de Covarrubias nos aclara:

[1] Núñez Cabeza de Vaca, *Naufragios y Comentarios*, ed. R. Ferrando, p. 41. En adelante citaré siempre por esta edición.

> Alguacil llaman en arábigo aquel que ha de prender e de justiciar los omnes en la corte del rey por su mandado o de los jueces que judgan los pleitos; mas los latinos llámanla justicia, que es nome que conviene asaz al que tal oficio tiene, porque debe ser muy derechurero en la cumplir[2].

Sabemos, pues, que el alguacil «debe ser muy derechurero». *Derechurero* es derivado de *derechura*: rectitud, integridad, justificación, luego, exacto, justificado, recto[3].

Observamos que en el capítulo IV –«Cómo entramos por la tierra»– el alguacil Álvar Núñez, muy «derechurero en lo cumplir», expone sus negativas a la opinión del gobernador, el cual «nos dijo que tenía en voluntad de entrar por tierra adentro, y los navíos se fuesen costeando hasta que llegasen al puerto, y que los pilotos decían y creían que yendo la vía de las Palmas estaban muy cerca de allí; y sobre esto nos rogó le diésemos nuestro parecer (p. 48).

El cronista en primera persona busca en su memoria y nos desvela las acciones que se repitieron en aquel pasado, cuando, en su momento, frente al gobernador expuso y justificó su opinión contraria a lo propuesto: «Yo respondía que por ninguna manera debía dejar los navíos sin que primero quedasen en puerto seguro y poblado [...], y que mirase que los pilotos no andaban ciertos ni seguros en una misma cosa, ni sabían a qué parte estaban». En sus ponderaciones el alguacil mayor demuestra, como observa Ferrando, la tremenda desorientación de los pilotos, que creían que estaban cerca del río San Juan, en México.

A continuación siguen las reiteraciones negativas del sujeto narrador en plural, inclusión personal, sujeto colectivo, al referirse a aquel con poder y mandado, el gobernador. Así, destacamos:

> íbamos mudos y sin lengua, [...] ni saber lo que de la tierra queríamos, y que entrábamos por tierra de que ninguna relación teníamos, ni sabíamos de que suerte era, ni lo que en ella había, ni de que gente estaba poblada, ni a que parte de ella estábamos; y que sobre todo esto, no teníamos bastimento para entrar adonde no sabíamos (p. 49).

De la inclusión personal, como sujeto colectivo, al individuo sujeto, Álvar Núñez se afirma y confirma su enfrentamiento con Pánfilo de

[2] Covarrubias, *Tesoro de la lengua castellana o española.*

[3] Así en el *Diccionario de la Lengua Española.*

Narváez. Y declara las razones para tantas importunaciones de parte del gobernador:

> Yo huía de encargarme de aquello porque tenía por cierto y sabía que él no había de ver más los navíos ni los navíos a él, y que esto entendía viendo que tan sin aparejo se entraban por la tierra adentro (p. 50).

Entrados en La Florida para descubrir la tierra, seguido el camino del norte, encuentran la bahía de Tampa. Y, después de recorrer un largo y mal camino, y de pasar mucha hambre, llegan a la tierra deseada: la tierra de Apalache, donde árboles muy grandes, en la extrema variedad de matices –nogales y laureles, cedros, sabinas, encinas, pinos y robles–, están dispersos por montes claros. En la tierra fría los grandes maizales alimentan a los nativos y alimentarán a los caminantes cristianos; los verdes pastos se muestran al ganado, las muchas aves se pintan en colores y gradaciones en el claroscuro de los árboles y los animales, variadísimos en especies, formas, colores, movimientos y gestos. Todo esto compone la escena de la vida. Espacio terrenal, casi paraíso, donde muchas lagunas, grandes y pequeñas, se forman por el flujo y reflujo del mar (pp. 55-56).

El paso por la tierra que se deja ver y se descubre enseña las dificultades, los peligros en la misma naturaleza, además del enfrentamiento con diferentes grupos indígenas. Y hay que seguir adelante. En nueve días de camino desde las tierras de Apalache descubren un río al cual nombraron Magdalena (p. 59), es decir, el río Alabama, y encuentran la mar. Llegan a Aute[4]. Observa Álvar Núñez: «tierra tan extraña y tan mala, y tan sin ningún remedio de ninguna cosa, ni para estar ni para salir de ella». Y nos aclara aún más:

> En toda esta tierra no vimos sierra ni tuvimos noticias de ella en ninguna manera y antes que nos embarcásemos, sin que los indios nos mataran, se murieron más de cuarenta hombres de enfermedad y de hambre (p. 60).

Camino y caminantes desde Apalache a Aute formalizan la tensión entre vida y muerte, entre los indios flecheros –gente bien dispuesta,

[4] Según indica Ferrando en su edición de *Naufragios y Comentarios*, p. 60, n. 44, Aute corresponde a la actual población de Armore, Estado de Alabama.

muy enjutos y de muy grandes fuerzas y ligerezas– y los conquistadores. Así, «a una legua para llegar a Aute», la escena se muestra de este modo:

> Allí, yendo nosotros por nuestro camino, salieron indios, y sin ser sentidos, dieron en la retaguardia, y a los gritos que dio un muchacho de un hidalgo, que se llamaba Avellaneda, el Avellaneda volvió, y fue a socorrerlos, y los indios le acertaron una flecha por el canto de las corazas, y fue tal la herida, que pasó casi toda la flecha por el pescuezo, y luego allí se murió y lo llevamos hasta Aute (p. 58).

Después de descansar dos días en Aute, leemos: «el gobernador me rogó que fuese a descubrir la mar». Para cumplirlo, al día siguiente él se partió con «el comisario y el capitán Castillo y Andrés Dorantes y otros siete de caballo y cincuenta peones». Pero el mar aún no se les ofrecía a la vista. Mas la ausencia en ese corto tiempo les reserva en la llegada enfermedad, grandísimo trabajo: el gobernador enfermo con otros muchos y el ataque de los indios. Detenidos allí un día, al siguiente se parten de Aute. Entonces expresa: «Fue camino en extremo trabajoso, porque ni los caballos bastaban a llevar los enfermos, ni sabíamos que remedio poner, porque cada día adolescían; que fue cosa de muy gran lástima y dolor ver la necesidad y trabajo en que estábamos» (p. 60). Y afirma: «Tal era la tierra en que nuestros pecados nos habían puesto» (p. 62).

Entre las muchas tormentas del mar, corrientes de los ríos y tierras peligrosas situamos al cautivo Álvar Núñez Cabeza de Vaca en una isla, después de haberse escapado «de un tumbo del mar» (p. 72). Se encuentra en la isla de Mal Hado; isla de difícil localización (posiblemente situada cerca de Galveston)[5]. Según sus recuerdos, «era por noviembre, y el frío muy grande, y nosotros tales que con poca dificultad nos podían contar los huesos, estábamos hechos propia figura de la muerte» (p. 72). Más adelante, en el capítulo XV se amarga aún más con sus necesidades: «Fue tan extremada el hambre que allí se pasó, que muchas veces estuve tres días sin comer ninguna cosa, y ellos [los indios] también lo estaban y parecíame ser cosa imposible durar la vida, aunque en mayores hambres y necesidad me vi después» (p. 79).

[5] Según indica Ferrando (en su edición de *Naufragios y Comentarios*, p. 76, n. 66).

Tal es el hambre, tales son los trabajos forzados junto a la debilidad del cautivo, que le es imposible seguir con los demás cristianos para Tierra Firme. Enfermo, no les pudo seguir. Y oímos su voz:

> Yo hube de quedar con estos mismos indios de la isla más un año, y por el mucho trabajo que me daban y mal tratamiento que me hacían, [...] había de sacar las raíces para comer de bajo del agua y entre las cañas donde estaban metidas en la tierra. De esto traía yo los dedos tan gastados, que una paja que me tocase me hacía sangre de ellos, y las cañas me rompían por muchas partes, porque muchas de ellas estaban quebradas y había de entrar por medio de ellas (p. 81).

Pasados los años en que los caminos son ahora imágenes en la memoria, Álvar Núñez se acuerda de los indios de la isla de Mal Hado y de sus costumbres: «Los físicos son los hombres más libertados» (p. 77). Opone su condición de cautivo a la de los físicos, que incluso pueden tener dos y tres mujeres. Esta oposición es un adelanto de la actividad que va a ejercer y que le dará fama y poder, y lo destacará como taumaturgo.

El cautivo Álvar Núñez y sus compañeros no desempeñan el ejercicio de la curación de enfermos por su propia iniciativa y voluntad, pues declara: «nos quisieron hacer físicos». Y con respecto a las condiciones exigidas para tal ejercicio en el Nuevo Mundo, Álvar Núñez piensa irónicamente según su formación de hombre peninsular ibérico: «sin examinarnos ni pedir títulos». Y justifica: «porque ellos curan las enfermedades soplando al enfermo, y con aquel soplo y las manos echan de él la enfermedad». Y aclara sobre el ejercicio del físico/médico: «La manera que ellos tienen de curarse es esta [...]. Dan cauterios de fuego, [...] y después de esto, soplan aquel lugar que les duele, y con este creen ellos que se les quita el mal» (p. 79). A lo mejor, podemos leer su incredulidad en esa afirmación.

Pero el conquistador trae desde niño la formación cristiana y su fe, y por ello enseña su práctica de curación y la de sus compañeros de camino:

> La manera con que nosotros curamos era santiguándonos y soplarlos, y rezar un «Pater Noster» y un «Ave María» y rogar lo mejor que podíamos a Dios nuestro Señor y su misericordia que todos aquellos por quien suplicamos, luego que los santiguamos decían a los otros que estaban sanos y buenos (p. 79).

Cabeza de Vaca y sus compañeros operan como «taumaturgos», hacen curaciones; acto de poder mágico, sobrenatural y maravilloso. Roberto Ferrando informa que «la gran suerte de Álvar Núñez y sus compañeros fue que los consideraron como chamanes, con poderes mágicos»[6]. No debemos considerar el acto de curación como milagro, pues el milagro no es en sí mismo indicio de santidad. Tienen a Dios como su único autor, como señala March Bloch[7].

Este ritual que van a repetir a lo largo del camino muestra principalmente a Álvar Núñez en superioridad, poder y fama, como ya señalamos, en relación a la misma jerarquía entre los grupos indígenas.

La curación es para ellos un rito regular que se repite siempre como una práctica acostumbrada y no es privilegio personal de Cabeza de Vaca; es, además, ejercido por sus compañeros, como ya indicamos. Luego no es una gracia personal. En el rito de curar se mantienen los mismos gestos –el santiguarse, el soplo y la oración– y el beneficio obtenido, confirmado por todos y cada uno de los indios, se comprueba, por ejemplo, cuando los conquistadores/físicos llegan junto a los avavares, pues luego «el pueblo nos ofreció tunas, porque ya ellos tenían noticia de nosotros y cómo curábamos, y de las maravillas que nuestro Señor con nosotros obraba, que aunque no hubiera otras, harto grandes eran abrirnos caminos por tierra tan desplobada» (p. 94).

La fama del poder de curar aumenta y «vinieron unos indios a Castillo, y dijeronle que estaban muy malos de la cabeza, rogándole que los curase; y después que los hubo santiguado y encomendado a Dios, en aquel punto los indios dijeron que todo el mal se les había quitado» (p. 95). Los indios reconocidos les trajeron muchas tunas y un pedazo de carne de venado que ellos no conocían.

Más adelante, en una tierra en donde no hay camino, después de estar perdido, Cabeza de Vaca encuentra a los cristianos y a sus indios, y al otro día Castillo realiza cinco curaciones más: «a puesta del sol los santiguó y encomendó a Dios nuestro Señor, y todos le suplicamos con la mejor manera que podíamos les enviase salud, pues él vía que no había otro remedio para que aquella gente nos ayudase y saliésemos de tan miserable vida» (p. 97).

[6] Ferrando en su edición de *Naufragios y Comentarios*, p. 79, n. 75.

[7] Bloch, 1988, p. 37.

En los actos de curación se establece una comparación entre Castillo y el mismo narrador, pues este evidencia su superioridad en la preferencia de los indios y no realiza la curación, mas trae de vuelta a la vida un indio muerto. Y nos cuenta:

> Yo vi el enfermo que íbamos a curar que estaba muerto. Así, cuando yo llegué hallé el indio los ojos vueltos y sin ningún pulso, y con todas las señales de muerto, según a mí me pareció [...]. Después de santiguado y soplado muchas veces me trajeron un arco y me lo dieron, [...] y lleváronme a curar a otros muchos que estaban malos de modorra (p. 98).

Todos estos hechos causaban admiración, espanto y en toda la tierra no se hablaba de otra cosa. Y añade: «Rogáronnos que nos acordásemos de ellos y rogásemos a Dios que siempre estuviesen buenos, y nosotros lo prometimos» (p. 99). Es decir, Cabeza de Vaca como taumaturgo es también evangelizador: «Venimos todos a ser médicos, aunque en atrevimiento y osar acometer cualquier cura era yo más señalado entre ellos, y ninguno jamás curamos que no nos dijese que quedaba sano». Señalamos que estuvieron con aquellos indios avavares ocho meses, y esta cuenta del tiempo la hacían por las lunas.

Cabeza de Vaca narrador, además de portavoz de sus compañeros, habla como sujeto colectivo y se singulariza en los momentos que expresa sus dones taumatúrgicos.

Para concluir, indicamos en la delimitación de nuestras reflexiones algunos espacios de la extensa región de La Florida, caminos, ríos y el mar; observamos la divergencia entre Cabeza de Vaca, íntegro en sus deberes, y el gobernador Pánfilo de Narváez, desaparecido en el mar océano, llevado por el viento norte. Cabeza de Vaca, por la imposibilidad de seguir bajo sus órdenes, se aparta de él, siguiendo la barca llevada por los capitanes Peñalosa y Téllez (p. 69).

Estuvimos con ellos en Apalache, en la mísera tierra de Aute, en la isla de Mal Hado. Cautivos y taumaturgos son cada uno y todos en lo colectivo de las acciones. Caminos señalados por la mucha hambre, por grandes trabajos, miserias y muertes. Caminantes cautivos de los indios, cautivos, metafóricamente, de la misma naturaleza. Cautivos creyentes, en la demostración y ejercicio de la fe. Taumaturgos en el rito de curación de enfermos, físicos que superan la práctica de los magos, curanderos e indígenas. Tienen fama y poder. Convencidos de las curaciones por el mismo testimonio de los indios, pueden sobrevivir, seguir adelante en la búsqueda de la libertad. Por los caminos, cautivos y taumaturgos –caminantes– que llevan la palabra evangelizadora por la extensa región de La Florida, entre los muchos y diferenciados indígenas. Así cumplen modestamente una de las tareas de la Conquista en la escena de la vida, en la escena de la muerte.

Bibliografía

Bloch, M., *Los reyes taumaturgos*, México, Fondo de Cultura Económica, 1988.

Covarrubias, S. de, *Tesoro de la lengua castellana o española*, ed. I. Arellano y R. Zafra, Pamplona/Madrid/Frankfurt, Universidad de Navarra/Iberoamericana/Vervuert, 2006.

Diccionario de la Lengua Española, Madrid, Real Academia Española, 1986.

Núñez Cabeza de Vaca, Á., *Naufragios y Comentarios*, ed. R. Ferrando, Madrid, Historia 16, 1992.

EL TEMA DE LA CAUTIVA EN LAS CRÓNICAS DE LA CONQUISTA DE CHILE

Osvaldo Rodríguez
Universidad de Las Palmas de Gran Canaria

Introducción

En primer lugar, debo advertir que este trabajo corresponde a una investigación de más largo aliento, destinada a estudiar el tema del cautiverio español y el motivo de la honra en las crónicas de la Conquista de Chile. Sin duda, el tópico del cautiverio es uno de los más antiguos y constantes de la literatura universal, pero las especiales circunstancias de la Conquista de Chile hacen que este tema se asiente en una realidad histórica ineludible con grandes posibilidades de recreación literaria. Algo similar ocurre en España, donde el cautiverio como tema literario –según George Camamis– no comienza a dar frutos verdaderos hasta principios del siglo XVII, con la novela *La historia del capitán cautivo*, incluida en el *Quijote* (caps. 39-41) y *Topografía e Historia general de Argel* (1612), probablemente escrita por don Antonio de Sosa, compañero de cautiverio de Cervantes en Argel, entre 1577 y 1580. Dos relatos de cautivos cuyo referente inmediato es la realidad histórica del Siglo de Oro: época de lucha encarnizada entre España y Turquía por el dominio del Mediterráneo[1].

No menos encarnizada fue la Guerra de Arauco en Chile, aunque el tema del cautiverio y, en particular, el de la cautiva en realidad no tiene mayor desarrollo literario, salvo la dimensión ciertamente legen-

[1] Camamis, 1977, p. 236.

daria con la que algunos cronistas dan cuenta de esta realidad ineludible en la época. Tendencia nada extraña, a juzgar por los planteamientos de José Juan Arrom sobre el doble registro (informativo y ficcionalizador) en la prosa colonial hispanoamericana[2]. Por otra parte, conviene aclarar que con el término *cautiva* aludimos a la designación con que los cronistas se refieren por lo general a la mujer blanca, prisionera de los indígenas, mientras reservan el concepto de *esclava* para la mujer indígena en poder de los conquistadores[3]. En este trabajo, de forma muy breve, procuraremos seguir el rastro de las cautivas en la Guerra de Arauco a través de las crónicas de la Conquista de Chile, para concluir con algunas consideraciones sobre el mestizaje y la transculturación a que dio lugar la realidad del cautiverio de españolas y criollas en el marco de aquel conflicto bélico[4].

El rapto de mujeres como botín de guerra

En realidad, el rapto de mujeres fue una práctica común entre los contendientes de la Guerra de Arauco. Por una parte, los indígenas realizaban ataques sorpresivos, denominados *malones*, a los asentamientos hispanos. Su principal objetivo, además de la destrucción y el pillaje, eran las mujeres, las que eran integradas a la comunidad mapuche como concubinas de los caciques y *loncos*. Por su parte, los españoles practicaban las *malocas*, que consistían en incursiones violentas y ligeras en zona enemiga con la finalidad de destruir sus campamentos y buscar esclavos, entre los que se cuentan –por supuesto– las indias. Es pertinente recordar, a este respecto, que la Corona española legitimó la esclavitud indígena en 1608 y solo en 1683 se restringe el sistema esclavista a los indios capturados en guerra; por lo que, de acuerdo con lo señalado, las indias raptadas son *esclavas* para los españoles, mientras las mujeres en poder de los indígenas son consideradas *cautivas*. De

[2] Arrom, 1991, pp. 92-160.

[3] Alegría, 1997, p. 20.

[4] Para el efecto, en este trabajo hemos seguido las directrices, sobre todo bibliográficas, del trabajo de Sonia Acevedo titulado «El impacto biocultural mapuche hispano en la frontera temprana: la versión occidental del "mestizaje regresivo"». Texto publicado sin nombre por E. Téllez en *Sillabus*, 2001.

cualquier modo, para ambos bandos, la apropiación de sus mujeres es un acto de humillación que, en el caso de los españoles, era sentido como una afrenta a su honor.

Como hemos dicho, el rapto era una práctica usual entre los indígenas, cuyo régimen de poligamia les permitía tener tantas mujeres a su servicio como podían mantener. Obviamente esto no es así para los hispanos, por lo que la apropiación de indias para la servidumbre, incluida la sexual, solo se explicaría por el escaso número de europeas blancas avecindadas en Chile durante la Conquista. En la expedición de Valdivia solo venía Inés de Suárez, aunque la presencia femenina se incrementó posteriormente con la venida de esposas y familiares de los conquistadores. Entre 1536 y 1565, según el historiador Sergio Villalobos, se han identificado 2.692 conquistadores varones y 814 mujeres, un 23,21%, número que sigue siendo escaso, lo que para el investigador antes citado «llevó a los hombres a tomar a la india en uniones furtivas o en concubinato más o menos prolongado, posibilitado por el sistema de encomiendas y el servicio doméstico»[5].

Por otra parte, aunque el rapto de mujeres blancas, españolas o mestizas se inicia muy tempranamente, los documentos de la época coinciden en señalar que el periodo de mayor captura se produce a raíz de dos importantes alzamientos indígenas. El de 1598, que significó la destrucción de las ciudades de Villarrica, Imperial, Osorno, Santa Cruz e Infantes de Angol, proporcionó «a los araucanos una cantidad apreciable de cautivos, en especial mujeres y niños que dieron origen a una larga descendencia mestiza»[6]. El otro alzamiento que implicó un gran número de cautivas a los indígenas fue el de 1655; rebelión que, además, acabó con los esfuerzos de los españoles –sobre todo de la Iglesia– por conquistar, vía pacífica y evangelizadora, la región de la Araucanía. Después del repliegue hispano a la ribera norte del Bío-Bío, entre 1655 y 1700 se buscará la estabilidad en la frontera, dando lugar a parlamentos que propiciarán el intercambio o canje de prisioneros, en particular de cautivas hasta entonces en poder de los indígenas.

En realidad, no hay acuerdo sobre el número de cautivas en los diversos periodos antes señalados. Después del desastre de Curalaba

[5] Villalobos, 2006, p. 83.
[6] Villalobos, 1992, pp. 316-317.

que liquidó el poder español al sur del Bío-Bío, el cronista Diego de Rosales estimaba que había «cuatrocientas señoras y señoritas cautivas»[7], mientras que Diego de Medina en su declaración como cautivo de los indios fechada en 1615 afirmaba que las cautivas superaban las doscientas[8]. Por otra parte, Cortés de Monroy en su *Memorial* (1620) habla de 600 mujeres y Gonzalo de Villela en el suyo, fechado en 1628, considera que el número de cautivas era de 400. Cantidades ciertamente exageradas según Guarda Geywich[9], lo que para el historiador Lázaro constituye «una prueba más del carácter legendario que pudo revestir el cautiverio durante gran parte del periodo colonial»[10].

El cautiverio: una cuestión de honor

Sin duda, el cautiverio de las mujeres es una cuestión de honor para los conquistadores y, obviamente, un asunto de honra para ellas, aparte del problema que para la fe representaba su convivencia con los bárbaros. Para los indígenas el rapto de mujeres, además de constituir un botín de guerra, era un acto de venganza en represalia por los malos tratos de los que eran víctimas sus esposas e hijos en poder de los españoles. Tal es el testimonio de dos indios rebeldes, Lientur y Angamanón, según el Padre Rosales, quien pone en boca de este último los siguientes versos, transformando el discurso historiográfico en expresión poética:

> De señoras, viudas y doncellas
> bien sé yo que el número es crecido,
> y qu'es justa razón servirnos dellas
> como ellos de las nuestras se han servido;
> podemos engendrar hijos en ellas
> ya que las nuestras dellos han parido,
> que, pues que así las suertes se han mudado,
> jugaremos con ellos al trocado[11].

[7] Rosales, *Seis misioneros en la frontera mapuche*, p. 20.
[8] Medina, *Manuscritos Medina*, vol. XI, pp. 257-261.
[9] Guarda Geywich, 1987, p. 100.
[10] Lázaro, 1994, p. 195.
[11] Rosales, *Historia general del Reino de Chile, Flandes indiano*, p. 629.

Hay que tener en cuenta, por otra parte, que las mujeres españolas eran muy apetecidas por los indígenas, tal y como lo pone de relieve el *Informe* sobre el Padre Luis de Valdivia, redactado por el Dr. don Cristóbal de la Cerda en 1621: «Los indios más quieren cualquier mujer por común y vil que sea cuanto más del mucho precio en que estiman las españolas que todo cuanto oro ni otros haberes que tiene el mundo»[12]. Aparte de esto, y de acuerdo con lo que comenta Villalobos, «para los araucanos ser dueños de una mujer blanca era motivo de prestigio, prueba de una hazaña, además de la utilidad de trabajos, que le daba valor económico, sin contar la satisfacción del apetito sexual»[13]. También cabe tener presente que apropiándose de mujeres españolas mediante el rapto, los nativos evitaban el pago de dotes que, según la costumbre indígena, obligaba a compensar al padre de la novia cuando le pedían una hija en matrimonio.

De hecho, los indígenas incorporaban a las cautivas de inmediato al trabajo, no solo doméstico, sino que se les imponían las más duras tareas:

> Las obligaban a ir a guardar el ganado haciéndolas señoras pastoras –dice el cronista González de Nájera– obligándolas a traer haces de leña sobre los desnudos hombros, y a sus tiempos ir a cavar sus posesiones, que es oficio de las mujeres en aquella tierra, el cual hacen andando de rodillas, y así no hay una que no críe gruesos callos en ellas[14].

Aparte de esto las cautivas, algunas de las cuales eran antiguas amas de criadas indias, sufrían la venganza de las indígenas que, entre otras descalificaciones, se referían a ellas como «codiciosas y amigas de tener en sus casas a quien echar la carga y quien las sirva», según testimonio de Núñez de Pineda y Bascuñán en el *Cautiverio feliz*[15]. Otro motivo de maltrato eran los celos por la importancia que las cautivas españolas tenían para sus dueños, de acuerdo con lo que dice el cronista González de Nájera:

> Llegadas las afligidas y nuevas esclavas a las silvestres chozas, vieron luego las muestras de lo que había de ser su triste y miserable vida, porque

[12] Lázaro, 1994, p. 199.

[13] Villalobos, 1992, pp. 315-316.

[14] González de Nájera, *Desengaño y reparo de la guerra del Reino de Chile*, p. 67.

[15] Núñez de Pineda, *Cautiverio feliz y razón individual de las guerras dilatadas del Reino de Chile*, p. 132.

> comenzaron luego las mujeres de los indios –que nunca es una sola– a recibirlas no solo con el rostro airado, pero con mil injurias e ignominias nacidas de celos y del común odio que tienen a los españoles[16].

Por lo visto, para las mujeres el cautiverio fue más duro que para los hombres y, lo que es peor, su rescate estaba mediatizado por la guerra, lo que hacía de su liberación un asunto de segundo orden. En este contexto la acción redentora de los misioneros fue clave, sobre todo en el periodo de paz –relativa, por cierto– denominado «guerra defensiva» que se inicia en 1612, cuando el Padre Luis de Valdivia, con el apoyo de Felipe III, convoca a los *loncos* de Concepción a un parlamento para concertar las paces. Acuerdo que se rompe con la muerte de tres sacerdotes en 1626, a partir de lo cual se reinician los malones y malocas hasta la celebración del parlamento de Quilín de 1641, en el que se accede a devolver cautivos y se reactivan las misiones.

Como hemos dicho, luego del alzamiento de 1655 se potencia el sistema de parlamentos que propiciarán la devolución de cautivos, no solo como gesto de convivencia pacífica por parte de los indígenas, sino por el interés del intercambio y pago de rescate. El caso es que, en algunas ocasiones, tal rescate o intercambio de cautivas había tardado tanto que las mujeres, ya ancianas, eran rechazadas por los mismos españoles, según testimonio del cronista Alonso de Ovalle, refiriéndose a dos jóvenes indios que quieren canjear una cautiva a cambio de su padre, prisionero de los españoles:

> la cual trajeron dos mancebos [indígenas] en rescate de su padre [...] y el Maese de Campo no se contentó del trueque por ser ya vieja esta cautiva y así, depositándola allí, volvieron por otra[17].

El regreso: una cuestión de honra

Sorprende constatar, por otra parte, la desconfianza, cuando no el rechazo, con que se recibe en los campamentos españoles a los prisioneros rescatados y, en particular, a las mujeres. Más que interesarse por

[16] González de Nájera, *Desengaño y reparo de la guerra del Reino de Chile*, p. 281.
[17] Citado por Guarda Geywich, 1987, p. 112.

el *via crucis* de su cautiverio, los interrogatorios a los que eran sometidas por las autoridades hispanas estaban orientados a indagar aspectos relativos a la guerra, la capacidad militar del enemigo, sus estrategias y planes de ataque. Pese a ello, la dimensión humana del cautiverio también está presente en los escritos de cronistas e historiadores de la época. Tal es el caso del siguiente relato protagonizado por Diego Cortés, un soldado español que intenta rescatar a su mujer y a su hija en poder de los indígenas:

> Por desgracia, don Diego, si bien, como lo indica el *don*, era noble, no tenía más fortuna que su miserable paga de soldado, y el cacique pedía una gruesa cantidad por el rescate. No se desanimó, sin embargo, el pobre padre y esposo. Comenzó a pedir limosna de puerta en puerta para juntar la suma necesaria. El estado de miseria en que la guerra había dejado a Chile lo determinó a ir al Perú en busca de auxilio. Un año tardó en su viaje y cuatro habían pasado desde la destrucción de la ciudad y el cautiverio de las que tanto amaba. Volvía, en fin, a Chile con la cantidad convenida y no dudaba de su felicidad, cuando supo que en una entrada de los españoles habían muerto al cacique y que no tenía noticia alguna sobre su hija. Su esposa había sido salvada del cautiverio, pero era tal el estado en que Cortés la encontró, que apenas llegó a tiempo para recibir su último suspiro; él moriría tres años después sin haber conseguido saber el paradero de su hija[18].

En realidad, muchas de las cautivas jamás fueron rescatadas y otras lo fueron después de dar varios hijos a sus captores. Degradadas y sintiendo que habían perdido la honra, algunas se niegan a regresar, lo que conlleva el enjuiciamiento de la sociedad española, tal y como se puede ver en el siguiente párrafo de la crónica de Alonso de Ovalle:

> y no ha faltado quien ha rehusado salir de aquella desdicha, aun teniendo ocasión de poderlo hacer, solo de vergüenza por no parecer delante de los suyos y padecer la confusión de que las vean cargadas de hijos de los indios; si no es que ya el amor de los mesmos hijos detenga a algunas y las ciegue de pasión, para no ver la ruina que amenaza a sus almas en un estado tan infeliz, que las tiene en tan gran peligro de condenación eterna[19].

[18] Merino, *Manuscritos Medina*, p. 111.
[19] Ovalle, *Histórica relación del Reino de Chile*, p. 285.

Si Alonso de Ovalle muestra algún grado de comprensión hacia las cautivas que se niegan al regreso por su amor de madre, hay otros cronistas cuyo juicio moral es aún más severo, al atribuirle a las cautivas el voluntario consentimiento frente a lo que era imposible evitar:

> y las madres –dice Jerónimo de Quiroga–, ocupadas de la vergüenza por el voluntario consentimiento que después de la primera violencia tuvieron, tendrían empacho de ponerse en vista de sus deudos o de otras señoras de su nación[20].

Muy diferente es la actitud de los cronistas de la época cuando se trata de exaltar la «honra» de alguna española que, negándose a convivir con los indígenas, escapa por sus propios medios del cautiverio. Tal es el caso de la épica huida de doña Juana, esposa del soldado Melchor de Herrera, que huye del campamento indígena llevando consigo a su hijo de cinco años para reencontrarse con su marido, según el siguiente relato de González de Nájera:

> la cual se vino huyendo de las tierras de los enemigos a un fuerte que tuve a mi cargo en las fronteras de la guerra, y fue tan honrada, que por venir a buscar a su marido pasó grandísimos peligros y trabajos, descalza y pobrísimamente vestida, pasando muchos ríos y tierras muy ásperas, viniendo de otras muy apartadas, con tanto ánimo que no sé yo qué robusto hombre lo tuviera mayor o pudiera sufrir lo que pasó [...] la primera palabra que conmigo habló, saliéndola al encuentro fuera del fuerte, fue preguntarme con lágrimas si era vivo su marido, nombrándomelo, y diciendo que sí, mostró singular contento[21].

Aunque, por lo general, se atribuye a la «vergüenza» la causa de que muchas cautivas se negaran a regresar a su sociedad de origen, el asunto es más problemático, complejo y hasta contradictorio. Luego de un largo cautiverio y un tardío rescate, las mujeres liberadas eran recibidas no solo con desconfianza sino, en ocasiones, con auténtico rechazo, asimilándolas a los bárbaros y atribuyéndoles conductas licenciosas y corruptas. El juicio lapidario del gobernador Alonso de Rivera ilustra esta actitud:

[20] Quiroga, *Memoria de los sucesos de la guerra de Chile*, pp. 286-287.
[21] González de Nájera, *Desengaño y reparo de la guerra del Reino de Chile*, p. 71.

> Hanse licenciado algunas mujeres de suerte que no solo han perdido la vergüenza al mundo, mas totalmente a Dios, dejando nuestra fe, y sin empacho ninguno delante de otros españoles y españolas cometen mil maldades hasta hablar con el demonio, como generalmente hacen los indios[22].

En esta misma línea, el cronista Jerónimo de Quiroga, refiriéndose a estas mujeres tardíamente rescatadas que quieren volver con los indios, afirma lo siguiente:

> yo conocí muchas señoras destas, mucho peores que los indios, tan desesperadas cuando al cabo de treinta o cuarenta años las sacaron del barbarismo, que *bramaban* para volverse a él[23].

Por otra parte, no falta la imagen de conmiseración, próxima a la visión lírica sobre los sufrimientos y desdichas de las cautivas profanadas, despojadas de sus hijos e indefensas frente al acoso de sus captores. Pero la imagen más ejemplar es la de la cautiva «honrada», que lucha por su honra y por su gente. Tal es el caso de la cautiva que, en un acto de heroísmo, hiere a su raptor y vuelve con los suyos, según el siguiente relato de Diego de Rosales:

> Escapose Lientur bien herido y perdió las armas de acero [...] y las perdió en ocasión que estuvo para perder la vida por un heroico hecho de una española captiva, señora muy principal y muy hermosa, a la cual cautivó el mismo Lientur y la llevaba como su esclava a las ancas. Esta, encomendándose a Dios y pidiéndole que le diese fortaleza para matar a aquel bárbaro con sus propias manos, como iba con las dos manos asidas de él para tenerse bien en el caballo y no caer en el raudal del río, desembarazó la mano derecha y sacándole con ella un puñal que llevaba el indio en la vaina, le tuvo bien con la otra mano y con la diestra le dio tal puñalada por los lomos, que le derribó de él en el río, o él cayó despavorido, y fue su ventura el caer, que si no le acaba la vida, mas él se escapó a nado entre las olas y le conservó Dios la vida para nuestro azote, y la valerosa española, ganando la silla del caballo, se escapó y se vino a los nuestros, que si deja muerto a Lientur, la podían recibir con los aplausos y cantares...[24]

22 Errázuriz, *Seis años de la Historia de Chile*, pp. 152-153.

23 Quiroga, *Memoria de los sucesos de la guerra de Chile*, p. 133.

24 Rosales, *Historia general del Reino de Chile, Flandes indiano*, p. 652.

Como podemos ver, la «honra» de las cautivas pasa a un segundo plano cuando se trata de exaltar los valores épicos, de mayor significación en el contexto inmediato de la guerra. El problema se plantea cuando se trata de reinsertar a estas mujeres en la sociedad hispana, después de una larga convivencia con los indígenas. Muchas de ellas –para sobrevivir– no tuvieron otra alternativa que asimilarse a la cultura indígena, adaptándose a sus costumbres, vestuario, alimentación, formas de trabajo y sistema de vida, además del lenguaje –obligadas como estaban a hablar solo la lengua mapuche. Obviamente, esto conlleva un problema de aculturación.

Legado del cautiverio: mestizaje y transculturación

El fenómeno de adaptación o asimilación de las cautivas a la vida mapuche tiene también su contraparte, pues fueron las mujeres las que se convirtieron en agentes de mestizaje y transculturación en la sociedad indígena. La diezmada población nativa requería reforzar la natalidad, por lo que la captura de mujeres en edad de concebir era uno de los objetivos prioritarios de los malones. Es lo que Alberto Salas llama «mestizaje al revés» para referirse a los hijos de indígenas e hispanocriollas en cautiverio:

> la rivalidad implacable de españoles e indígenas hizo de las mujeres la presa más codiciada y con frecuencia la madre contrariada de sus hijos mestizos. En esta región austral se da con intensidad el *mestizaje al revés*, engendrado por el indio en las numerosas cautivas castellanas[25].

Por otra parte, las mujeres en cautiverio también se transformaron en eje fundamental de transculturación. Sin duda su larga convivencia con los indígenas dio lugar al inevitable proceso de asimilación cultural que antes señalamos, pero ellas también transmitieron formas de vida propiamente hispanas. Por ello, además del mestizaje, producto de la fusión íntima mapuche-española, el proceso de transculturación que representó el cautiverio, particularmente el de las mujeres, permitió la

[25] Salas, 1960, p. 139.

entrada al interior de la cultura mapuche de hábitos y costumbres españolas, poco importantes al parecer, pero no menos significativas. Tal es el caso de las comidas, según el testimonio de Núñez de Pineda y Bascuñán, quien, admirado de lo tan «connaturalizada con aquellos bárbaros» que estaba la mujer del *lonco* Quilalebo (enemigo de los españoles), dice haber recibido en su estancia con los indígenas «viandas de las que acostumbramos en nuestros convites, porque había muchas españolas antiguas de las ciudades asoladas y entre ellas algunas esmeradas cocineras» (*Cautiverio feliz*, p. 338).

Hasta aquí estos apuntes sobre el tema de la cautiva en las crónicas de la Conquista de Chile. Tema que, sin duda, requiere de estudios más amplios y profundos, sobre todo por el fenómeno de asimilación cultural y transculturación que representa el cautiverio de las mujeres en la emergente sociedad mestiza y multicultural chilena.

Bibliografía

Alegría, R., «Mujeres cautivas en la frontera araucana», en *Actas de la Primera Jornada de Investigación en Historia de la Mujer*, ed. S. Vergara, Santiago de Chile, Universidad de Chile-Facultad de Filosofía y Humanidades, 1996, pp. 20-36.

Arrom, J. J., *Imaginación del Nuevo Mundo*, México, Siglo XXI, 1991.

Camamis, G., *Estudios sobre el cautiverio en el Siglo de Oro*, Madrid, Gredos, 1977.

Errázuriz, C., *Seis años de la Historia de Chile (23 de diciembre de 1598-9 de abril de 1605): memoria histórica*, Santiago de Chile, Imprenta Cervantes, 1908.

González de Nájera, A., *Desengaño y reparo de la guerra del Reino de Chile*, Santiago de Chile, Imprenta Ercilla (Colección Historia de Chile, vol. XVI), 1889.

Guarda Geywich, G., «Los cautivos en la Guerra de Arauco», *Boletín de la Academia Chilena de la Historia*, 98, 1987, pp. 93-157.

Lázaro, C., «Los cautivos en la frontera araucana», *Revista Española de Antropología Americana*, 24, 1994, pp. 191-207.

Medina, D., «Declaración de Diego Medina, que estuvo cautivo entre los indios, sobre el estado de aquellas cosas», *Manuscritos Medina* (Biblioteca Nacional de Chile), vol. XI, 3 de abril de 1615, pp. 257-261.

Merino, B., «Servicios de Bartolomé Martínez, uno de los compañeros de Pedro de Valdivia en la Conquista de Chile» (Archivo de Indias 1-6-

50/13), *Manuscritos Medina* (Biblioteca Nacional de Chile), vol. II, 30 de octubre de 1607.

Núñez de Pineda y Bascuñán, F., *Cautiverio feliz y razón individual de las guerras dilatadas del Reino de Chile*, vol. III, Santiago de Chile, Imprenta del Ferrocarril, 1863.

Ovalle, A., *Histórica relación del Reino de Chile*, Santiago de Chile, Universitaria, 1969.

Quiroga, J., *Memoria de los sucesos de la guerra de Chile*, Santiago de Chile, Andrés Bello, 1979.

Rosales, D. de, *Historia general del Reino de Chile, Flandes indiano*, ed. B. Vicuña Mackenna, vol. II, Valparaíso, Imprenta El Mercurio, 1878.

— *Seis misioneros en la frontera mapuche*, introducción, traducción y notas de G. Valdés Bunster, Temuco, Ediciones de la Universidad de La Frontera, 1991.

Salas, A., *Crónica florida del mestizaje en las Indias*, Buenos Aires, Losada, 1960.

Téllez, E., «El impacto biocultural mapuche hispano en la frontera temprana: la visión occidental del "mestizaje regresivo"», en *Sillabus*, <http://www2.udec.cl/~etellez/index.html> (28 de mayo 2009).

Villalobos, S., *La vida fronteriza en Chile*, Madrid, MAPFRE, 1992.

— *Para una meditación de la Conquista*, Santiago de Chile, Universitaria, 2006.

MÁS ALLÁ DEL *CAUTIVERIO FELIZ*: DE CAUTIVOS Y CAUTIVAS EN LA ARAUCANÍA

Macarena Sánchez Pérez
Pontificia Universidad Católica de Chile

El presente trabajo tiene como objetivo presentar una prospección de las fuentes para el estudio del cautiverio en la frontera sur del Chile colonial. La idea es dar cuenta de un vacío existente en la historiografía nacional en relación a este tema, como consecuencia de una limitación metodológica en el concepto de cautiverio.

El fenómeno del cautiverio está íntimamente relacionado con realidades conflictuadas a lo largo de la historia. Hablar de cautivo es hablar de guerra, de violencia, de transgresiones, pero también de integración y mestizaje. Es «el Otro» conviviendo y sobreviviendo con la alteridad, más allá de los límites de su propia cultura. El cautiverio es un rapto violento cuya experiencia es conocida con anterioridad al proceso de Conquista hispana en América. Europeos e indígenas realizaron este tipo de prácticas como resultado de enfrentamientos mucho antes de 1492. Sin embargo, fue con las tensiones abiertas a partir de la avanzada española que la captura volvió a tomar protagonismo en este continente, no solo como consecuencia del establecimiento de un estado de beligerancia prolongado, sino también como un incentivo para este. El cautiverio fue en esta etapa un puente violento entre la cultura occidental y las culturas indígenas locales.

Indios y españoles, insertos en un escenario de guerra y provocaciones, fueron estableciendo instrucciones, dinámicas y diplomacias militares comunes para relacionarse con el adversario y este diálogo entre ambas tradiciones guerreras terminó por concretar prácticas institucionalizadas de enfrentamientos y entendimiento, como lo fueron el caso de las malocas y malones o los parlamentos. El cautiverio fue sin duda una situación derivada de aquellas incursiones fugaces o malocas y malones, y, por lo tanto, contuvo también, en gran medida, las particularidades y vaivenes propios de este mismo conflicto, otorgando un aliciente más –el rescate, la venganza o la captura de prisioneros– para prolongar su desarrollo.

El cautiverio fue un problema que cruzó gran parte de la sociedad colonial, sobre todo la que se asentaba en zonas aledañas a la frontera. Hombres y mujeres de todas las clases sociales, grupos étnicos y etáreos, religiosos y militares, sufrieron el trauma de una captura como resultado de la azarosa situación que se vivía en las zonas fronteriza del Chile colonial. Autoridades indígenas y españolas, tanto civiles como eclesiásticas, buscaron intervenir en favor de las familias distanciadas. A pesar de ello los estudios historiográficos referentes al cautiverio en la América Hispana no cuentan con un corpus muy amplio de publicaciones al respecto. Esto según parece –explica Fernando Operé (en su libro *Historias de frontera: el cautiverio en la América hispánica*)– se debería a un supuesto vacío documental latente y transversal en la mayor parte de las antiguas colonias españolas, caso que contrastaría con el mundo colonial anglosajón. Pocos retornados españoles dejaron un testimonio voluntario de su experiencia. Los que lo hicieron, en su mayoría, fueron individuos que eran forzados a prestar declaración de su cautividad y, en general, el interrogatorio estaba dirigido a la búsqueda de información acerca de la capacidad militar del enemigo, más que a recoger una experiencia más humana de su cautiverio. Los retornados hispanos no recibían ningún tipo de trato especial a su regreso. Más que héroes venían a constituir sujetos marginados por la sociedad. El contacto con los indígenas los marcaba de por vida, especialmente a las mujeres[1]. Para el caso contrario, es decir los retornados indígenas a su grupo de origen, no contamos con fuentes que nos permitan establecer los problemas o el estatus que ocuparon.

Por ello, relatos como los de Francisco Núñez de Pineda y Bascuñán cobran especial importancia, no solo por su valor literario o por la invaluable información etnográfica que nos entrega y de la cual se afir-

[1] Operé, 2001, pp. 36-37.

man numerosos estudios, sino por constituir uno de los escasos testimonios en primera persona que narra la experiencia del cautiverio de manera extensa y voluntaria.

En ocasiones se han destacado –quizá con demasiada vehemencia– los problemas asociados para considerar la información testimonial que ofrece el autor del conocido *Cautiverio feliz* como fuente histórica. Se ha señalado que no se trataría más que de una respuesta discursiva de parte del autor a la crisis colonial que se vivía en el momento en el que Pineda escribe, esto es, varios años después de su captura en 1629. El texto del *Cautiverio feliz* habría estado imbuido por la crisis política del año 1655 cuando el cabildo de Concepción depuso al gobernador Antonio de Acuña y Cabrera, a quien se le atribuyó gran parte de la responsabilidad en la gestación del levantamiento general indígena de 1655.

Como señala Ralph Bauer, Núñez de Pineda intentó explicar el fracaso de la pacificación de la zona y la prolongación de la guerra en la Araucanía a partir de una justificación expiatoria, donde la responsabilidad no estaría asignada a los indígenas –quienes se habrían convertido en enemigos producto de los abusos conferidos durante todos los años de conquista– ni tampoco al criollo americano, sino más bien a los soldados y funcionarios recientemente llegados desde la Península. Estos últimos, motivados por la avaricia que el lucro del mercado esclavista hacia el Perú les entregaba, habrían buscado la prolongación del conflicto. En este sentido, Francisco Núñez de Pineda buscaba marcar con su voz una versión autorizada, a partir de la validez testimonial que le corresponde como observador directo, como testigo del problema. Pineda, en su calidad de cautivo, intenta entregar a la autoridad real su análisis como una verdad doblemente justificada, es decir, desde la orilla interpretativa de un criollo vecino de la provincia en conflicto y desde la mirada indígena, donde él actuaría como una suerte de ventrílocuo de la memoria de las antiguas autoridades indias al rescatar el relato de las atrocidades que vivieron y que le fueron narradas durante su cautiverio[2].

No queremos desacreditar o desconocer la presencia de estos dispositivos subyacentes en la narración del *Cautiverio feliz*; sin embargo, pensamos que se debe revalorar la importancia que este documento tiene para el estudio historiográfico. Pineda arma su discurso a partir

[2] Bauer, 1998, pp. 62-63.

de intereses, influencias y ópticas condicionadas, algo no muy distinto a lo que sucede con cualquier otro testimonio o documento histórico[3]. En este sentido, y matizando un poco la tajante sentencia de Fernando Operé respecto al gran vacío documental existente en los archivos americanos, nos hemos topado en el curso de nuestra investigación, respecto al cautiverio en la frontera araucana, con un registro importante de fuentes ubicadas en archivos tanto públicos como privados, con documentos a partir de los cuales se puede estudiar el cautiverio desde las más diversas aristas. Si bien los más numerosos corresponden a testimonios indirectos, es decir, cronistas o informantes que vieron, conversaron o rescataron a cautivos, su valor se mantiene, en la medida en que los intereses epistemológicos no van tanto por la búsqueda de la información etnográfica que el cautivo-testigo nos puede entregar, sino también en la medida en que puedan aportar al conocimiento del cautiverio como una 'institución' en sí misma.

Estas fuentes indirectas se concentran muchas veces en dar testimonio de las condiciones en que vieron y encontraron a determinados cautivos y corresponden a informes que tienen por finalidad gestionar la liberación de algún prisionero que se encuentra entre los indígenas o, en caso contrario, de informar respecto del interés de individuos indígenas por rescatar o trocar a prisioneros hispanos por algún familiar cautivo. Para el caso de los españoles, la necesidad de lograr la autorización y, sobre todo, los recursos para pactar un rescate influyó muchas veces en la imagen que finalmente proyectaron de los cautivos. Eran, sin duda, discursos conscientemente dirigidos por los intereses de quien los emitía. En este sentido, la sola idea de una posible «indianización» generó suspicacias y desconfianzas al interior del grupo de origen, lo que claramente no favorecía las negociaciones para su retorno. Por esta razón, para alentar los trabajos para su redención, los informes tienden a insistir en que los prisioneros han mantenido los valores cristiano occidentales, como la fe católica y la lengua.

[3] En toda sociedad la producción del discurso, en cualquiera de sus formatos y soportes, está a la vez controlada, seleccionada y redistribuida por cierto número de procedimientos que tienen por función conjugar sus poderes y peligros, dominar el acontecimiento aleatorio y esquivar su pesada y temible materialidad. Ver Foucault, 1970, p. 14.

Un ejemplo interesante lo encontramos en el informe del capellán Fray Francisco Sánchez a propósito de solicitar que se hicieran las gestiones para rescatar a una cautiva española originaria de Buenos Aires y que para el año 1756 se encontraba en la zona de Lonquimay. La mujer, Jerónima Rodríguez, llevaba alrededor de veinte años de cautiverio, desde los catorce años en adelante, y a pesar de haber vivido más tiempo de su vida al interior de grupos indígenas que entre hispanos, el capellán señala respecto a la cautiva: «aseguran sea la señora de tal en un todo y que nada se le conoce que haya tomado de los indios y que todo su clamor es a Nuestra Señora de Luján, quien dice ha sido su abogada»[4]. Más allá de lo extraño que podría ser un caso de total impermeabilidad cultural tras veinte años de convivencia en otro grupo, resulta evidente que para el religioso es necesario sentar la no indianización de la mujer y su calidad de fiel devota cristiana para que ejecute su redención.

En estos mismos documentos se deja entrever las complejidades de la empresa de rescate, lo cual parece tener un carácter bastante delicado y protocolar, donde están en juego diversos temas que dan cuenta de la idea de cautiverio como una práctica instituida y validada en este contexto, por lo que la negociación se debe realizar «con mucho respeto, manejando y balanceando fuerzas»[5]. El cautiverio nace al alero de un contexto bélico y se comporta bajo las lógicas de una suerte de diplomacia militar. Así también podemos verlo en el relato de González de Nájera cuando señala que el procedimiento de rescate era delicado: «iban y venían indios prisioneros que dejaban otros parientes de rehenes»; estos finalmente traían a los cautivos, «a cuya entrada en nuestros cuarteles concurría toda la gente»[6].

Otro tipo de fuentes para el estudio del cautiverio en Chile son los informes en formato de interrogatorios a los que hace alusión Operé y de los cuales él sentencia que no entregarían información muy valiosa desde la perspectiva de la experiencia humana del cautiverio, pues en general estos se concentraban en la recaudación de la información militar que el ex cautivo pueda entregar. A pesar de ello, estas fuentes cuentan también con un patrón discursivo recurrente que nos devela

[4] Sánchez, *Informe*, 1756.

[5] Sánchez, *Informe*, 1756.

[6] González de Nájera, *Desengaño y reparo de la guerra del Reino de Chile*, p. 188.

aspectos centrales del cautiverio español en el mundo indígena durante este periodo: la captura.

No obstante el enfoque rigurosamente estratégico que pueda contener un documento de interpelación a un retornado, este siempre sitúa y dedica gran parte de su narración a explicar los pormenores de la captura. Nos parece que es importante para el retornado dejar muy claro lo involuntario de su éxodo. A diferencia de los fugados y vagabundos que deambulaban autónoma y voluntariamente por ambos mundos, el cautivo fue privado de su libertad, por lo que no es culpable de su contacto con la «barbarie». Los testimonios son muy detallados, y en ellos en general dan cuenta de la violencia de las circunstancias en que fueron tomados prisioneros. En el caso de las víctimas vinculadas al trabajo militar, los pormenores en torno a la fuerza del enemigo, su superioridad numérica, el salvajismo, son constantes, pues en parte justifican la derrota. Un ejemplo de ello lo aporta Gregorio Castañeda, cautivo en 1607, quien dedica más de la mitad de su declaración a explicar los pormenores de su captura. En ella da cuenta de un ataque sorpresivo, donde las fuerzas de los indígenas eran por mucho superiores y a pesar de haber «rociado arcabucería» no les hicieron ningún daño y con mucha fuerza fueron hechos prisioneros «toda la gente española que ahí iba y que al día de hoy están vivos entre los enemigos y los que no, muertos como a animales»[7]. Otro es el caso de Diego Medina, quien presenta declaración en 1615 tras escapar a nueve años de cautiverio acompañado por una india y su hijo. De las nueve preguntas que se le hicieron al momento del interrogatorio, siete dicen relación a las capacidades militares de los indios, pero no deja de sentar en alrededor de dos párrafos los pormenores de su captura[8].

La narración de la captura entrega un soporte a la veracidad de la condición de cautividad en la que se encontraba el individuo, en contraposición con el desertado. El fenómeno de «vagabundaje» fue visto como un problema desde el punto de vista del orden social hispano colonial. Los fugados, indios, negros, mulatos, españoles y mestizos constituían un problema que la autoridad intentó reiteradamente controlar. Los principales polos de «erranteria» para el caso chileno fueron

[7] García Ramón, *Carta al Rey del Gobernador de Chile.*

[8] Medina, *Declaración.*

la frontera araucana y la cordillera, allí donde el Estado tenía escaso control. En general circuló la imagen del vagabundo vinculada al hurto, la mendicidad, la violencia y la mala vida, entiéndase por esto último amancebamiento y alejamiento de la regla cristiana[9].

Otro tipo de fuentes son los testimonios directos en forma de cartas y relatos de ex cautivos españoles en territorio indígena, entre los que se cuentan principalmente los de soldados y misioneros. En ellos, no puede dejar de leerse también numerosos dispositivos e intereses en la configuración de sus discursos y relatos. Algunos estaban posiblemente condicionados por las corrientes en pro de una «guerra defensiva», por lo que se manifestaban más interesados en validar visiones como las del Padre Luis de Valdivia, mostrando una gran piedad y «humanidad» de sus captores indígenas; en otros, por el contrario, todos los vicios y monstruosidades presentes en el imaginario colectivo del europeo se veían depositados en el grupo captor. En este último sentido, señala Bauer, existiría una suerte de unidad descriptiva en la elaboración de discursos-testimonios del cautiverio desde la Edad Media hasta la América colonial de los siglos XVII y XVIII, donde los pecados de los captores y padecimientos mantienen una similitud sorprendente[10].

Se hace notorio la presencia de numerosos intereses más o menos velados e intercalados en los discursos contenidos en cada tipo de fuentes para el estudio del cautiverio. De tal forma parece complejo configurar un panorama fidedigno de una experiencia límite como la cautividad. A pesar de ellos, las fuentes existen, pero deben ser releídas considerando atentamente estos velos y rescatando a partir de ellos mismos nuevos problemas en torno al cautiverio. En las últimas décadas se han hecho interesantes aportes desde la historia, sobre todo desde la perspectiva de género, es decir, la cautiva y su importancia como puente para el mestizaje. En esta línea se ha destacado fuertemente Argentina para los estudios de fines del siglo XVIII y principios del XIX, y también últimamente Chile para el siglo XVII[11].

Sin embargo, creemos que la historiografía chilena aún no ha configurado un patrón o tipología de lo que significó el cautiverio en el

[9] Ver Góngora, 1966.

[10] Ver Bauer, 1998.

[11] Ver Zapater, 1987; Iglesias, 1987; Lázaro, 1989; Socolow, 1992; Montecinos, 1993; Alegría, 1995; Rotker, 1997; Acevedo, 1997; y González, 2003.

Chile colonial. La atención se ha puesto reiteradamente en la información etnográfica que puede entregar el cautivo, los aspectos de mestizaje, la convivencia y los estatus de los cautivos en la sociedad captora; pero poco se ha hecho respecto a las etapas y aspectos propios de la condición del cautiverio en sí. Poco se conoce de las dinámicas particulares de la captura, rescate, traslados, ventas o trueques del cautivo; de sus agentes mediadores a la hora de la redención. Tampoco se ha hecho un esfuerzo por historiar el fenómeno como parte de un proceso mayor de relaciones político-militares en la zona y ver el papel que en ella desarrollaron; y quizá lo más complejo es que no se han publicado estudios que busquen erradicar la postura etnocéntrica del fenómeno. Hasta ahora, cuando hablamos de cautivo, se da por sentado que nos referimos al cautivo europeo en manos de sus captores indígenas y se ha perpetuado una despreocupación por los numerosos cautivos indígenas igualmente víctimas durante este periodo[12].

Esta perspectiva de estudio nos presenta un nuevo desafío metodológico. ¿Cómo situar al indígena dentro de nuestro objeto de estudio, si, por un lado, no contamos con fuentes testimoniales directas de cautivos amerindios y, por otro, la gran mayoría de estos cautivos fueron tempranamente esclavizados, perdiendo de este modo su categoría de cautivo? Para esto hay que tener en cuenta que para el análisis del cautiverio, como condición y como institución, debemos reconocer en él límites difusos frente a otras realidades colindantes, como la esclavitud o el 'amancebamiento', que se entremezclan constantemente y que hacen muy compleja la configuración de un modelo, es decir, de un «tipo ideal» a partir del cual contengamos al cautivo como sujeto de estudio[13].

[12] Para el caso chileno no conocemos ningún trabajo que aborde el tema desde esta óptica y para el argentino sabemos de la existencia de solo dos artículos que van en esta dirección. Ver Villar, 2001; y Doucet, 1988. El primero impone una absoluta novedad al estudiar al indio no solo como agente captor, sino también sujeto víctima de cautiverio. Sin embargo, su propuesta se limita al cautiverio intraétnico y no da cuenta de la otra arista, la del cautiverio interétnico, donde el indígena es capturado y sometido por agentes blancos. El segundo se basa principalmente en la investigación de leyes y ordenanzas respecto a la prohibición de la esclavitud en la zona y su falta de correspondencia con documentación que reconoce la permanente presencia de prisioneros de guerra, cautivos indios, que son vendidos en Tucumán.

[13] Los conceptos, las categorías, como los tipos-ideales, constituyen generalidades y esas generalidades implican dejar de lado algunas de las características par-

En este sentido, uno de los elementos integradores más importantes de la condición del cautivo es su falta de libertad para autodeterminarse; es decir, estar bajo el poder de un «otro». De la justicia en la que se encuentra un prisionero, de un patrón, bajo el que se encuentra un esclavo, del enemigo en el que se encuentra el cautivo o prisionero. En las tres situaciones la falta de libertad, la vigilancia, la custodia y el castigo son elementos comunes, pero la génesis que ha conducido al desarrollo de estas vivencias es lo que las hace diferentes. Dejando de lado la primera condición, la del prisionero por transgresión al sistema jurídico establecido, las dos segundas han mantenido un diálogo permanente a lo largo de la historia. La literatura al respecto ha presentado, en términos teóricos, una abierta escisión entre esclavitud y cautiverio al momento de estudiar ambos fenómenos y una constante mixtura a la hora de describirlos[14].

Esta suerte de confusión conceptual parece tener su base en las fuentes mismas para el estudio de estos fenómenos. El uso aleatorio del vocablo *esclavo* o *cautivo* para referirse a individuos que se encuentran privados de su libertad es muy frecuente; sin embargo, la distinción entre estos dos términos se impone y la diferencia es notable. Lo que sobresale entre estas expresiones es que la palabra *cautividad* nos conduce en seguida a pensar en una prueba de fuerza, de violencia, que sustrae de un estado de orden y coloca en un estado de desorden; mientras que el estado de la esclavitud es vivido o concebido en un estado de orden[15]. Para la cautividad siempre se experimenta un conflicto violento. El cautiverio expresa la ruptura y el desorden que reclama un

ticulares de los fenómenos, o sea, seleccionar. Cuando se utilizan nomenclaturas como *esclavitud*, *feudalismo*, *cautiverio*, es porque se ha realizado una conceptualización racional y sintética de un fenómeno que nos da como resultado una de estas determinadas categorías. Sin embargo, las fronteras que le corresponden a cada uno de estos conceptos son difusas y no obedecen ni recogen lo particular que contiene la realidad práctica, que es en sí misma única e irrepetible. Los conceptos ordenan y ayudan a la comunicación del conocimiento, pero no lo agotan. El tipo-ideal es un concepto que se obtiene a través del realce conceptual de aquellos elementos que tipifican o singularizan un determinado ámbito de la realidad. El tipo ideal construido se logra a partir de la realidad, se toma de ella, pero no refleja los casos concretos de esta.

[14] Ver Cipollone, 1995.

[15] Cipollone, 1995, p. 451.

reordenamiento de la condición precedente a la situación de violencia. Como expone Jaime Concha, en su texto «Réquiem por "el buen cautivo"», el cautivo representa una verdadera ruptura de la jerarquía vertical, sobre todo en los casos en que el dominador pasa a ser, en la práctica, dominado[16]. A fin de cuentas, el cautiverio no es otra cosa, desde el punto de vista del opresor, que una suerte de mundo al revés.

Es cierto que, en gran medida, el estado del cautiverio es el que abastece el mercado de la esclavitud, pero es también cierto que el cautivo debe ser avasallado hasta el grado más extremo para que se convierta en esclavo. El punto de transición que se encuentra entre el estado de cautivo y su reducción y paso al estado de siervo sigue siendo un momento que escapa absolutamente a la percepción del historiador. Este momento exalta la diferencia entre la cautividad y la servidumbre, y, por lo tanto, hace caer la barrera y absorbe en el ámbito de la esclavitud al otrora cautivo[17].

Tanto el cautiverio como la esclavitud son realidades de muy antigua data. No obstante, con el fin de demarcar de algún modo el tema, encontramos que en los códigos de las partidas se mencionan los dos conceptos, *cautivos* y *siervos*, como condiciones vinculadas entre sí. De los primeros, se precisa que «son llamados por derecho aquellos que caen en prisión de hombres de otra creencia». Son, por consiguiente, presos, pero no presos ordinarios, sobre los que ha caído el peso de la justicia por el quebrantamiento de la ley y llevan en esa privación temporal de libertad toda la carga de su castigo. El cautivo es un preso especial, no goza de los derechos del preso común; puede ser maltratado, ajusticiado y, sobre todo, «vendido y usado como esclavo». Y la justificación ideológica que sustenta esta situación es la oposición de las creencias. El infiel, el enemigo de la fe, carece por tanto de todo derecho[18].

La esclavitud tiene diversos orígenes, en los que no es posible abundar aquí, pero aquel que deriva de un estado previo de cautiverio es el que ocupa nuestra atención. Si bien ambos presentan una muy difusa separación en términos conceptuales, es en la España medieval, a partir del siglo XV, al tenor de los conflictos entre castellanos y granadinos,

[16] Concha, 1986.
[17] Cipollone, 1995, p. 456.
[18] Díaz Borrás, 2001, p. 61

cuando estos términos vuelven a distanciarse. Los elementos constitutivos que diferencian al cautivo serán: su origen como botín de guerra para los vencedores de uno y otro lado de la frontera, y las posibilidades y esperanzas de redención. En este sentido, la condición de conflicto presente instala con mayor claridad el estatus y destino del cautivo prisionero, como elemento de intercambio en la guerra, tal como lo serían los cautivos indígenas en la frontera sur del Chile colonial. En gran medida este diálogo entre la cautividad y la esclavitud se traslada también a Chile y América, incorporando nuevas dinámicas y significaciones a la luz de nuevos actores: los indios, entendidos tanto como sujetos que originan y sufren cautiverio.

En América esta imprecisión de conceptos se vio también nutrida no solo por la doble naturaleza en que transitaba el individuo capturado, sino también por el carácter ilegal que, en términos teóricos, representaba la realidad esclavista con respecto a los grupos indígenas en gran parte del continente. En el caso chileno, podemos ver, como nos explica Álvaro Jara, una presencia y abierta tolerancia a la esclavización indígena incluso antes de su primera etapa de legalización bajo el gobierno de Luis Merlo de la Fuente (1610-1611)[19].

Desde numerosos frentes comienza a popularizarse la idea respecto a la «utilidad e importancia de que hay en dar por esclavos a los indios rebelados de Chile»[20]. La autorización que en 1608 se concede para esclavizar a los indios en guerra abrió un umbral para el tráfico y comercialización –tanto intra como interétnico– de cautivos en una amplia zona que comprende prácticamente la mayor parte del cono sur del Imperio español. La Real Cédula de 1656 abolió la «esclavitud a usanza», que eran los esclavos que se hacían a partir de la captura intraétnica para luego ser vendidos a los españoles. En 1662 se dictó una Real Cédula que creaba una Junta de Guerra, cuyo objetivo era evaluar bajo los dictados de la Monarquía la actividad esclavista. Finalmente en 1683 queda suprimida definitivamente la esclavitud, dejando a los indígenas capturados en guerra justa en la condición de indios de

[19] Ver Jara, 1971.

[20] Documento de 1598 donde se exponen las diversas razones, entre las que se cuentan las económicas, religiosas y militares para esclavizar a los indígenas chilenos. Calderón Melchor, *Tratado de la importancia y utilidad de dar por esclavos a los indios rebelados de Chile.*

depósito. Años después en el Parlamento de 1692 se prohibía el tráfico de esclavos araucanos. La Real Cédula de 1696 conformó este acuerdo y «ordenó que los indios cautivados en acción bélica se trataran como prisioneros de guerra sometidos a la indulgencia y el rescate»[21].

Sin embargo, tras estas complicaciones conceptuales y realidades veladas, tiende a resaltar un componente común como elemento legitimador, esto es, la asociación de la esclavización de un individuo producto del cautiverio.

Los motivos que justifican en gran medida la avidez por el rapto y sobre todo la cautividad de otros individuos tanto indígenas como españoles obedecen a un universo muy amplio de intereses que no solo se explican a partir del mercado esclavista; y muchos de estos mismos elementos influirán en la suerte que correrá el cautivo. Razones culturales, rituales, sociales o económicas pueden por sí solas o en conjunto dirigir la empresa de captura y determinar la suerte del cautivado: su muerte, integración y parentesco, venta y esclavización, traslado, trueque o rescate. Sin embargo, todos y cada uno de estos destinos de una u otra forma fueron creando y alimentando verdaderas redes de mestizaje, que contribuyeron a la institucionalización de la condición de cautiverio como una realidad presente en el continente.

La trata de esclavos se dio durante prácticamente todo el periodo colonial en gran parte del sur de Chile y las provincias argentinas de Cuyo, Mendoza y Buenos Aires, entre las más nombradas, aunque existen registros de los más distantes lugares. No obstante, su uso como medio de intercambio de prisioneros también estuvo presente dentro de los móviles para el rapto. No todos los intentos de establecer rescate terminaron con éxito, ya sea porque no se logró llegar a acuerdo con el captor respecto a las condiciones de intercambio, o porque en el proceso de trámites estos fueron trasladados a otras zonas en virtud de la movilidad del grupo captor o por la venta de este a otro amo. Abundan los ejemplos: la ya citada Jerónima Rodríguez que pasa desde Buenos Aires a Chile; las distintas potestades de grupos; los indígenas vendidos a los más distantes lugares, como parte de las políticas gubernamentales o en razón de la costumbre. El desarraigo fue un elemento central en la experiencia del cautiverio español o indígena indistintamente.

[21] Alegría, 1995, p. 2.

En definitiva, tanto la esclavitud como el cautiverio obedecen a tipologías difusas en el periodo, pero esto no se debe tanto al hecho de que constituyen en sí una misma realidad, sino más bien a que pueden ser fenómenos que se acompañan. Es importante, creemos, ver estas distinciones para el análisis de las fuentes y para la incorporación de nuevos tipos de fuentes, ya que, sobre todo para el análisis del cautiverio indígena, estudiado generalmente desde la perspectiva de la esclavitud, se hace muy fácil que se diluyan ciertos elementos propios de una categoría diferente como es el cautiverio, como, por ejemplo, los aspectos propios del trueque y/o rescate.

En conclusión, a la luz de las fuentes más conocidas como la obra de Núñez de Pineda o el relato del Padre Juan Falcón y las nuevas que con paciencia se puedan ir incorporando, proponemos la necesidad de un análisis más complejizado del sujeto cautivo, desde una reinterpretación misma del concepto y la elaboración de un tipo-ideal que nos sirva de referente para posicionar al cautivo en la historia del Chile colonial y entender su real importancia en las relaciones interétnicas en la zona de conflicto.

Bibliografía

Acevedo, I., *Guerra, cautivos y mestizaje (1600-1641)*, Tesis para optar al título de Magíster en Historia, mención Etnohistoria, Profesor guía O. Silva Galdames, Santiago de Chile, Universidad de Chile, 1997.

Alegría, R., «Mujeres cautivas en la Frontera Araucana», en *Actas de la Primera Jornada de Investigación en Historia de la Mujer*, 1995, disponible en: <http://www2.cyberhumanitatis.uchile.cl/04/textos/ralegria.html>.

Bauer, R., «Imperial History, Captivity, and Creole Identity in Francisco Núñez de Pineda y Bascuñán's *Cautiverio feliz*», *Colonial Latin American Review*, 7.1, 1998, pp. 59-82.

Castañeda, G., *Declaración*, Biblioteca Nacional de Chile, Fondo José Toribio Medina, 1608, Rollo MS. M 6, fojas 212-219.

Cipollone, G., «Esclavitud y liberación en la Frontera», en *Estudios de frontera: Alcalá la Real y el Arcipreste de Hita. Congreso Internacional celebrado en Alcalá la Real, del 22 al 25 de noviembre de 1995*, coord. F. Toro Ceballos y J. Rodríguez Molina, Jaén, Diputación Provincial de Jaén, 1996, pp. 59-98.

Concha, J., «Réquiem por el "buen cautivo"», *Hispamérica*, 45, 1986, pp. 3-15.

Díaz Borrás, A., *El miedo al Mediterráneo: la caridad popular valenciana y la redención de cautivos bajo poder musulmán, 1323-1539*, Barcelona, Institución Milá y Fontanals, 2001.

Doucet, G., «Sobre los cautivos de guerra y esclavos indios en Tucumán. Notas en torno a un fichero documental salteño del siglo xviii», *Revista de Historia del Derecho*, 16, 1988, pp. 59-152.

Foucault, M., *El orden del discurso,* Barcelona, Tusquets, 2005.

García Ramón, A., *Carta al Rey del Gobernador de Chile*, Concepción, abril 12 de 1607, Biblioteca Nacional de Chile, Fondo José Toribio Medina, Rollo MS. B. A., vol. 13, fojas 100-123.

Góngora, M., *Vagabundaje y sociedad fronteriza en Chile (siglos xvii a xix)*, Santiago de Chile, Universidad de Chile, 1966.

González, J., «De buenas y malas cautivas en el discurso colonial de la Frontera de la Araucanía de los siglos xvii y xviii», *Revista de Historia y Geografía*, 17, 2003, pp. 21-51.

González de Nájera, A. *Desengaño y reparo de la guerra del Reino de Chile*, Santiago de Chile, Imprenta Ercilla, 1889.

Guarda Geywich, G., «Los cautivos en la Guerra de Arauco», *Boletín de la Academia Chilena de Historia*, 98, 1987, pp. 93-157.

Iglesias, C., *Cautivas y misioneros. Mitos blancos de la Conquista*, Buenos Aires, Catálogos Editora, 1987.

Jara, Á., *Guerra y sociedad en Chile. La transformación de la Guerra de Arauco y la esclavitud de los indios*, Santiago de Chile, Universitaria, 1971.

Lázaro, C., «Los cautivos en la frontera araucana», *Revista Española de Antropología Americana*, 24, 1989, pp. 191-207.

Medina, D., *Declaración*, Biblioteca Nacional, Fondo José Toribio Medina, 1615, Rollo MS. M 9, fojas 291-295.

Montecinos, S., *Sangres cruzadas: mujeres chilenas y mestizaje*, Santiago de Chile, SERNAM, 1993.

Núñez de Pineda y Bascuñán, F., *Cautiverio feliz*, ed. crítica de M. Ferreccio Podestá y R. Kordic Riquelme, estudio preliminar de C. Goic, Santiago de Chile, RIL, 2001, 2 vols.

Operé, F., *Historias de frontera: el cautiverio en la América hispánica*, México, Fondo de Cultura Económica, 2001.

Rotker, S., *Cautivas argentinas: a la conquista de una nación blanca*, Latin American Program Working Papers 233, The Woodrow Wilson Center Washington, 1997.

Sánchez, Fray F., *Informe*, Archivo San Francisco, Colegio de Chillán, 1756, vol. 12, fojas 127-136.

Socolow, S., «Spanish Captives in Indian Societies: Cultural Contact along the Argentine Frontier, 1600-1835», *Hispanic American Historical Review*, 72.1, 1992, pp. 73-99.

VILLAR, D., «"Para servirse de ellos": cautiverio, ventas a la usanza del país y rescate de indios en las pampas y la Araucanía (siglos XVII-XIX)», *Relaciones de la Sociedad Argentina de Antropología*, 26, 2001, pp. 31-55.

ZAPATER, H., «Testimonio de un cautivo. Araucanía. 1599 y 1614», *Historia* (Universidad Católica de Chile), 23, 1988, pp. 296-325.

MORIRSE DE HAMBRE.
EL HAMBRE DEL CONQUISTADOR

Olaya Sanfuentes
Pontificia Universidad Católica de Chile

El año 1625 don Juan Maluenda se dirige al rey para pedirle una renta de cuatro mil pesos. Para respaldar su petición narra todos los sufrimientos que ha soportado en la denominada Guerra de Arauco: su padre fue muerto por los indígenas y luego le cortaron la cabeza y le despedazaron el cuerpo; varios de sus parientes cayeron muertos a manos de los indios; y, por último, en un alzamiento general, Maluenda y muchos otros fueron cercados en Villarrica durante tres años y luego tomados cautivos por otros cuatro. En todas estas circunstancias, el hambre arrasó con ellos. Esto los llevó a comer, por necesidad, «cosas asquerosas» como «hierbas del campo y carne humana»; a salir a buscar comida con la seguridad de que iban a encontrar la muerte allá afuera y otros a, finalmente, morir de hambre[1]. Como se puede apreciar, a los cuatro años de cautiverio real entre los indígenas se le apareja el sometimiento constante al hambre punzante. Es a este especial cautiverio a lo que me referiré a continuación.

A través del siguiente trabajo quiero desplegar algunas ideas y documentarlas con fuentes pertinentes para demostrar que, dentro de la visión maniquea que ilustra el discurso de las primeras crónicas, América también se configura como lugar del hambre. A pesar de que con Cristóbal Colón asistimos a las primeras descripciones que representan

[1] Allende Navarro, 1968.

a América como un paraíso y, por tanto, asociado a la abundancia alimenticia[2], también desde las primeras crónicas de descubrimiento y conquista contamos con la presencia del hambre. En este último conjunto podemos insertar la experiencia de los descubridores y conquistadores del territorio chileno del siglo XVI y comienzos del XVII. Queremos argumentar, no obstante, que el hambre no fue solo una imagen retórica ni un estado excepcional durante estos años. No fue solamente el lado oscuro de la visión maniquea, sino que pareciera haber sido real. Tanto es así que nos atrevemos a decir que el hambre es un sujeto histórico de primer orden para comprender tanto los hechos acaecidos en nuestro territorio durante sus años fundacionales, como el discurso surgido de esos acontecimientos[3]. Es más, un análisis de las fuentes de la época nos lleva a concluir que muchos conquistadores fueron verdaderos cautivos del hambre.

Europa y el hambre milenaria

Los españoles del XVI habían cruzado el Atlántico y recorrido luego la geografía americana en busca de un destino mejor. Entre los motivos que ayudan a explicar el traslado de tantos españoles hacia América en el siglo XVI, podemos decir, citando a Parry, que quizás el más importante fue el deseo de adquisición[4]. Por entonces, una de las cosas que más se deseaba adquirir era tierras, porque el poseerlas podía reportar rango social, pero, sobre todo, la posibilidad de cierta autonomía económica frente a un problema europeo milenario: el de las hambrunas. Pierre Chaunu concuerda con Parry respecto a la preponderancia de este factor en la búsqueda de objetivos europeos para expandirse por el mundo durante el siglo XVI. América, dice Chaunu, llenaría con creces el motivo básico de los europeos expansionistas en busca de tierras

[2] Para revisar esta visión positiva de América, ver Sanfuentes, 2006.

[3] Contrario a esta idea es John Super, quien en su obra *Food, Conquest, and Colonization in Sixteenth Century Spanish America*, argumenta que los datos para hablar del hambre como un fenómeno generalizado en la historia hispanoamericana no son persuasivos. Sin discutir el alcance de su afirmación, me atrevo a decir que, en el caso chileno, el hambre tuvo un protagonismo ineludible.

[4] Parry, 1981, pp. 19-38.

para satisfacer las necesidades de comida y energía del sistema agrícola europeo[5].

También está presente el móvil religioso como un estímulo para estos conquistadores, así como la creciente curiosidad[6] que comienza a penetrar lentamente en las mentes de los europeos, como un adelanto de los tiempos modernos que se aproximaban. Por último, habría que mencionar el idealismo y valor caballeresco de tantos hombres que cruzaron los mares imbuidos de historias fantásticas leídas en libros de caballerías[7].

Frente a estas expectativas y móviles de acción que explican el traslado de miles de españoles a tierras americanas, se comprende el total encandilamiento de los conquistadores al encontrar los imperios mesoamericano y andino. Efectivamente, tanto en el área de influencia de los mayas y los aztecas, como en el de los incas a la llegada de los españoles, se habían instalado en la América precolombina imperios sofisticados y capaces de emular a las mejores ciudades europeas. Lo que más mueve y entusiasma a los conquistadores es la abundancia de oro y plata. No obstante, entre otras cualidades de estos imperios, llama nuestra atención actual, y la del europeo del siglo XVI, el que no se conocía el hambre.

En el Tahuantinsuyo a la llegada de los españoles, el incario tenía organizado todo un sistema de regadío, cosechas, almacenaje y distribución de los alimentos que permitía que las personas dentro de este imperio no pasaran hambre. Nada más distinto a la realidad europea, donde la estratificación social de tipo piramidal dejaba en total desamparo a los sostenedores de la figura, que tuvieron que sufrir hambrunas diezmadoras durante toda la Edad Media. El hambre permanente de la Europa medieval había llegado a conformar parte considerable de la conciencia histórica colectiva europea[8]. El hombre europeo nacía

[5] Super, 1988, p. 80.

[6] Parry, 1981, p. 34; y Elliott, 1952, p. 44.

[7] López Piñero, 1986, p. 19.

[8] Utilizo el concepto de memoria histórica colectiva, tomándolo prestado de Maurice Halbawchs, para describir una situación compartida dentro del continente europeo en que el hambre acecha de forma permanente. Se convierte en un miedo que encarna el peligro real y el imaginado y se va heredando de generación en generación como un elemento común. Respecto a la idoneidad de utilizar este concepto, Paul Ricœur argumenta que, a pesar de la irreductibilidad de la memo-

aprendiendo a sobrevivir y buscando formas de paliar esa hambre que caracterizaba la vida de su familia, de su comunidad y de su ciudad. Era un miedo compartido que marcaba las acciones y las percepciones frente a la dura realidad.

Miguel Ángel Almodóvar habla de una especie de memoria cultural y genética que recuerda al español lo que es pasar penurias[9]. Sabe lo que es el hambre: es capaz de arrebatar la comida, come rápido para que no le quiten el bocado e inventa argucias para comer más. Ha crecido escuchando anécdotas de sus antecesores que luchaban por un plato de comida y sabe de otros que han muerto por desnutrición o por comidas putrefactas. Ha sufrido las consecuencias de malas cosechas, los asaltos en los caminos y las distribuciones poco justas de las raciones dentro del hogar.

La mayoría de la población europea vivía en un estado de desnutrición crónica, subsistiendo con potajes hechos de pan, agua y alguna legumbre. Había pocas hortalizas[10], comían carne pocas veces al año y solamente si era una festividad que lo ameritase. La mala nutrición atraía otras enfermedades, que significaban nuevas posibilidades de muerte. La indigencia traía también la violencia y justificaba el matar por comida.

ria individual, no se puede negar que como seres individuales comenzamos aprendiendo en relación a los otros. No se recuerda solo, sino con la ayuda de los otros, argumenta Halbwachs. Nuestros presuntos recuerdos muy a menudo se han tomado prestados de los relatos contados por otros. Por último, uno de los aspectos principales quizás consista en que nuestros recuerdos se encuentran inscritos en relatos colectivos que, a su vez, son reforzados mediante conmemoraciones y celebraciones públicas de los acontecimientos destacados de los que dependió el curso de la historia de los grupos a los que pertenecemos. La ritualización de lo que podemos llamar recuerdos compartidos legitima a Halbwachs para convertir cada memoria individual en un punto de vista de la memoria colectiva. Pero de ahí a presuponer la existencia de un sujeto colectivo de la memoria que se hiciese cargo del carácter propio de sus recuerdos existe una distancia difícilmente superable. Aportan también a esta discusión y a las suposiciones que hagamos en nuestro tema las ideas de Frederic Bartlett, quien sostiene que la memoria se encuentra directamente influida por factores sociales. Sin embargo, a diferencia de Halbwachs, Bartlett prefiere hablar, en vez de memoria de grupo, de una memoria dentro del grupo.

[9] Almodóvar, 2003.

[10] Almodóvar, 2003, p. 64.

Era muy difícil sostener a una familia en el contexto de la escasez de tierras y de huertos familiares pequeños que debían trabajarse comunitariamente y que apenas ofrecían el margen de producción para subsistir en forma digna. Todos soñaban con más espacio cultivable, una tierra fértil y un clima benigno que no amenazara las cosechas. Deseaban independencia respecto al señor del feudo, a quien tenían que tributar, alquilar el terreno y pagar impuestos. Poco quedaba después de este considerable desembolso.

Roger Chartier aventura las razones socioeconómicas de esta precaria situación en la Europa moderna: el empobrecimiento de una parte importante de los campesinos con el crecimiento demográfico, la repetición de las crisis cíclicas que producen la migración campo-ciudad, la pauperización interna de las ciudades con la baja de salarios debido al aumento de los precios y la imposibilidad de la incorporación de los nuevos inmigrantes dentro de las estructuras artesanales y gremiales[11].

Aunque tenemos pocas fuentes para estas descripciones de la vida cotidiana de los más pobres, podemos suponer la existencia de ciertos escenarios a través de la utilización de otras fuentes, al modo que lo hizo Robert Darnton para pintar el cuadro de la sociedad campesina francesa del Antiguo Régimen, donde uno de los aspectos que resalta es, precisamente, el hambre. A través del cruce de información de los datos empíricos de la economía y de los análisis desde la psicología y la etnografía, Darnton da sentido a una serie de cuentos populares donde descubrimos una sociedad con características comunes para toda Europa: «Los cuentos pertenecían a un fondo de cultura popular que los campesinos atesoraron durante siglos con muy pocas pérdidas»[12].

Como una forma de registrar este fenómeno en el mundo español podemos acudir a la novela picaresca de los siglos XVI y XVII, que recoge perfectamente la lucha diaria por la supervivencia de un grupo de la sociedad española. El pícaro se movía por los caminos buscando incesantemente comida para sobrevivir. Se confundía con vagabundos en la lucha diaria por atrapar gallinas, robar alguna pieza de ganado o engañar a cualquiera que pudiera proporcionarle algo para comer. Para sor-

[11] Chartier, 2002-2003, p. 4.
[12] Darnton, 1987, p. 24.

tear el hambre el pícaro se convirtió en el gran conocedor de los caminos del engaño.

Los acontecimientos en Chile y primeros registros del hambre

La expedición de Diego de Almagro es célebre en cuanto a acontecimientos desastrosos en el actual territorio chileno. Antes de la espantosa experiencia cordillerana, la «Flor de las Indias», como se le conoció a la expedición de Almagro, cruzó el río Gachipas, donde perdió la mayor parte de los alimentos. Después de este episodio, tanto la llegada inicial por una monumental cordillera fría y desolada como el retorno por un desierto seco y no menos desolado marcan una hazaña que no cumple con las expectativas de este conquistador. De cara a la rebelión indígena en el Cuzco y la urgencia de defender sus derechos frente a los intereses de Pizarro, Diego de Almagro decide retornar. Se marcha, además, derrotado y ofuscado por no encontrar el oro que le habían descrito; rabia y frustración que se ven acrecentadas por el frío y la falta de alimentos y de agua que debe sufrir en tan inhóspitos parajes[13].

Con Almagro asistimos al primer enfrentamiento entre españoles e indígenas en que el tema del alimento es el móvil que marca el conflicto. Estando Almagro en el valle de Hyguana, nos relata Rosales que mandó a sus solados a buscar comida utilizando el pillaje. Los naturales se sintieron violentados y tomando las armas hicieron que los españoles tuvieran que retirarse[14].

Viene entonces desde el Cuzco don Pedro de Valdivia, de quien los indígenas tenían noticia de su acercamiento. Conscientes de la importancia de la comida en los derroteros de la expedición, los indígenas se dispusieron a esconderla[15].

Cuando llega al valle del Mapocho y funda la ciudad de Santiago del Nuevo Extremo, se queja de aquel hábito de los indios de «recoger sus comidas» debido al recelo hacia los españoles y porque ya han

[13] Leemos: «donde los tres soldados se vieron en gran aflicción de sed y hambre» (Mariño de Lobera, *Crónica del Reino de Chile*, p. 29).

[14] Rosales, *Historia general del Reino de Chile*, vol. I, p. 357.

[15] Rosales, *Historia general del Reino de Chile*, vol. I, p. 374.

experimentado el éxito de aquella estrategia para ahuyentarlos[16]. Pedro de Valdivia decide, entonces, adelantarse a la catástrofe de quedarse sin alimentos y manda a sus hombres a juntar toda la comida posible para tener pertrechos para dos años y más. Tiene que mantener un precario equilibrio para velar por la ciudad recién fundada con un contingente militar que, a su vez, debe defender las sementeras para que la naciente colonia no muera de hambre.

Pedro de Valdivia sufrirá en carne y alma propia los efectos devastadores del hambre. En sus cartas al emperador Carlos V se queja innumerables veces de los padecimientos por hambre y argumenta, tajantemente, que es más fácil y más honroso sufrir en la guerra que sufrir por hambre: «Que más gloriosamente morirían en manos del enemigo que de hambre»[17]. El recurso al honor y la gloria no se utiliza solamente en la oficialidad epistolar, sino también como herramienta discursiva frente al ejército hambriento. Asustado ante una posible rebelión por las exageradas penurias y pocas satisfacciones, Pedro de Valdivia se convierte en un líder que acompaña con valor y energía a sus hombres. Los cronistas nos pintan este retrato de un Valdivia que, pese a la adversidad más absoluta, destaca por sus discursos que apelan al honor y el valor que él encarna fielmente. No se alcanza el descanso –les dice a sus hombres– sino por medio del trabajo y hambre que padecemos. Los alienta diciendo que están ya cerca de Quillota, donde saben que hay oro y bastimento.

Las miserias suelen preceder a la gloria. Es el discurso de un hombre que viene de una España que vive los ideales caballerescos y una religión que premia, finalmente, las penurias sufridas en la tierra. Es el discurso de la recompensa de un ideal cristiano que premia a los que sufren. Y son estos elementos culturales los que, efectivamente, Valdivia utiliza para que el hambre –uno de sus peores enemigos– no le gane el combate inicial.

El argumento del honor y la lucha frente a la adversidad vuelven a repetirse años más tarde en algunos capitanes. Alonso Bernal, ante la tremenda hambre sufrida por los soldados cercados por los indios en Arau-

[16] Valdivia, *Carta de Pedro de Valdivia*, p. 15.

[17] Rosales, *Historia general del Reino de Chile*, vol. I, p. 381; Valdivia, *Carta de Pedro de Valdivia*, p. 54.

co, declama: «Coraje, españoles, que en la guerra no se alcanza la honra sino con trabajos y quien ha vencido enemigos, venza el hambre»[18].

Cuando Pedro de Valdivia viene desde el norte cuenta que el hambre y la sed se tornaban insoportables y que no había ni una sola yerba para comer en el desierto ni tampoco pasto para darle a los caballos. Habrían muerto varios hombres. Va mandando expediciones que, junto con reconocer el territorio, tienen la misión de buscar lugares donde poder aprovisionarse. Todas las argucias son pocas a la hora de no pasar hambre. Diego de Rosales transcribe un supuesto diálogo que Pedro de Valdivia habría tenido con un cacique, en que le propone ser amigos a cambio de comida. Finalmente, el cacique lo traiciona y lo ataca. Valdivia responde saqueando su pueblo y robando comida y oro.

Se entera el cacique Michimalongo de las penurias de los españoles frente a la falta de alimento y acuerda con los suyos retirar toda la comida y las alhajas a los montes, lejos del hambre y la codicia españolas[19].

El cronista Jerónimo de Vivar relata cómo los indígenas se aprovechan de la situación y, atentos a los padecimientos por falta de alimentos de sus enemigos, hacen lo posible para que mueran de hambre. Destruyen las sementeras, esconden el maíz, otorgan información errada o simplemente no dicen dónde hay poblados ni posibilidades de comida. Cuando los españoles deciden salir en busca de bastimento, los indígenas salen al acecho para frustrar la operación. Y ocultan sus semillas y cosechas en «silos secretos», lejos de la vista del español y «donde acostumbran los indios a conservarlas para el mantenimiento de su año»[20]. El alimento se convierte en un arma de lucha de los indígenas, que lo utilizan con la esperanza de hacer huir a los españoles.

Góngora Marmolejo repara también en esta táctica del enemigo:

> Juntándose [los indios] era fácil cosa tomallos [a los españoles] por hambre no dándoles lugar que recogiesen bastimentos, pues fácilmente les podían quitar el salir a buscarlos, ni recibir lo que la Concepción les enviaba por la mar[21].

[18] Rosales, *Historia general del Reino de Chile*, vol. II, p. 126.

[19] «Acordaron de retirar las comidas y ganados y todas las demás alhajas a los montes» (Rosales, *Historia general del Reino de Chile*, vol. I, p. 380).

[20] González de Nájera, *Desengaño y reparo de la guerra del Reino de Chile*, p. 177.

[21] Góngora Marmolejo, *Historia de Chile...*, p. 110.

Más adelante repite que los indios no dejan a los españoles salir en busca del alimento porque saben que si no lo tienen pasan necesidad. En la ciudad de Cañete, enorme fue la alegría cuando, tras largos días de necesidad porque faltaban todas las cosas, «llegó el navío que venía de Valdivia cargado de trigo y otros muchos bastimentos»[22]. La llegada de vituallas permitió repoblar Cañete, pero no acabó con el hambre intermitente que sufrirían sus primeros pobladores. Dice el cronista que pasaron luego cuarenta días sin comer, aunque esperanzados de un envío de puercos.

El Padre Rosales comenta cómo los indígenas sitiaron la ciudad de Valdivia y cómo, al cercarlos por todas partes, «no tenían de dónde les viniese el sustento»[23]. Luego relata que los soldados mayores mandaban a sus subalternos a escoltar la operación de ir a comprar a alguna ciudad cercana vituallas para el ejército[24]. Los caballos caían muertos de inanición y los españoles se los comían para sobrevivir. Cuenta que un soldado se alimentó por mucho tiempo haciendo sangrar a su caballo de cuando en cuando y sin hacerlo matar para tener el sustento asegurado[25].

Más explícita aún es la crónica de Mariño de Lobera a este respecto:

> con todo eso juzgaron los indios que lo pasarían más mal los españoles, por ser gente hecha a comer pan y carne y juntas y otros regalos, sin los cuales se sustentan ellos con solo yerbas y unas raíces a manera de nabos que llaman cebolleta en este reino. Habiendo consultado esto muy despacio, se resolvieron en que era este el mejor ardid que se podía hallar para sus fines[26].

La cita es elocuente de las intenciones indígenas y de la debilidad que ven en este otro pueblo más glotón. Ellos necesitan solamente lo que la naturaleza les otorga para sobrevivir, mientras que los españoles requieren de proteínas animales y productos más elaborados.

En su *Cautiverio feliz*, Pineda y Bascuñán se asombra asimismo con el hecho de que los indígenas toleren el hambre por tantos días: cuan-

[22] Góngora Marmolejo, *Historia de Chile*..., p. 182.
[23] Rosales, *Historia general del Reino de Chile*, vol. II, p. 23.
[24] Rosales, *Historia general del Reino de Chile*, vol. II, p. 73.
[25] Rosales, *Historia general del Reino de Chile*, vol. II, p. 126.
[26] Mariño de Lobera, *Crónica del Reino de Chile*, pp. 69-70.

do salen a la guerra pueden sustentarse por quince o veinte días con un puñado de harina tostada[27].

Desde la perspectiva de los siglos, la historiografía actual confirma este dato: John Super argumenta que los indígenas comían menos que los españoles en América, pero no menos que los españoles en Europa[28]. Para el escenario chileno, Álvaro Jara repara en el régimen alimenticio bastante modesto de los indígenas del sur[29].

Los indígenas sabrían utilizar esta ventaja comparativa para sus propios fines, invirtiendo, entonces, la supuesta fortaleza cultural y tecnológica de la sociedad española en debilidad estratégica frente a los naturales[30]. Los españoles tenían las armas de fuego, pero los indígenas la suspicacia para detectar el punto débil. Atentos a los enemigos y sus vulnerabilidades, los indígenas «ceban con frutas y harinas» a los hambrientos españoles para luego desarmarlos, o bien estos últimos, en extrema desesperación, entregan sus armas a cambio de cualquier pieza de comida[31].

El extremo de la situación de vulnerabilidad del ejército español frente al doble enemigo del indígena y el hambre se da cuando el soldado, ya desesperado, se cambia al bando enemigo. Cuando ve que nada resulta con las armas y que el futuro inmediato es un infierno de calamidades –donde el hambre ronda sin cesar–, el soldado huye a buscar una mejor situación: «La desnudez, trabajos y hambres hacen hacer muchas cuentas, en dando en esta de irse a los enemigos, se van a ellos, conociendo que ha de ser entre ellos su suerte mejorada»[32].

La guerra constante con los indígenas produjo un alza en el precio de los alimentos. Si en un principio las cosechas proporcionaban granos de fácil adquisición, la situación se tornó difícil muy pronto. Ya

[27] Rosati, 2008, p. 109.

[28] Super, 1988, p. 72.

[29] Jara, 1990, p. 28.

[30] Álvaro Jara enumera algunas de las características del método de guerra indígena para explicar los problemas con que se toparon los españoles durante el siglo XVI y parte del XVII. Menciona que los indígenas escondían las siembras y víveres (ver Jara, 1990). No obstante, la idea de este artículo es retomar ese factor al que se refiere Jara, relacionarlo con el tema del hambre como sujeto histórico y darle una mayor ponderación que la que tradicionalmente se le ha otorgado.

[31] González de Nájera, *Desengaño y reparo de la guerra del Reino de Chile*, p. 171.

[32] González de Nájera, *Desengaño y reparo de la guerra del Reino de Chile*, p. 192.

desde el primer alzamiento indígena de 1599 los productos de la tierra comenzaron a valer más y fue más difícil para el español que se asentaba contar con un flujo permanente.

Algunas consideraciones acerca del hambre en la Conquista de Chile. Aspectos psicológicos

Revisando el contexto histórico de la época que nos interesa podemos suponer la existencia de un grupo de conquistadores españoles que viene a Chile a procurarse una vida mejor. América se había configurado en las mentes de los aventureros como un lugar de oportunidades. Los eventos posteriores y la forma en que han sido relatados nos sugieren que la mayoría de ellos no pudo encontrar lo que quería y probablemente uno de los principales factores que explican este desenlace fue la presencia continua, punzante y acechante del hambre. Este factor siempre presente y del cual los españoles trataban de huir desde la Península, creemos, tiene que haber jugado un papel fundamental en los ánimos de los primeros conquistadores y colonos de Chile. Cómo no iban a estar frustrados si habían cruzado en barco el Atlántico y, luego, recorrido a caballo y a pie miles de kilómetros por el continente para poder mejorar su ya precaria situación. Lo que encontraron fue, en cambio, un escenario hostil donde había que esforzarse y trabajar en demasía para conseguir la supervivencia.

Incluimos aquí esa dimensión no siempre considerada que es la de la psicología en la historia[33], porque el hambre no trata solamente de una insatisfacción de las necesidades materiales del cuerpo, sino también de una problemática que abarca toda la naturaleza del ser humano. Cuando está presente en forma permanente, el hambre no permite desarrollar otras herramientas propias de la naturaleza del hombre.

[33] No es mi intención hacer aquí una apología de la llamada psico-historia para poder arrojar resultados. Mi intención reside más bien en abrir nuevas posibilidades en el estudio de temas complejos y que abarcan tantos aspectos del ser humano, que no pueden ser descritos ni analizados sin la ayuda de disciplinas complementarias. En el ámbito de las nuevas corrientes historiográficas que tratan más bien de problemas, una historia total debe incluir el aspecto psicológico de los asuntos que se propone.

Toda la persona, en su totalidad, trata de mantener el equilibrio químico que necesita para poder funcionar. Si el cuerpo carece de aquel elemento que le falta, desarrollará un instinto específico para ese nutriente vital. Si el hambre es radical y el hombre necesita varios componentes para poder sobrevivir, su cabeza y su espíritu no pararán hasta poder saciar esa necesidad.

Cuando una persona tiene hambre de verdad, probablemente lo que más refleje en sus acciones y peticiones es la necesidad de comida. Si estos postulados básicos los llevamos a la época que aquí estamos analizando y a las crónicas que relatan los eventos, podemos decir que el hecho de que nos encontremos con tantos y tan variados registros de la presencia de hambre en los albores de nuestra historia, es muestra de una verdadera obsesión entre los conquistadores. No hay relato de descubrimiento y conquista de Chile que no repare en el hambre feroz de sus hombres. Se utiliza todo tipo de circunstancias y de herramientas de la redacción para poner de manifiesto que es este, probablemente, el peor de los enemigos. Solo alguien que está realmente necesitado y cuyo cuerpo llega a bramar por comida puede enfocar toda su atención en conseguir alimentos. No hay espacio para ocultar esta debilidad ni para concentrarse en otros aspectos de la estrategia, porque todo lo que importa es conseguir el alimento para poder fijar la atención en el resto: «Todas las capacidades se ponen al servicio de satisfacer el hambre, y la organización de dichas capacidades está casi enteramente determinada por el único propósito de satisfacer el hambre»[34].

Por consiguiente, tanto las acciones concretas como el discurso para relatarlo están teñidos por el hambre como *factor* determinante:

> Los receptores y los realizadores, la inteligencia, la memoria, los hábitos, todo puede definirse ahora sencillamente como instrumentos para graficar el hambre. Las capacidades que no sirven a este fin permanecen latentes o se las empuja al fondo [...]. Esa persona sueña con la comida, recuerda la comida, piensa en la comida, se emociona solo con la comida, percibe la comida y solamente quiere comida[35].

Para esta persona y, acomodándolo ahora a nuestro conquistador, la paz está solamente ahí donde puede dejar de sentir hambre. Si no satis-

[34] Maslow, 1989, p. 22.
[35] Maslow, 1989, p. 23.

face sus necesidades mínimas, entabla una lucha por conseguirlo y enfoca su atención en el verdadero enemigo que debe destruir: el hambre.

No hay naturaleza humana que pueda resistir el hambre espantosa que sufrieron los primeros conquistadores en nuestro territorio. Hay que ser más que un hombre, de otra naturaleza, sugiere un afectado Pedro de Valdivia a su emperador Carlos V, en busca de una imagen adecuada y lo suficientemente ilustrativa para describir las penurias de sus hombres[36]. En esta misma dificultad de buscar los puntos de comparación adecuados para poder compartir la imagen con el interlocutor, González de Nájera se queda corto y dice que no sabe en cuál parte del mundo la desnudez y hambres que pasan los soldados en este territorio pueden ser mayores[37]. La desnudez y la falta de alimento los convierten en verdaderos cautivos de su condición animal y apenas les dejan energía para otras preocupaciones. Y si damos fe a las palabras de González de Nájera, resulta difícil imaginar un nivel mínimo de supervivencia con la ración de comida (si es que se le puede llamar así) que recibía cada soldado, cuando la recibía. La tercera parte de una fanega de trigo o cebada al mes era lo que se le proporcionaba, si es que no era periodo de calamidad. Tenía luego que molerlo, cocerlo en agua y comérselo así, sin ningún otro aditamento ni condimento que lo hiciera menos insípido.

«Y hacía en este tiempo el hambre su oficio y como enemigo doméstico les hacía la guerra intestina y en todo el campo estaban descaecidos los ánimos de muchos»[38]; así describe el Padre Rosales la época de Pedro de Valdivia. El padecimiento fisiológico tiene su equivalente en el plano espiritual. Frente a la desesperación y dolor que produce el hambre, el ánimo flaquea. En el discurso surgido de la experiencia del hambre, pareciera que todo se extrapola. Para poder explicarlo y dejar constancia de su brutalidad, se recurre a adjetivos sumamente negativos y se la pinta con los mismos colores de la muerte, del

[36] «Los trabajos de la guerra, invictísimo César, puédenlos pasar los hombres, porque loor es al soldado morir peleando; pero los de la hambre concurriendo con ellos, para los sufrir, más que hombres han de ser» (Valdivia, *Carta de Pedro de Valdivia*..., p. 27).

[37] González de Nájera, *Desengaño y reparo de la guerra del Reino de Chile*, p. 189.

[38] Rosales, *Historia general del Reino de Chile*, vol. I, p. 381.

castigo, del pecado. La gente víctima de los cercos indígenas «estaba tan flaca y amarilla que parecían difuntos»[39].

El hambre es envilecimiento, pobreza, anonimato, características todas que recuerdan la situación de inferioridad de la cual se proviene y que, al constituirse en un recordatorio permanente de los orígenes, suscita aún más frustración. Tantos esfuerzos realizados y tantos kilómetros recorridos huyendo de ese cuadro ya conocido de necesidad extrema, vileza, vacío, esterilidad y de infierno, para venir a reconocerlo, para volver a enfrentarlo con colores similares en estas tierras ignotas, desilusiona a los afectados y no les permite fijar la atención en otros aspectos. El hambre quebrantaba la dignidad humana y hacía sentirse al hombre cercano a la condición animal. El hambre que sufre el conquistador en Chile es cruel e irreparable, describe González de Nájera[40], aludiendo a su carácter de sujeto histórico protagónico y a la radicalidad de sus efectos.

El hambre no permite ver la guerra con la claridad táctica que requiere porque el soldado está preocupado de conseguir alimentos y, como cuenta el Padre Rosales, al estar tanto tiempo cercados y sin comida, los soldados «salían impacientes»[41]. La impaciencia no sirve a la frialdad estratégica de una guerra. La acompañan la irracionalidad y el desequilibrio en las acciones.

Respecto a las estrategias de la guerra, Sergio Villalobos comenta que el verdadero objetivo de una contienda es disuadir al enemigo de su voluntad de resistir. En el caso de la Conquista de Chile, se extremó el afán de quebrantar moralmente al contendor[42]. Y el indio recurrió al hambre para desanimar al español. Rosales comenta que los españoles habían recibido ciertas órdenes, pero el hambre fue tanta «que no se pudieron contener»: salieron del fuerte a buscar alimento y el enemigo los tomó por sorpresa. «Se desmandaron por buscar sus comidas», concuerda González de Nájera[43]. Este último recuerda, asimismo, que cuando salía por las riberas de los ríos a recoger pencas, volvía después a repartirlas entre sus soldados con la espada en la mano, porque per-

[39] Rosales, *Historia general del Reino de Chile*, vol. II, p. 351.

[40] González de Nájera, *Desengaño y reparo de la guerra del Reino de Chile*, p. 171.

[41] Rosales, *Historia general del Reino de Chile*, vol. II, p. 313.

[42] Villalobos, 1999, vol. I, p. 132.

[43] González de Nájera, *Desengaño y reparo de la guerra del Reino de Chile*, p. 168.

dían la razón frente a cualquier cosa que pareciese comida y perdían todo el respeto por los otros[44].

El hambre supedita todas las acciones racionales a la irracionalidad. El soldado está cautivo de su desesperación. El hambre no guarda, tampoco, respeto a la obediencia que el militar requiere, dice Rosales más adelante[45]. Describe, asimismo, que los soldados faltos de ración salían del campamento sin atender ninguna orden. Porque a lo único que obedece un cuerpo hambriento, aunque sea el de un militar que debe obediencia a su superior, es a saciar su necesidad básica. Era tal el hambre y la falta de claridad que producía frente a las necesidades de la guerra, que los soldados con hambre atacan a sus mismos amigos. Es lo que ocurre en Tucapel cuando los españoles robaron las reducciones de los indios de paz. Estos violentos agravios enfurecieron a los naturales e hicieron peligrar los pequeños logros que la difícil labor pacificadora había conseguido. Los españoles que cometieron el atraco, temerosos de ser reconocidos por los indios y castigados por su coronel, se pintaban la cara, se ponían parches en el ojo y colocaban sombreros y bonetes, en el más puro estilo picaresco del que usa las argucias del engaño para poder sobrevivir.

En circunstancias de hambre extrema, los de Villarrica salían a matar sus caballos en vez de a los indios, porque era más importante saciar el hambre como primera necesidad que ganar la guerra. No les importaba fingir armisticio con tal de saciar temporalmente el hambre y conseguir algo de alimento del enemigo. Y aunque era esta una mala estrategia a medio plazo –porque los indígenas atacarían después con más furia cuando descubrieran el engaño–, el hambre era más fuerte y no permitía pensar más allá. Incluso el hambre era el único atenuante cuando un soldado engañaba a su superior y entraba en trueque con indígenas entregando sus armas a cambio de comida. Si se actuaba por hambre, era comprensible, porque el hambre no permitía actuar de manera razonable.

Los padecimientos de hambre y los prejuicios culturales

Cuando el hambre acecha, todo es un manjar y el hombre es capaz de transgredir sus propios tabúes culturales. A pesar de que el tipo de

44 González de Nájera, *Desengaño y reparo de la guerra del Reino de Chile*, p. 189.
45 Rosales, *Historia general del Reino de Chile*, II, p. 384.

alimentación había sido tradicionalmente un criterio para medir el grado de civilización de otros pueblos, a la hora de la verdadera hambre, todos los prejuicios culturales tuvieron que dejarse de lado.

Frente a parajes americanos por cierto inhóspitos como el desierto y la cordillera, no es raro que los españoles, al sentir hambre, recurran a cualquier alimento que la naturaleza les proporcione. Los prejuicios se dejan de lado en el ámbito práctico, pero surge la necesidad de dejar constancia del sentimiento de salvajismo que se experimenta, una forma de excusarse frente a las barbaridades cometidas.

Jerónimo de Vivar nos relata que «se comió zapallo y no se tuvo por mala comida»[46]. Mucho más extremo es el testimonio de Pedro Mariño de Lobera, quien relata que el hambre era tan feroz que se consideraba un banquete encontrarse con un ratón o una sabandija. El relato posterior de Alonso de Ovalle confirma estas situaciones de hambre extrema al relatar que la expedición de Valdivia tuvo que comer ratones y raíces para sobrevivir.

El Padre Rosales nos relata que en la época de Pedro de Valdivia «era tal el hambre que comían achupallas, raíces, chicharas y de los pocos perros que había, después de haberlos muerto para comer, robaban los pellejos con que algunos hacían calzones y jubones para cubrir sus carnes»[47].

Luego cuenta que cuando los indígenas cercaban los fuertes españoles, el hambre era tan grande que los soldados llegaban a comerse las adargas, las suelas de los zapatos y «cuantas inmundicias hallaban»[48]. Otros llegaron a comer cosas tan poco alimenticias como jabón[49] y asquerosas como las correas de cuero que se ponía a las vacas o que servían de sogas, pero que se asaban bajo el rescoldo del fuego. Caballos, gatos y perros fueron un verdadero manjar en esas circunstancias.

Cuenta González de Nájera que cuando se les acabó la ración de trigo y cebada que consumían los soldados, los mandó a recoger cardos, de los que en España suelen darse a los caballos[50]. El mismo Nájera sale a recolectar pencas y pangue. Cualquier yerba servía para echar-

[46] Vivar, *Crónica de los Reinos de Chile*, p. 83.

[47] Rosales, *Historia general del Reino de Chile*, vol. I, p. 415.

[48] Rosales, *Historia general del Reino de Chile*, vol. II, p. 126.

[49] Rosales, *Historia general del Reino de Chile*, vol. II, p. 384.

[50] González de Nájera, *Desengaño y reparo de la guerra del Reino de Chile*, p. 189.

se a la boca en estas circunstancias; pero muchas de ellas enfermaban gravemente a los españoles.

En términos de lo alimenticio como factor para catalogar al otro, lo que produce más horror es la antropofagia. Dentro de las brutalidades que puede llegar a cometer un humano considerado inferior, el comer carne humana es la que más denigra y acerca a la naturaleza animal.

Los españoles mucho se espantaron con los episodios en que los indios se comían entre ellos y la historiografía posterior ha debatido intensamente acerca del alcance de las prácticas antropófagas en nuestro continente[51]. Sin embargo, la total repulsión que la antropofagia causaba entre los españoles tuvo que ceder frente a la inminencia del hambre y los mismos españoles no estuvieron ajenos a realizar lo que más les causaba repugnancia y que, además, los hacía parecerse a los animales. El Padre Rosales relata que en una terrible hambruna en Villarrica, donde el hambre llegó a matar a cientos de españoles, «una mujer se comió, acabada de parir, la criatura de sus entrañas»[52]. Carne humana habrían comido muchos otros en la desesperación y «de los indios que mataban hacían cecinas»[53]. La necesidad habría crecido de tal forma que echaban suerte entre los soldados para comerse entre ellos. El capitán Bastidas les sugiere que es menos malo comerse a los indios que a los españoles y que si se comían la carne de los naturales estarían más valientes y gallardos para pelear porque «a la gallardía de su valor juntarían la valentía de los indios convirtiéndola en su sustancia»[54].

Frente al hambre extrema que no permite que otras capacidades del ser humano puedan jugar su rol y a los prejuicios culturales que dificultan la adaptación inicial del conquistador a la situación particular de una naturaleza diferente, se oponen, finalmente, la voluntad, la fuerza, la creatividad y otros aspectos imponderables del hombre y su cultura. La cultura es todo aquel bagaje que, de alguna forma, nos permite sobrepasar las limitaciones fisiológicas radicales e intervenir en forma adaptativa el entorno y sus circunstancias.

Estas reflexiones también pueden aplicarse al problema y al periodo que nos ocupa. Lentamente, el español va a ir desechando las ataduras

[51] Para el tema de la antropofagia en América, ver Sanfuentes, 2003.

[52] Rosales, *Historia general del Reino de Chile,* vol. II, p. 384.

[53] Rosales, *Historia general del Reino de Chile,* vol. II, p. 384.

[54] Rosales, *Historia general del Reino de Chile,* vol. II, p. 384.

culturales y se atreverá a comer nuevos alimentos que terminará por incorporarar a su dieta. Por otra parte, nuevas tecnologías y un conocimiento más cabal del entorno le irán permitiendo domar lentamente la naturaleza y adaptarse a las vicisitudes naturales.

Reflexiones finales

A través de las páginas que he presentado, he tratado de desplegar el tema del hambre en la Conquista de Chile como un factor poco conocido y poco tratado hasta ahora. Mi objetivo ha sido agregar un componente decisivo en el esbozo de un cuadro más completo del proceso de asentamiento español en Chile. Las dificultades de descubridores y conquistadores españoles en territorio chileno fueron muchas y de variada índole, pero insisto en el protagonismo del hambre como un obstáculo de primer orden, así como para poder comprender el estado de ánimo de tantos hombres que sufrieron en la búsqueda del cumplimiento de sus expectativas. En el estudio de la guerra permanente entre españoles e indígenas en el sur de Chile, el factor del hambre debe ser bien ponderado para comprender el ánimo de los soldados y su correspondiente desempeño militar. Los soldados vivían en total miseria, sin ropas ni alimentos, sin premios con que recompensar sus penurias, lo que los desmoralizaba profundamente. Este hecho, indudablemente, era un factor de inestabilidad en el proceso de asentamiento español en el territorio chileno.

Bibliografía

Almodóvar, M. Á., *El hambre en España. Una historia de la alimentación*, Madrid, Oberon, 2003.

Allende Navarro, F., «La ruina de Villarrica y la información de don Juan de Maluenda», *Boletín de la Academia Chilena de la Historia*, 78, 1968, pp. 152-197.

Chartier, R., «La construcción estética de la realidad», *Tiempos Modernos*, 7, 2002-2003, pp. 1-15.

Darnton, R., *La gran matanza de gatos y otros episodios de la cultura francesa*, México, Fondo de Cultura Económica, 1987.

Elliott, J. H., *El Viejo Mundo y el Nuevo, 1492-1650*, Madrid, Alianza, 1952.

Góngora Marmolejo, A. de, *Historia de Chile desde su descubrimiento hasta el año 1575*, Colección de Historiadores de Chile y Documentos relativos a la Historia Nacional, vol. II, Santiago de Chile, Imprenta del Ferrocarril, 1862.

González de Nájera, A., *Desengaño y reparo de la guerra del Reino de Chile*, Santiago de Chile, Imprenta Ercilla, 1889.

Jara, Á., *Guerra y sociedad en Chile*, Santiago de Chile, Universitaria, 1990.

López Piñero, J. M., *El arte de navegar en la España del Renacimiento*, Barcelona, Labor, 1986.

Mariño de Lobera, P., *Crónica del Reino de Chile*, Colección de Historiadores de Chile y Documentos relativos a la Historia Nacional, vol. VI, Santiago de Chile, Imprenta el Ferrocarril, 1865.

Maslow, A. H., *El hombre autorrealizado: hacia una psicología del ser*, Barcelona, Kaidós, 1989.

Parry, J. H., *The Age of Reconaissance. Discovery, Exploration, and Settleement, 1450-1650*, Berkeley/Los Angeles/London, University of California Press, 1981.

Rosales, D. de, *Historia general del Reino de Chile*, Valparaíso, Imprenta del Mercurio, 1877, 3 vols.

Rosati, H., y C. González Vargas, *Maulicán y Francisco. Enemigos-amigos en el Arauco del siglo XVII. Comentario al «Cautiverio feliz»*, Santiago de Chile, Ediciones Universidad Católica de Chile, 2008.

Sanfuentes, O., «Europa y su percepción del Nuevo Mundo a través de las especies comestibles y los espacios americanos en el siglo XVI», *Historia*, 39.2, 2006, pp. 531-556.

— «Las primeras imágenes del caníbal americano», en *Arte y cultura en la época de Isabel la Católica*, ed. J. Valdeón Baruque, Valladolid, Instituto Universitario de Historia Simancas/Ámbito, 2003.

Super, J. C., *Food, Conquest, and Colonization in Sixteenth-Century Spanish America*, Albuquerque, University of New Mexico Press, 1988.

Valdivia, P. de, *Carta de Pedro de Valdivia que trata del Descubrimiento y Conquista de Chile*, ed. facsimilar de J. T. Medina, Sevilla, Establecimiento Tipográfico de M. Carmona, 1929.

Villalobos, S., *Historia del pueblo chileno*, Santiago de Chile, Universitaria, 1999.

Vivar, J. de, *Crónica de los Reinos de Chile*, ed. Á. Barral Gómez, Madrid, Dastin, 2000.

LUCÍA MIRANDA EN EL ESPEJO: PRIMERAS CAUTIVAS BLANCAS EN EL RÍO DE LA PLATA

Silvia Tieffemberg
Universidad de Buenos Aires
Consejo Nacional de Investigaciones Científicas y Técnicas

El título de esta ponencia, «Lucía Miranda en el espejo», hace referencia, obviamente, a la pequeña protagonista del relato de Lewis Caroll. Tanto *A través del espejo y lo que Alicia encontró del otro lado* como la primera parte y –más conocida– *Alicia en el País de las Maravillas* pueden ser leídas, entre otras muchas perspectivas, como una profunda reflexión sobre nuestra manera de concebir el espacio: cuando Alicia pasa a través del espejo algo se modifica y algo permanece, el cuerpo de la niña en su tránsito al lugar de las maravillas mediante la conejera adquiere dimensiones diferentes y denota relaciones dinámicas con el entorno que también sufre modificaciones. Al atravesar el espejo, Alicia cambia y sigue siendo la misma. De este relato me interesa puntualizar que se trata de una niña, que cruza hacia otro espacio, desconocido, y que ese tránsito conlleva modificaciones para ella y para su entorno.

Y con este escuetísimo marco de sentido vayamos al principio del siglo XVII, donde propongo leer el relato de Lucía Miranda[1], inserto en

[1] Lucía Miranda es una mujer española que habita en el fuerte Sancti Spiritu fundado por Gaboto en 1527; el amoroso tratamiento que Lucía dispensa al cacique Mangoré, que vive en las inmediaciones, hace que este caiga en un amor inconveniente por ella, que se encuentra casada con el capitán Sebastián Hurtado. Mangoré penetra en el fuerte español en ausencia del esposo con el pretexto de proveer de alimentos, él y sus acompañantes matan a todos los hombres del lugar y

la llamada *Argentina manuscrita* –primera historia sobre la región rioplatense, escrita alrededor de 1612 por el mestizo Ruy Díaz de Guzmán[2]– como una alegoría sobre el espacio, pero en una dinámica especular con otra mujer de la crónica, mucho menos conocida, la Maldonada[3].

Efectivamente, así como Lucía Miranda tuvo reescrituras desde principios del siglo XVIII hasta comienzos del siglo XX[4], y gran cantidad de historiadores incluyeron el relato en sus textos aunque su historicidad pudiera ser difícilmente comprobada, el relato de la Maldonada despertó menor interés y fue desechado sin mayores contemplaciones en la mayoría de los casos.

Esta mujer, también según el relato de Ruy Díaz, era uno de los habitantes de la primera Buenos Aires fundada por Pedro de Mendoza, y decidió, movida por el hambre, huir del fuerte e irse a vivir con los indios. Así lo hace y a la caída de la noche busca refugio en una cueva donde se encuentra con una leona en trance de parto; la fiera se adelanta para devorarla pero decide no atacarla. La Maldonada, agradecida, la asiste como comadrona –en el parto, nacen dos leoncillos– y permanece unos días junto a la leona y sus crías, alimentada por la reciente madre hasta que es capturada por unos indios y llevada a vivir a la tribu, donde se convierte en esposa de uno de ellos. Tiempo después es rescatada de su cautiverio pero, en ese momento, Pedro de Mendoza ha muerto y la ciudad se encuentra bajo el mando de Francisco Ruiz

llevan a sus tierras a Lucía. Muerto Mangoré en el enfrentamiento, su hermano Siripó «hereda» el amor por la joven y la convierte en su esposa. De regreso, Sebastián Hurtado se entrega prisionero a los timbú para estar cerca de su esposa pero, incapaces de ocultar el sentimiento que los une, son descubiertos por Siripó, quien ordena la muerte de ambos: Lucía muere en la hoguera y Sebastián atravesado por las flechas indígenas.

[2] Para este trabajo utilizo un manuscrito no impreso hasta el momento *Argentina. Historia del Descubrimiento y Conquista del Río de la Plata*, denominado Códice I Río de Janeiro por Groussac, 1914, vol. IX. Las citas al texto en adelante se transcriben actualizando ortografía, puntuación y mayúsculas, y remiten al número de paginación del códice.

[3] El historiador argentino Miguel Guérin, en su excelente trabajo «Discurso histórico y discurso ficcional en *La Argentina* de Ruy Díaz de Guzmán» (Guérin, 1990), analiza ambos relatos como construcciones socioculturales y sociopolíticas del espacio rioplatense.

[4] Desde la versión en inglés de Thomas Moore, *Mangore, King of the Timbues*, en 1721 hasta la *Lucía Miranda* de Hugo Wast en 1929.

Galán, quien la castiga por haber abandonado el fuerte con la pena de permanecer atada a un árbol hasta ser devorada por las fieras. Cuando cae la noche, llega aquella leona a quien la Maldonada había servido de comadrona y la defiende de las otras fieras que quieren atacarla, y al amanecer es encontrada sana y salva por los habitantes del fuerte y las autoridades deciden perdonarla.

Mi propuesta de lectura es que Lucía Miranda y la Maldonada son dos caras de un mismo personaje, en tanto ambos relatos son un mismo relato en dos tiempos: mientras uno narra el paso desde el espacio propio hacia el espacio ajeno, el otro narra el regreso desde el espacio ajeno al espacio propio, y que este relato en dos tiempos muestra la interacción entre el *ekso* y el *endon*, el afuera y el adentro[5], y advierte, por ausencia, sobre un peligro latente, sobre el que volveré hacia el final.

Pero empecemos por el principio: el adentro y el afuera nos remiten a la noción de frontera, y si bien la frontera es una forma de aprehender el espacio compartimentándolo, no necesariamente consiste en un límite material: según Levi-Strauss, «la frontera es el límite al que en realidad no corresponde ninguna experiencia»[6]. Sin embargo, es condición de posibilidad del propio reconocimiento en la cultura a la vez que se siente referido porque «todo acto cultural vive, de manera esencial, en las fronteras» –esto, por supuesto, lo dice Bajtín[7]–, «la frontera es al mismo tiempo cierre y apertura, espacio de entredós», como sintetiza Hartog[8]. De la misma manera en que no existe cautiverio sin fronteras, la noción de frontera no está, no puede estar, exenta de la noción de transgresión, utilizada esta última en el sentido etimológico de 'ir a través de': solamente cuando nace la intención de 'cruzar a través de', cobra sentido y se materializa el límite que implica la frontera.

El *ekso* y el *endon*, este y el otro lado de la frontera, están perfectamente delimitados en los dos relatos de Ruy Díaz: tanto Lucía Miranda como la Maldonada habitan en el fuerte español; traspuesta la empalizada está el espacio de los otros, el *ekso*, el espacio bárbaro, sí, pero construido, contrariamente a lo que pudiera pensarse, como el espacio

[5] Tomo los conceptos teóricos de *ekso* y *endon* como organizadores del espacio en el discurso historiográfico de Huber, 1996, p. 42.

[6] Lévi-Strauss, 1977, p. 332.

[7] Bajtín, 1989, p. 30.

[8] Hartog, 1999, p. 24.

de la abundancia, la fertilidad, los sentimientos racionales y humanitarios, mientras que el *endon*, el espacio blanco, es el lugar de la carencia y la falta de humanidad. Cuando en el relato de Lucía Miranda los indios penetran en el fuerte español pueden hacerlo porque son considerados proveedores habituales de comida y ofrecen regalos que denotan una abundancia de la que carecen los blancos, que, en esa ocasión, han salido a buscar alimentos; así Mangoré llega «con 30 mancebos muy robustos cargados de comida, pescado, carne, miel, manteca y maíz»[9]. Detengámonos en esta frase: el texto podría no haber precisado quiénes llevan la comida pero lo hace, se trata de treinta hombres, jóvenes y de una contextura física sobresaliente; por otra parte, podría no precisarse de qué comida se trata pero, sin embargo, se detallan cinco elementos: el pescado y la carne indican que se trata de una tribu de cazadores; la miel, la manteca y el maíz indican que se trata de un pueblo sedentario que cultiva la tierra, que ha desarrollado habilidades para faenar el ganado –puesto que, según explica *Autoridades*, se denominaba *manteca* a la grasa de cerdo utilizada de la misma manera que el aceite para la cocción de alimentos[10]–, y que posee algún tipo de tecnología que permite recoger la miel, alimento que –nuevamente según *Autoridades*– era utilizado también con fines medicinales[11]. Por otro lado, la utilización de manteca señala, además, que son alimentos que se ingieren con algún tipo de cocción. Y por cierto, estas especificaciones marcan un contrapunto con el grupo blanco que ha salido «a las islas a buscar comida, llevando por orden se volviesen con toda brevedad con todo lo que pudiesen recoger»[12]; es decir, aunque podría tratarse de caza o pesca, el texto nunca lo menciona y más parece tratarse de un acto de rapiña: así como se discrimina qué clase de alimentos traen los indígenas, la comida que salen a buscar los españoles no obedece a ningún tipo de selección.

De la misma manera, la Maldonada huye del fuerte español a causa del hambre y encuentra no solamente alimentos en abundancia en el

[9] Díaz de Guzmán, *Argentina. Historia del Descubrimiento y Conquista del Río de la Plata*, c. 1612, fol. 53.

[10] *Aut.*, *s. v. manteca.*

[11] *Aut.*, *s. v. miel.*

[12] Díaz de Guzmán, *Argentina. Historia del Descubrimiento y Conquista del Río de la Plata*, c. 1612, fol. 53.

espacio salvaje, sino que la naturaleza le permite formar parte del ciclo de la fertilidad con el nacimiento de los leoncillos; más aún, la leona que le perdona la vida, la protege y la reconoce como su bienhechora, y, por eso, la despide con añoranza, mostrando sentimientos que solamente surgen en los hombres a imitación de las fieras. La *mal-donada* en el espacio blanco se convierte en la *bien-hechora* en el espacio indígena. Asimismo, el amor que despierta Lucía en Siripo la convierte de esclava en esposa y lleva al cacique a correr el riesgo de que Sebastián Hurtado permanezca en su jurisdicción en calidad de vasallo, con las consabidas consecuencias. Además de que la sanción moral hacia el cacique por la unión adúltera con una extranjera se produce en el espacio bárbaro y se pone en boca de una mujer de la tribu.

Ahora bien, Lucía Miranda y la Maldonada son cautivas, han cruzado las fronteras y se han convertido en –para reiterar el eufemismo utilizado por Ruy Díaz– esposas de hombres que habitan el otro espacio, han transgredido. Etimológicamente el verbo *cautivar* o *captivar*, como se decía más comúnmente en el español del siglo XVI, significa «aprisionar al enemigo en la guerra», pero en una segunda acepción –ya registrada por *Autoridades*– vale «aficionar y atraer cariñosamente la voluntad de otro de forma que quede como aprisionado de la voluntad ajena»[13]. Es decir que, aunque no en la raíz etimológica pero sí en un uso documentado muy tempranamente, en los vocablos *cautiva* y *cautiverio* se encuentra la idea de la transgresión, ahora sí, ligada a la idea de la seducción y el deseo.

Así comienzo a llegar a la conclusión de este trabajo: un siglo después de iniciada la conquista el proceso de mestizaje del nacido de madre india parece cumplido en tanto ha sido funcionalizado a los fines de la empresa conquistadora. Ruy Díaz es el testimonio vivo de ello: mestizo de origen, su propio nacimiento está relacionado con la conformación del espacio de la región. Nieto de Domingo Martínez de Irala y emparentado a través de su abuelo paterno con Álvar Núñez Cabeza de Vaca, es también nieto de la india Leonor, hijo de la mestiza Úrsula de Irala. En 1552, una conspiración liderada por Diego de Abreu trató de derrocar a Irala del gobierno del Río de la Plata; descubierta, sus cabecillas fueron condenados a la horca, sin embargo, el per-

[13] *Aut.*, *s. v. captivar.*

dón llegaría de la mano de un casamiento. Alonso Riquelme de Guzmán, uno de los sediciosos, se convierte en el marido de una de las hijas mestizas de Domingo Martínez de Irala, Úrsula, y de esta manera se sella la pacificación del espacio rioplatense. Fruto de esta unión nace Ruy Díaz, en Asunción, lugar emblemático si los hay del mestizaje rioplatense. Testimonio vivo decía, puesto que la sangre india del origen se subsume en la escritura de un territorio concebido desde la mismidad europea. Pero el peligro latente sobre el que la crónica advierte, y ahora retomo lo planteado más atrás, es el de un mestizaje no cumplido y por lo mismo aún más temido, el de la cautiva blanca, y es ahí donde Lucía Miranda y la Maldonada pueden ser leídas como figuras especulares en la configuración textual del espacio. Lucía cruza la frontera obligada y contra su voluntad se convierte en la mujer de otro; Lucía transgrede, pero no regresa al espacio blanco y muere sacralizada por el fuego en presencia del esposo legítimo. La Maldonada cruza la frontera compelida por el hambre pero por propia voluntad y se convierte, también, en la mujer de un otro pero regresa. Y el retorno y el perdón pueden concretarse porque la fertilidad de la que participa solo colateralmente queda del otro lado de la frontera. Tanto en uno como en otro relato, lo que se modifica es el *ekso*, el espacio de los otros: el cacique indio transgrede las normas socioculturales de su espacio, rechazando a una mujer de su comunidad e incorporando como esposa a otra de un espacio ajeno y sufre el amor y la pérdida; la leona queda en el afuera, herida de soledad, «dando muy fieros bramidos, mostrando sentimiento y soledad de su bienhechora»[14], mientras que la muerte de Lucía y el perdón otorgado a la Maldonada permiten que el *endon*, el espacio español y blanco, permanezca socioculturalmente inmodificado. Inmodificado sí, pero amenazado, pues el lugar del bárbaro se construye como objeto de deseo, en el *ekso* aguardan treinta mancebos robustos cargados de comida, en el *ekso* la fertilidad da sus frutos...

Solo un año después de que se publicara por primera vez el texto de Ruy Díaz que contiene los relatos de Lucía Miranda y la Maldonada, en 1837, Esteban Echeverría publica el poema *La cautiva*, considerado un texto fundador de la identidad nacional argentina. En el prólo-

[14] Díaz de Guzmán, *Argentina. Historia del Descubrimiento y Conquista del Río de la Plata*, *c.* 1612, fol. 91.

go, Echeverría declara un interés antes político que estético sobre el territorio que describe: civilizar el desierto, borrar la huella indígena de la pampa; pero el texto muestra, además, el peligro agazapado. María, cautiva en la toldería, logra huir de sus captores y, cuchillo en mano, corta las ligaduras de su amado, también cautivo de los indios, para que juntos retornen al espacio blanco. Sin embargo, la reacción del hombre refleja el temor al peligro que advierte la crónica de Ruy Díaz:

> Mas, súbito él la separa,
> como si en su alma brotara
> horrible idea, y le dice:
> –María, soy infelice,
> ya no eres digna de mí.
>
> Del salvaje la torpeza
> habrá ajado la pureza
> de tu honor, y mancillado
> tu cuerpo santificado
> por mi cariño y amor,
> ya no me es dado quererte[15].

Curiosamente, otro texto seminal de la literatura argentina, el *Martín Fierro* de José Hernández, retoma en la segunda parte, *La vuelta de Martín Fierro*, publicada en 1879, la figura de la leona para caracterizar a la cautiva, que acaba de ver morir a su hijito. En el episodio narrado en el poema por ella misma, resuenan algunas reminiscencias del texto de Ruy Díaz. La cautiva despierta los celos de otra mujer de la tribu donde está prisionera y esta convence a su hombre de que se trata de una hechicera. El indio golpea a la cautiva brutalmente con su rebenque para arrancarle una confesión y, ante el silencio de la mujer, degüella a su hijito frente a ella, lo hace pedazos y le ata las manos con sus intestinos. Lo que el texto calla, devela al mismo tiempo con información precisa: la cautiva –cuyo nombre de pila desconoce el lector– se encuentra en tal condición desde dos años atrás y el hijo es un niño que necesita ser amamantado y no puede valerse por sí mismo, de manera que ha nacido en cautiverio y, presumiblemente, es su propio

[15] Echeverría, *La cautiva*, p. 88.

padre quien le da muerte. Conocida la situación –y así lo muestra una de las diez láminas que acompañaban la primera edición–, Martín Fierro se enfrenta con el indio y lo vence ayudado por la cautiva, tras lo cual ambos se arrodillan para agradecer:

> Se alzó con pausa de leona
> cuando acabó de implorar,
> y, sin dejar de llorar,
> envolvió en unos trapitos
> los pedazos de su hijito,
> que yo le ayudé a juntar[16].

Al igual que en el episodio de la Maldonada, el retorno de la mujer blanca al espacio propio puede realizarse sin conflictos. Redimida en el dolor por la pérdida del hijo y dejando en el *ekso* la cara feraz de su naturaleza femenina, su reinscripción en el *endon* se resuelve con un laconismo que no parece casual:

> Ahí mesmo me despedí
> de mi infeliz compañera:
> «Me voy», le dije, «ande quiera,
> aunque me agarre el Gobierno,
> pues, infierno por infierno,
> prefiero el de la frontera»[17].

En 1949, para finalizar con otro clásico de la literatura argentina, Jorge Luis Borges publica «Historia del guerrero y la cautiva», un relato de frontera situado en 1872 –año de la publicación de la primera parte de *Martín Fierro*– y que Borges enlaza con su propia historia. En el relato, su abuela, nacida en Inglaterra, entabla conversación con otra inglesa, capturada quince años atrás por los indios, mujer de un capitanejo y madre de dos hijos en ese momento, a la que trata de convencer para que retorne al espacio blanco:

> Movida por la lástima y el escándalo, mi abuela la exhortó a no volver. Juró ampararla, juró rescatar a sus hijos. La otra le contestó que era feliz y

[16] Hernández, *La vuelta de Martín Fierro*, v. 1385.
[17] Hernández, *La vuelta de Martín Fierro*, v. 1570.

volvió, esa noche, al desierto. Francisco Borges moriría poco después, en la revolución del 74; quizá mi abuela, entonces, pudo percibir en la otra mujer, también arrebatada y transformada por este continente implacable, un espejo monstruoso de su destino[18].

Sin la mediación de la muerte o el borramiento del pasado que opera el perdón, el tránsito de mujeres blancas a través de las fronteras desdibuja los límites del *ekso* y el *endon*, los compartimentos estancos se disuelven y el espacio se resiste a ser aprehendido: recupera la inconmensurabilidad abismal de los momentos iniciales de la conquista.

Bibliografía

Bajtín, M., *Teoría y estética de la novela*, Madrid, Taurus, 1989.

Borges, J. L., «Historia del guerrero y la cautiva», en *Ficciones. El Aleph. El informe de Brodie*, Caracas, Biblioteca Ayacucho, 1986 [1949]. Disponible en <http://www.bibliotecayacucho.gob.ve>.

Díaz de Guzmán, R., *Argentina. Historia del Descubrimiento y Conquista del Río de la Plata*, c. 1612.

Diccionario de la lengua castellana en que se explica el verdadero sentido de las voces, su naturaleza y calidad, con las frases o modos de hablar, los proverbios o refranes y otros casos convenientes al uso de la lengua, Madrid, Francisco del Hierro, 1726-1739, ed. facsímil, Madrid, Gredos, 1963.

Echeverría, E., *La cautiva*, Buenos Aires, Longseller, 2006 [1937].

Groussac, P., *Anales de la Biblioteca*, Buenos Aires, Coni, 1914, vol. IX.

Guérin, M. A., «Discurso histórico y discurso ficcional en *La Argentina* de Ruy Díaz de Guzmán», *Río de la Plata*, 11-12, 1990, pp. 67-76.

Hartog, F., *Memoria de Ulises. Relatos sobre la frontera en la antigua Grecia*, Buenos Aires, Fondo de Cultura Económica, 1999.

Hernández, J., *La vuelta de Martín Fierro*, 2.ª ed. adornada con diez láminas, Buenos Aires, Librería del Plata, 1879.

Huber, H., «Roma, adentro y afuera en Polibio», en *Actas del XIII Simposio Nacional de Estudios Clásicos*, La Plata, Universidad Nacional de Humanidades y Ciencias de la Educación/Centro de Estudios Latinos, 1996, pp. 35-42.

Lévi-Strauss, C., *L'identité*, Paris, Grasset, 1977.

[18] Borges, 1986 [1949], p. 3.

«LA CARA TENGO LABRADA Y HORADADAS LAS OREJAS». ESPAÑOLES CAUTIVOS Y AINDIADOS EN LA CONQUISTA DE AMÉRICA

Miguel Zugasti
GRISO-Universidad de Navarra

Cuenta Bernal Díaz del Castillo en su *Historia verdadera* cómo en los tiempos tempranos de la conquista, hacia 1509, en cierta ocasión los indios lucayos (que habitaban en los cayos de las islas Bahamas) tendieron una emboscada a un navío español en la costa norte de Cuba y mataron a todos sus ocupantes, excepto a tres hombres y una mujer. A partir de entonces el lugar se conoció con el nombre de Matanzas, y así sigue hasta hoy. Los cuatro supervivientes se quedaron con los indios y solo pudieron ser rescatados tras la definitiva derrota de los lucayos por los españoles. Bernal refiere los nombres de estos cautivos y les dedica unas breves líneas; nos interesa ahora el último de ellos, un tal Cascorro (o Coscorro): «Hombre de la mar, y era pescador, natural de Huelva, y le había ya casado el cacique con quien solía estar con una su hija, e ya tenía horadadas las orejas y las narices como los indios»[1]. Ignoramos el tiempo que este onubense permaneció entre los lucayos, pero se ve que fue el suficiente como para unirse con la hija del cacique y para agujerearse orejas y nariz, símbolos evidentes de su proceso de indianización y transculturación[2].

[1] Díaz del Castillo, *Historia verdadera de la Conquista de la Nueva España*, cap. 8, p. 88.

[2] Conviene precisar que el llamado manuscrito Guatemala de la *Historia verdadera* omite precisamente la última frase de la cita anterior, donde se recogen los tres rasgos resaltados: casamiento con una nativa y horadado de orejas y nariz.

Si saltamos ahora al descubrimiento del Río de la Plata por Juan Díaz de Solís en 1516, las crónicas refieren cómo en un primer encuentro los indios desbarataron a los españoles, mataron a Solís y pusieron en fuga al resto de expedicionarios; todos los integrantes de la avanzadilla fueron sacrificados y comidos por los nativos, excepto un grumete al que se le perdonó la vida quizás a causa de su juventud, unos catorce años. Se llamaba Francisco del Puerto y convivió con sus captores una larga década: se duda si fueron los indios charrúas de la costa uruguaya o los guaraníes de las islas en el delta del Plata. Allí permaneció hasta que en 1527 fue recuperado por el capitán Sebastián Caboto; el muchacho había aprendido la lengua de los indígenas e hizo las veces de intérprete, pero tras una emboscada de los indios a orillas del río Uruguay desaparece su rastro por completo. Caboto hizo una *Información* ante la Casa de Contratación de Sevilla en 1530 donde desliza la sospecha de que Francisco del Puerto los traicionó para vengarse de un español con el que se había enemistado, y también para regresar con sus nuevos amigos los indios[3].

Sirvan estas trazas de Cascorro y Francisco del Puerto a modo de prólogo para acercarnos hacia otras historias paralelas sobre las cuales sí disponemos de más información. Por desgracia la literatura española carece de textos comparables a los del alemán Hans Staden o el francés Jean de Léry, quienes relataron en primera persona sus respectivas experiencias con los indios tupinambas del Brasil[4]. A falta de este tipo de testimonios directos, bueno será recurrir a la historiografía y las crónicas de Indias para localizar ejemplos de aculturación a lo indígena

[3] Estudia el caso en detalle, Medina, 1908, pp. 160-170, quien da por aceptable la versión de Caboto. Asimismo, Medina (pp. 140-142) habla de otros dos españoles llamados Enrique Montes y Melchor Ramírez que consiguieron contactar con Caboto y darle información de la zona. Procedían ambos de la citada expedición de Díaz de Solís y llevaban viviendo con los indios unos trece o catorce años. Otro superviviente más fue el portugués Alejo García, que se asentó con los guaraníes.

[4] Hans Staden pasó nueve meses cautivo entre los tupinambas y al ser rescatado publicó su relato en Marburgo, 1557: *Verdadera historia y descripción de un país de salvajes desnudos*. Diferente es el caso de Jean de Léry, pastor protestante que viajó al Brasil enviado por Calvino para fundar allí su iglesia en la llamada Francia Antártica; convivió unos meses con los tupinambas de la zona de Río de Janeiro y en 1579 publicó la *Historia de un viaje hecho a las tierras del Brasil, o también llamada América*.

entre no pocos españoles que arribaron a América con el ánimo de conquistarla y, en cambio, acabaron siendo conquistados por ella.

Gonzalo Guerrero

Corría el año 1511 cuando las expediciones de Diego de Nicuesa (adelantado de Veragua) y Alonso de Ojeda (gobernador y adelantado de Nueva Andalucía y Urabá) fracasaron en su intento de establecerse en Tierra Firme y sujetar a los aborígenes de la zona. Muchos expedicionarios murieron y los restantes se ubicaron en la ribera del río Urabá, optando por enviar una carabela hacia La Española (actual Santo Domingo) en busca de víveres y refuerzos. Pero el barco chocó contra unos bajíos junto a Jamaica y naufragó. Una veintena de supervivientes lograron ponerse a salvo en un batel, el cual acabó encallando en las costas de la península de Yucatán, junto al poblado de Ecab. Conocemos los nombres de algunos conquistadores que allí iban: el capitán Pedro de Valdivia (no confundirlo con el futuro conquistador de Chile), Jerónimo de Aguilar y Gonzalo Guerrero.

La pequeña aldea de Ecab pertenecía a un cacicazgo maya que se extendía por Cancún, Cozumel e Isla Mujeres. El cacique, a quien algunos llaman Halach Uinik, decidió ofrecer los españoles en sacrificio a sus dioses (tal fue la suerte de Valdivia), pero siete de ellos consiguieron escapar y eludir tan cruel destino. En su huida hacia el interior de la selva fueron capturados por el cacique de Xamanhá, rival del anterior, que les amparó las vidas y sujetó a servidumbre. Ocho años después, en 1519, cuando la expedición de Hernán Cortés llegó a rescatarlos de su cautiverio (había noticias de que unos hombres barbados moraban entre los indios), ya solo seguían con vida dos de ellos, Jerónimo de Aguilar y Gonzalo Guerrero[5].

[5] Cortés, *Cartas de relación*, «Primera relación (Carta de Veracruz)», pp. 121-122: «En este medio tiempo supo el capitán que unos españoles estaban siete años había cativos en el Yucatán en poder de ciertos caciques, los cuales se habían perdido en una carabela que dio al través en los bajos de Jaymayca, la cual venía de tierra firme. Y ellos escaparon en una barca de aquella carabela saliendo a aquella tierra, y desde entonces los tenían allí cativos y presos los indios». Otros testimonios en Mártir de Anglería, *Décadas del Nuevo Mundo*, Cuarta década, libro VI, p. 418:

La sorpresa que les aguardaba es que uno de estos cautivos, el tal Gonzalo Guerrero, rehusó volverse con los españoles y prefirió seguir al lado de los indios que le habían acogido. He aquí el relato de Bernal Díaz del Castillo:

> Luego se embarcaron en los navíos con las cartas y los dos indios mercaderes de Cozumel que las llevaban, y en tres horas atravesaron el golfete, y echaron en tierra los mensajeros con las cartas y el rescate, y en dos días las dieron a un español que se decía Jerónimo de Aguilar, que entonces supimos que así se llamaba, y de aquí adelante así le nombraré. Y desque las hubo leído, y recibido el rescate de las cuentas que le enviamos, él se holgó con ello y lo llevó a su amo el cacique para que le diese licencia; la cual luego la dio para que se fuese adonde quisiese. Caminó el Aguilar adonde estaba su compañero, que se decía Gonzalo Guerrero, que le respondió: «Hermano Aguilar, yo soy casado, tengo tres hijos, y tiénenme por cacique y capitán cuando hay guerras; íos vos con Dios; que yo tengo labrada la

«Los supervivientes abordaron la isla de Yucatán desfallecidos de necesidad, y vinieron a dar en poder de un cruel reyezuelo que asesinó a Valdivia y a algunos de los suyos, los inmoló luego a sus zemes y se los comió por fin, convidando a sus amigos [...]. A nuestro Jerónimo Aguilar y a sus seis compañeros los reservaron para sacrificarlos a los tres días; pero ellos, rompiendo de noche sus ligaduras, escaparon de las manos del sanguinario cacique y se refugiaron suplicantes en los dominios de otro, que era enemigo suyo, el cual los acogió, pero como esclavos»; López de Gómara, *Historia de la Conquista de México*, cap. 12, p. 24: «Echonos la corriente, que allí es muy grande y recia, y siempre va tras el sol a esta tierra, a una provincia que dicen Maia. En el camino se murieron de hambre siete, y aun creo que ocho. A Valdivia y otros cuatro sacrificó a sus ídolos un malvado cacique, a cuyo poder venimos, y después se los comió, haciendo fiesta y plato dellos a otros indios. Yo y otros seis quedamos en caponera a engordar para otro banquete y ofrenda; y por huir de tan abominable muerte rompimos la prisión y echamos a huir por unos montes; y quiso Dios que topamos con otro cacique enemigo de aquel, y hombre humano, que se dice Aquincuz, señor de Xamanzana; el cual nos amparó y dejó las vidas con servidumbre, y no tardó a morirse. Después acá he yo estado con Taxmar, que le sucedió. Poco a poco se murieron los otros cinco españoles nuestros compañeros, y no hay sino yo y un Gonzalo Guerrero, marinero, que está con Nachancan, señor de Chetemal, el cual se casó con una rica señora de aquella tierra, en quien tiene hijos, y es capitán de Nachancan, y muy estimado por las victorias que le gana en las guerras que tiene con sus comarcanos. Yo le envié la carta de vuestra merced, y a rogar que se viniese, pues había tan buena coyuntura y aparejo. Mas él no quiso, creo que de vergüenza, por tener horadadas las narices, picadas las orejas, pintado el rostro y manos a fuer de aquella tierra y gente, o por vicio de la mujer y amor de los hijos».

cara e horadadas las orejas; ¿qué dirán de mí desque me vean esos españoles ir desta manera? E ya veis estos mis tres hijitos cuán bonicos son. Por vida vuestra que me deis desas cuentas verdes que traéis, para ellos, y diré que mis hermanos me las envían de mi tierra»; e asimismo la india mujer del Gonzalo habló al Aguilar en su lengua muy enojada, y le dijo: «Mirá con qué viene este esclavo a llamar a mi marido: íos vos, y no curéis de más pláticas»; y el Aguilar tornó a hablar al Gonzalo que mirase que era cristiano, que por una india no se perdiese el ánima; y si por mujer e hijos lo hacía, que la llevase consigo si no los quería dejar; y por más que dijo e amonestó, no quiso venir. Y parece ser que aquel Gonzalo Guerrero era hombre de la mar, natural de Palos[6].

Un caso tan llamativo de un occidental adaptado a la vida y costumbres de los aborígenes yucatecos, su aculturación, indianización y asimilación al otro hostil (hoy diríamos síndrome de Estocolmo), no pudo menos que causar un gran impacto entre los españoles. Prueba de ello es que casi todo historiador o cronista de la Nueva España que se precie habla de Gonzalo Guerrero en algún momento. Hernán Cortés es de los pocos que omiten su historia (quizás por estrategia discursiva[7]), pero no se olvidan de aludir o citar su nombre por extenso otros autores de la talla de López de Gómara, Fernández de Oviedo, Bernal Díaz del Castillo, Cervantes de Salazar, Andrés de Tapia (testigo ocular, con Bernal, de la escena), Fernando de Alva Ixtlilxochitl, Herrera y Tordesillas, Prudencio de Sandoval, Juan de Torquemada, Antonio de Solís, Agustín de Vetancurt[8]... o incluso algunos poetas como Francis-

[6] Díaz del Castillo, *Historia verdadera de la Conquista de la Nueva España*, cap. 27, pp. 130-131. Poco más abajo, en el cap. 29, p. 136, repite alguno de estos asertos: «Y luego le preguntó por el Gonzalo Guerrero, e dijo que estaba casado y tenía tres hijos, y que tenía labrada la cara e horadadas las orejas y el bezo de abajo, y que era hombre de la mar, natural de Palos».

[7] Así opina Añón, 2006.

[8] López de Gómara, *Historia de la Conquista de México*, caps. 11-12; Fernández de Oviedo, *Historia general y natural de las Indias*, lib. XXXII, cap. 3; Díaz del Castillo, *Historia verdadera*, caps. 27 y 29; Cervantes de Salazar, *Crónica de la Nueva España*, lib. II, cap. 27; Tapia, *Relación [...] sobre la Conquista de México*, pp. 556-557; Alva Ixtlilxochitl, *Historia de la nación chichimeca*, cap. 78; Herrera y Tordesillas, *Historia general*, Década segunda, lib. IV, caps. 6-8; Sandoval, *Historia del emperador Carlos V*, lib. IV, caps. 3-4; Torquemada, *Monarquía indiana*, lib. IV, caps. 8-10; Solís y Rivadeneira, *Historia de la Conquista de México*, lib. I, cap. 16; Vetancurt, *Teatro mexicano*, 3.ª parte, tratado I, cap. 4, pp. 30-31.

co de Terrazas y Saavedra Guzmán[9]. Y por supuesto primitivos cronistas del Yucatán tipo Diego de Landa y Diego López de Cogolludo se hacen amplio eco de la historia.

Tanto Landa como López de Cogolludo son franciscanos y ofrecen nuevos matices sobre el Gonzalo Guerrero aindiado[10]. Ya sabíamos que se unió a una aborigen maya y que tuvo varios hijos (la historiografía los considera los primeros mexicanos, germen del criollismo y el mestizaje)[11], por lo que rehusó volver con los españoles y con Hernán Cortés; ya nos había anunciado Bernal que su estatus entre los mayas era de «cacique y capitán cuando hay guerras». Ahora se nos dice también que se enfrentó varias veces a los conquistadores: en 1517 contra Hernández de Córdoba[12], en 1528 contra Francisco de Montejo[13], en

[9] Saavedra de Guzmán, *El peregrino indiano*, canto III, pp. 108-109.

[10] Landa, *Relación de las cosas de Yucatán*, pp. 88-89: «Guerrero, como entendía la lengua, se fue a Chectemal, que es la Salamanca de Yucatán, y que allí le recibió un señor llamado Nachancan, el cual le dio a cargo las cosas de la guerra en que [est]uvo muy bien, venciendo muchas veces a los enemigos de su señor, y que enseñó a los indios [a] pelear, mostrándoles [la manera de] hacer fuertes y bastiones, y que con esto y con tratarse como indio, ganó mucha reputación, y le casaron con una muy principal mujer en que hubo hijos; y por esto nunca procuró salvarse como hizo Aguilar, antes bien labraba su cuerpo, criaba cabello y harpaba las orejas para traer zarcillos como los indios»; López de Cogolludo, *Historia de Yucatán*, I, 7 (vol. I, p. 103): «Jerónimo de Aguilar, habida licencia de su amo, fue en busca de otro compañero suyo llamado Gonzalo Guerrero y le enseñó la carta y dijo lo que pasaba. Respondió Guerrero: "Hermano Aguilar, yo soy casado y tengo tres hijos. Tiénenme por cacique y capitán cuando hay guerras, la cara tengo labrada y horadadas las orejas, ¿qué dirían de mí esos españoles si me ven ir de este modo? Idos vos con Dios, que ya veis que estos mis hijitos son bonitos; y dadme, por vida vuestra, de esas cuentas verdes que traéis, para darles, y diré que mis hermanos me las envían de mi tierra". La mujer con quien el Guerrero estaba casado, que entendió la platica del Jerónimo de Aguilar, enojada con él, dijo: "Mirad con lo que viene este esclavo a llamar a mi marido", y que se fuese en mala hora y no cuidase de más».

[11] Hoy existen varios monumentos que conmemoran este episodio: en Akumal, Othon P. Blanco, Mérida, Cozumel, etc.

[12] Díaz del Castillo, *Historia verdadera*, cap. 29, p. 136: «Los indios le tienen por esforzado; y que había poco más de un año que cuando vinieron a la punta de Cotoche una capitanía con tres navíos (parece ser que fueron cuando vinimos los de Francisco Hernández de Córdoba), que él fue inventor que nos diesen la guerra que nos dieron»; López de Cogolludo, *Historia de Yucatán*, I, 8 (vol. I, p. 110): «El otro compañero de Aguilar que había vivo y, como se ha dicho, se llamaba Guerre-

1531-1533 contra Alonso de Ávila[14], y en 1536 contra Pedro de Alvarado[15]. La lista es demasiado larga para resultar creíble; pareciera como si los cronistas convinieran entre sí para responsabilizar al aindiado Guerrero de todas las penalidades y derrotas españolas sufridas en la Conquista de Yucatán. Se da por bueno el testimonio de Andrés de Cereceda, contador y gobernador de Honduras, según el cual Guerrero murió en el campo de batalla, como un maya más, el 13 de agosto de 1536, frenando el avance de los españoles[16]. Sin embargo, la carta de Cereceda lo llama Gonzalo Açora, aunque le hace concordar en el resto de detalles:

> Con un tiro de arcabuz se había muerto un cristiano que se llamaba Gonzalo Açora, que es el que andaba entre los indios en la provincia de Yucatán veinte años ha [...]. Andaba este español que fue muerto desnudo, labrado el cuerpo y en hábito de indio[17].

ro, estaba con el cacique de Chetemal, que cae en la provincia que se llama Bakhalal, y la india con quien estaba casado era señora principal de aquella tierra; y hecho capitán había ganado grandes victorias contra sus enemigos, por cuya causa estaba con gran reputación y estimado de todos, y según había sabido Aguilar fue el motor de que los indios diesen la guerra que dieron a Francisco Hernández de Córdoba los de Cabo o Punta Cotóch».

[13] López de Gómara, *Historia general de las Indias*, cap. 53, p. 77: «Lo quiso matar [a Francisco de Montejo] en Chetemal Gonzalo Guerrero, que capitaneaba los indios; el cual había más de veinte años que estaba casado allí con una india, y traía hendidas las orejas, corona y trenza de cabellos, como los naturales; por lo cual no quiso irse a Cortés con Aguilar, su compañero».

[14] Fernández de Oviedo, *Historia general y natural de las Indias,* lib. XXXII, cap. 3 (vol. III, p. 405): «Inducidos los indios por él, barrearon e hicieron cavas, e fortalescieron el pueblo, e dio guerra al adelantado e a los españoles; e los puso en estado que todos los cristianos que en aquella tierra estaban, se hobieran de perder; e dio a entender a los españoles e al adelantado que el capitán Alonso Dávila, con todos los que con él iban, eran muertos; e al Alonso Dávila e sus compañeros les hizo entender que los de la carabela y el adelantado también eran muertos».

[15] Chamberlain atribuye a Guerrero el protagonismo de nuevas escaramuzas, hasta que encontró la muerte guerreando contra Alvarado en 1536. En su *Conquista y colonización de Yucatán*, p. 178, dice que «fue hallado muerto terminada la batalla, vestido, pintado y lacerado como un indígena».

[16] *Diccionario Porrúa de historia, biografía y geografía de México*, vol. II, *s. v. Guerrero*, p. 1608.

[17] La carta de Cereceda se custodia en el Archivo General de Indias, sección Guatemala, núm. 39. Tomo la cita de Torres Ramírez, 1992, p. 386. Prieto-Calixto,

La mentalidad española del momento se resistía a aceptar este singular caso de transculturación, así que Guerrero fue blanco de aceradas críticas. Fernández de Oviedo dice que «estaba ya convertido en indio, e muy peor que en indio», para llamarlo a renglón seguido «mal aventurado» y dudar de que hubiese sido un auténtico cristiano viejo: «se debiera desde su principio haber criado entre baja e vil gente, e no bien enseñado ni doctrinado en las cosas de nuestra sancta fe católica, e por ventura (como se debe sospechar) él sería de ruin casta e sospechosa a la mesma religión cristiana»[18]. Por su parte, Diego de Landa sugiere que «es creíble que fuese idólatra»[19], y un cronista tardío como Antonio de Solís lo zahiere de este modo:

> Se hallaba casado con una india bien acomodada y tenía en ella tres o cuatro hijos, a cuyo amor atribuía su ceguedad, fingiendo estos afectos naturales para no dejar aquella lastimosa comodidad que en sus cortas obligaciones pesaba más que la honra y que la religión. No hallamos que se refiera de otro español en estas conquistas semejante maldad: indigno por cierto de esta memoria que hacemos de su nombre; pero no podemos borrar lo que escribieron otros, ni dejan de tener su enseñanza estas miserias a que está sujeta nuestra naturaleza, pues se conoce por ellas a lo que puede llegar el hombre, si le deja Dios[20].

Jerónimo de Aguilar

El otro español implicado fue Jerónimo de Aguilar, a quien la historiografía tiende a presentarnos como la antítesis de su otrora amigo Gonzalo Guerrero. Aguilar aceptó de buen grado dejar atrás su cautividad y unirse a la expedición de Hernán Cortés hacia el interior de México, donde jugaría un papel decisivo: durante sus ocho años de cautiverio había aprendido la lengua de los mayas y Cortés lo utilizó como intérprete, mucho más fiable que otros indios que llevaba consi-

1999, pp. 230-232, también duda de que sea el mismo Gonzalo Guerrero quien se hallase en frentes tan diversos.

[18] Fernández de Oviedo, *Historia general y natural de las Indias*, lib. XXXII, cap. 3 (vol. III, pp. 404-405).

[19] Landa, *Relación de las cosas de Yucatán*, p. 89.

[20] Solís y Rivadeneira, *Historia de la Conquista de México*, I, 16, pp. 58-59.

go (Melchorejo y Julianillo), quienes podían tergiversar las cosas de modo intencionado o incluso fugarse, como luego hizo el citado Melchorejo en la zona de Tabasco. A la tarea traductora de Aguilar se unió después la Malinche, quien hablaba maya y náhuatl, así que mediante la triangulación del castellano con estos dos idiomas Cortés pudo comunicarse con mayas y aztecas. Cabe decir que la Malinche no tardó en aprender el español y Cortés le cobró gran confianza, momento a partir del cual el peso específico de Aguilar en la Conquista de México empezó a disminuir.

Pero esto es lo que pasó después y a nosotros nos interesa ahora abordar el proceso de indianización de Aguilar durante su cautiverio. Bernal nos dice que antes de ir ellos al Yucatán, por boca del indio Melchor ya sabían que ciertos caciques tenían a un pequeño grupo de españoles «por esclavos»[21], así que para Cortés su liberación debía ser algo prioritario, y tales eran además las instrucciones que Diego Velázquez le dio al partir de Cuba[22]. Para ese momento Hernán Cortés ya se había alzado contra Velázquez y estaba decidido a adentrarse en México por su cuenta, si bien perseveró en su empeño de recuperar a los cautivos; y ello por un doble motivo: porque la mentalidad española tenía interiorizado desde la época de la reconquista musulmana el deber primordial de rescatar a cualquier cristiano que hubiese caído en manos de gentiles, y por lo que ya hemos apuntado de la enorme utilidad de disponer de lenguas o intérpretes fiables.

Bernal narra el encuentro de los españoles con Aguilar casi con técnica novelesca: lo primero que vieron fue que se les acercaba una canoa con siete u ocho indios de Cozumel, y entre ellos venía Aguilar, quien «ni más ni menos era que indio», de modo que «antes que llegasen donde Cortés estaba, ciertos españoles preguntaban al Tapia qué es del español, aunque iba allí junto con él, porque le tenían por indio propio, porque de suyo era moreno e tresquilado a manera de indio escla-

[21] Díaz del Castillo, *Historia verdadera*, cap. 27, p. 129.

[22] Velázquez, «Instrucciones de Diego Velázquez a Hernán Cortés», en Martínez, *Documentos cortesianos*, vol. I, 1990, p. 53: «Iréis por costa de la dicha isla de Yucatán, Santa María de los Remedios, en la cual están en poder de ciertos caciques principales della seis cristianos, según y como Melchor, indio natural de la dicha isla que con vos lleváis, dice y os dirá, e trabajaréis por todas las vías e maneras e mañas que ser pudiere por haber a los dichos cristianos por rescate».

vo». Queda claro que no lo supieron diferenciar hasta que balbuceó algunas palabras en su propio idioma: «En español mal mascado y peor pronunciado dijo: "Dios y Santa María y Sevilla"». Ambos signos de identidad, la lengua castellana (semienterrada en el fondo de la memoria) y la invocación religiosa, sirven para el inmediato reconocimiento del cautivo y la alegría generalizada.

Superada la sorpresa inicial, he aquí la descripción física de Aguilar: «Traía un remo al hombro e una cotara ['sandalia'] vieja calzada y la otra en la cinta, e una manta vieja muy ruin e un braguero peor, con que cubría sus vergüenzas, e traía atado en la manta un bulto, que eran Horas ['devocionario, libro de horas'], muy viejas». Hernán Cortés se acercó al grupo preguntando quién era el cautivo, siendo la reacción de Aguilar ponerse en cuclillas, «como hacen los indios», e identificarse con un escueto «Yo soy». La desnudez casi total, el cabello corto y el acto de ponerse en cuclillas son muestras externas que denotan la indianización de Aguilar, pero frente a ellas afloran de nuevo dos rasgos de esa identidad castellana que presto iba a recuperar: la lengua y la religión católica, con el revelador detalle del bulto semioculto que resultó ser un libro de horas. Cortés le regala vestidos al estilo occidental, con los cuales su imagen aindiada empezaría a desaparecer. Preguntado por su persona, en un «no bien pronunciado» lenguaje, Aguilar alcanza a decir «que era natural de Écija, y que tenía órdenes de evangelio; que había ocho años que se había perdido él y otros quince hombres y dos mujeres que iban desde el Darién a la isla de Santo Domingo». Añade las penalidades del naufragio, captura de los indios, sacrificio cruento de algunos españoles a los dioses paganos y ulterior huida hasta caer en las manos de otro cacique indio que le salvaguarda la vida pero le hace su esclavo. Se insiste mucho en este último aspecto de la esclavitud: «El Aguilar dijo que, como le tenían por esclavo, que no sabía sino traer leña e agua y en cavar en los maíces»[23], dato que enlaza muy bien con lo transcrito en una cita anterior (ver *supra*), donde la esposa de Gonzalo Guerrero, una india de elevada posición e hija de un cacique, habla a Aguilar según su condición de esclavo[24]. Una última pincelada en el cuadro nos presenta al clérigo Jerónimo de Aguilar (ordenado de meno-

[23] Todas las citas proceden de la *Historia verdadera*, cap. 29, pp. 135-136.

[24] Díaz del Castillo, *Historia verdadera*, cap. 27, p. 130.

res, no se olvide) predicando el cristianismo entre los indios justo ahora que se iba a separar de ellos: «Los aconsejaba que siempre tuviesen devoción y reverencia a la santa imagen de nuestra Señora y a la cruz, que conocieran que por allí les vendría mucho bien»[25].

Este es el fresco que dibujan a dos manos Bernal y el propio Aguilar, perfecto en su acabado y que permite reintegrarse al aindiado a las filas de los cristianos sin asomo de duda o sospecha sobre su grado real de transculturación con lo indígena. Para llenar de oprobios al compatriota indianizado ya estaba ahí muy a mano la figura de Gonzalo Guerrero. Cronistas un poco más tardíos como Cervantes de Salazar o Herrera y Tordesillas añadirían nuevas anécdotas (seguramente apócrifas) o toques de color al cuadro, como el relato de Aguilar salvaguardando su castidad ante las tentaciones de una lasciva muchacha en la soledad de una playa. Tal acción, se dice, fue decisiva para ganarse la confianza de los yucatecos, pero más que nada sirve para que nuevos cronistas tipo Fray Juan de Torquemada o Fray Diego López de Cogolludo lo colmen de elogios por haber mantenido sin mácula su condición de clérigo. Lo cual, en verdad, contrasta mucho con la información facilitada por Bernal Díaz del Castillo de que años después, en 1531, había muerto «tullido de bubas»[26], esto es, de sífilis.

Salta a la vista que en este rompecabezas no encajan bien todas las piezas, y ello nos induce a pensar que Aguilar sí se integró de lleno en la cultura yucateca, de modo que Guerrero y él habrían sufrido procesos de adaptación paralelos, con más afinidades de las que dejan entrever las crónicas. La situación cambió de manera radical, claro, cuando en 1519 uno decide unirse a las huestes de Cortés y el otro no. Cervantes de Salazar relata que Aguilar luchó varias veces al lado de los indios y les enseñó tácticas de guerra, como por ejemplo la emboscada (¿no la conocerían los mayas antes de la llegada de los españoles?). Es posible que sea un nuevo caso de magnificación del héroe y haya que desconfiar del dato. Si era un auténtico esclavo, llama la atención su libertad de movimientos por el terreno y lo fácil que obtuvo el beneplácito de su amo para irse con los españoles: «Recibido el rescate de las cuentas que le enviamos, él se holgó con ello y lo llevó a su amo el

[25] Díaz del Castillo, *Historia verdadera*, cap. 29, p. 136.
[26] Díaz del Castillo, *Historia verdadera*, cap. 205, p. 444.

cacique para que le diese licencia; la cual luego se la dio que se fuese adonde quisiese»[27]. Pero más perturbador resulta lo expresado en una crónica maya atribuida a Ah Nakuk Pech, la *Historia y crónica de Chac-Xulub-Chen*, donde se cuenta que Jerónimo Aguilar también se habría casado con la hija de un cacique: «Nuestra tierra fue descubierta, a saber, por Jerónimo de Aguilar, quien, a saber, tuvo por suegro a Ah Naum Ah Pot, en Cozumel, en 1517 años»[28]. El moderno editor de esta crónica maya, Héctor Pérez Martínez, justifica su traducción del pasaje (otros autores leen que Aguilar fue comido por Naum Ah Pot) y dice esto sobre el español:

> Deben recordarse los frecuentes relatos y especial empeño que puso Aguilar, al imponer a Cortés y compañeros de sus aventuras entre los mayas, en conservar incólume su condición religiosa que le obligaba a la castidad; y hasta se contó que el cacique le había mandado a la pesca con una de sus hijas a la que instruyó para que le sedujera, saliendo bien librado de la prueba; castidad que le atrajo la simpatía de Pot y el consiguiente perdón. Este empeño de Aguilar es muy sospechoso y lo más probable fuese que, lejos de la sociedad ante la cual estaba precisado a guardar las apariencias de castidad que su voto le imponía, fundase, como Guerrero, familia, nada menos que una hija del cacique a la que desamparó al tener noticia de la llegada de Cortés y leer el llamamiento que se le hacía[29].

Otros españoles cautivos y aindiados

No hay espacio para seguir trazando en detalle nuevos casos de españoles que acaban asimilándose a las diversas culturas aborígenes de América, por lo que me limitaré a esbozar un rápido catálogo de nombres y datos[30]. Si empezamos por las tierras del norte, La Florida y México, contamos con el sobrecogedor testimonio de Álvar Núñez Cabeza de Vaca y sus *Naufragios*. Es bien sabido que la expedición de Pánfilo de Narváez se internó por la península de Florida y encalló frente a las costas de Texas; los náufragos se dispersaron por la zona y

[27] Díaz del Castillo, *Historia verdadera*, cap. 27, p. 130.

[28] Pech, *Historia y crónica de Chac-Xulub-Chen*, p. 28.

[29] Pérez Martínez, nota a *Historia y crónica de Chac-Xulub-Chen*, pp. 50-51.

[30] Información más prolija sobre este tema se hallará en Sanz Tapia, 1992.

tan solo cuatro de ellos sobrevivieron cruzando el continente a pie, de este a oeste, hasta llegar a México (Sinaloa) varios años después (1527-1535). Cabeza de Vaca narra en primera persona su periplo, siendo los *Naufragios* un claro exponente de cómo tuvo que adaptarse al medio y a los usos indígenas para sobrevivir: desempeñó los oficios de mercader (cap. 16) y chamán, saludador o curandero (caps. 21-22); se manejó en varias lenguas para lograr comunicarse con los indios[31]. Junto a él caminó el capitán Dorantes, de quien se conserva una «Información de los méritos y servicios del capitán Andrés Dorantes de Carranza, uno de los primeros conquistadores de Jalisco y de La Florida, donde fue cautivo por aquellos indios»[32]. Cabeza de Vaca refiere los casos de algunos españoles (Lope de Oviedo, Hernando de Esquivel) que ante una muerte inminente optaron por unirse a los naturales de la región:

> Nos ponían cada día las flechas al corazón, diciendo que nos querían matar como a los otros nuestros compañeros. Y temiendo esto Lope de Oviedo, mi compañero, dijo que quería volverse con unas mujeres de aquellos indios, con quien habíamos pasado el ancón, que quedaban algo atrás. Yo porfié mucho con él que no lo hiciese, y pasé muchas cosas, y por ninguna vía lo pude detener, y así se volvió y yo quedé solo con aquellos indios, los cuales se llamaban quevenes, y los otros con quien él se fue se llamaban deaguanes[33].

> Estando él con estos indios supo de ellos cómo con los mariames estaba un cristiano que había pasado de la otra parte, y lo había hallado con los que llamaban quevertes; y que este cristiano era Hernando de Esquivel, natural de Badajoz[34].

[31] Núñez Cabeza de Vaca, *Naufragios*, cap. 31, p. 114: «Pasamos por gran número y diversidades de lenguas; con todas ellas Dios nuestro Señor nos favoreció, porque siempre nos entendieron y les entendimos; y ansí, preguntábamos y respondían por señas, como si ellos hablaran nuestra lengua y nosotros la suya; porque, aunque sabíamos seis lenguas, no nos podíamos en todas partes aprovechar de ellas, porque hallamos más de mil diferencias».

[32] Archivo General de Indias, Patronato, 86, N. 3, R. 2. Son 127 folios, entre los cuales «Constan asimismo los méritos de Juan Bravo de Lagunas en la conquista de Jalisco (1613)».

[33] Núñez Cabeza de Vaca, *Naufragios*, cap. 16, p. 75.

[34] Núñez Cabeza de Vaca, *Naufragios*, cap. 17, p. 77. En el capítulo siguiente se narra su muerte: «Los mareames [...] le contaron cómo habían tenido allí a Esquivel, y cómo estando allí se quiso huir porque una mujer había soñado que le había

Sin salirnos de las tierras floridanas (los límites de La Florida no se correspondían con la actual península del mismo nombre, sino con todo el cuadrante sureste de los Estados Unidos), destaca la crónica de Garcilaso de la Vega titulada *La Florida del Inca*. Surge aquí el caso de Juan Ortiz, que pasó diez años cautivo entre dos naciones indias: en la primera fue torturado y tratado como esclavo, mientras que en la segunda recibió la protección del cacique Mucozo, alcanzando un lugar preferente entre la tribu, con responsabilidad militar o guerrera: el Inca dice que fue «capitán general de mar y tierra»[35]. Los españoles se lo toparon vestido a lo indio, en pañetes, armado con arco, flechas y un dardo, exhibiendo «un plumaje de media braza en alto sobre la cabeza por gala y ornamento»[36]. Al producirse el reencuentro se repiten ciertos rasgos ya entrevistos con Jerónimo de Aguilar: un inicial tartamudeo o balbuceo de la lengua castellana, casi olvidada y arrinconada en la mente del cautivo por falta de uso; un signo religioso que lo identifica y singulariza, tal por ejemplo el acto reflejo de santiguarse, que le sirvió a Juan Ortiz para salvar su vida, pues al primer vistazo los españoles casi lo matan confundiéndolo con un auténtico indio; el inmediato reclutamiento por el jefe de la expedición (Hernando de Soto) como intérprete o faraute en su intento de conquistar el territorio.

Este es el caso de transculturación que más sobresale en la crónica del Inca, narrado con sumo detalle (lib. II, primera parte, caps. 2-7), pero no el único. En otra ocasión un caballero sevillano llamado Diego (o Francisco, pues se barajan ambos nombres) de Guzmán se separó de los suyos para quedarse con una india de la que se había enamorado. Y hay más ejemplos: «en el pueblo de Coza quedó huido un cristiano, si lo era, llamado Falco Herrado. No era español»[37]; y poco más abajo surge otro caso con nuevos matices: «en el mismo pueblo de Coza quedó un negro enfermo que no podía caminar, llamado Robles, el cual era muy buen cristiano y buen esclavo. Quedó encomendado al cacique»[38]. Gracias a estudios posteriores de Andrés González de Barcia

de matar un hijo, y los indios fueron tras él y lo mataron» (*Naufragios*, cap. 18, p. 79).

[35] Garcilaso de la Vega, *La Florida del Inca*, lib. II, primera parte, cap. 6, p. 122.

[36] Garcilaso de la Vega, *La Florida del Inca*, lib. II, primera parte, cap. 6, p. 120.

[37] Garcilaso de la Vega, *La Florida del Inca*, lib. III, cap. 23, p. 329.

[38] Garcilaso de la Vega, *La Florida del Inca*, lib. III, cap. 23, p. 330.

(1723, aunque firma con el seudónimo de Gabriel Daza de Cárdenas) sabemos que Herrado y Robles permanecieron con los indios floridanos unos 11 ó 12 años[39].

Un superviviente de esta misma incursión de Hernando de Soto en La Florida fue el soldado Rodrigo Ranjel, cuyo testimonio recoge Fernández de Oviedo en su magna *Historia general y natural de las Indias* (lib. XVII, caps. 21-28). Se aportan aquí nuevos nombres, tanto de españoles como de esclavos, que ante lo desesperado de su situación optaban por unirse a los indios para salvar sus vidas:

> Aquel día se quedaron (diciase que con malicia) Mendoza de Montanjes e Alaminos de Cuba; e porque Alonso Romo traía aquel día la retroguarda y los dejó, le hizo el gobernador volver por ellos, e los esperaron un día; y llegados, quísolos ahorcar el gobernador. En lo de Xalaque quedose un compañero que se decía Rodríguez, natural de Peñafiel, y quedó un esclavillo indio de Cuba, ladino, que era de un hidalgo dicho Villegas, y quedose un esclavo de don Carlos, berberisco muy ladino, y quedose Gómez, negro de Vasco González, muy ladino [...]. Un viernes, veinte de agosto, salió el gobernador e su gente de Coza, e quedóseles allí un cristiano que se decía Feryada, levantisco [...]. Se les quedó allí un hidalgo de Salamanca, llamado Manzano, e no se supo si de su voluntad o si de desatino, yendo solo a ranchear [...]. También se le fue allí al capitán Joan Ruiz Lobillo un negro muy ladino, que se decía Joan Vizcaíno[40].

Si saltamos a tierras del sur del continente americano, afloran nuevos nombres dignos de mención. En Venezuela descuellan las andanzas de Francisco Martín, narradas por Fernández de Oviedo (*Historia general*, lib. XXV, caps. 6-7) y, tras él, por Fray Pedro Aguado (*Recuperación historial. Segunda parte*), Fray Pedro Simón (*Noticias historiales*) y José Agustín de Oviedo y Baños (*Historia de la conquista y población de la provincia de Venezuela*), entre otros. Perdido en la selva, tullido y enfermo tras el fracaso de la expedición del capitán Íñigo de Vascuña, Francisco Martín fue rescatado cerca del lago Maracaibo por unos nativos que lo cuidaron y alimentaron; queda como esclavo y pasa en propiedad de unas manos a otras, hasta terminar en poder de los indios pemenos; convive un año con ellos, aprende el oficio de curandero (saludador o

39 Ver Swanton, 1946, p. 60; Durand, 1966, p. 50.

40 Fernández de Oviedo, *Historia general*, vol. II, pp. 169 y 171.

chamán, igual que vimos antes con Cabeza de Vaca), se hace perito en su lengua y se empareja con una nativa. En el relato de sus desventuras por la selva venezolana con el resto de conquistadores, estremece leer cómo estuvieron tan acuciados por el hambre que llegaron a practicar la antropofagia[41], situación no tan inusual como pudiera parecer, pues se repite en textos muy diferentes y dispersos[42]. Más tarde, hacia 1536, los españoles de la zona de Maracaibo alcanzan a saber que sigue vivo y parten en su búsqueda, deseosos de contar con un buen intérprete. Lo hallaron indianizado a un grado tal («desnudo en carnes, como nasció, y sus vergüenzas de fuera, y embijado, e las barbas peladas como indio, e su arco e flechas, e un dardo en la mano»[43]), que surgieron sospechas sobre si estaba así de voluntad o forzado. Este tipo de suspicacias eran frecuentes en ejemplos extremos de aculturación como el que nos ocupa, y Fray Pedro Aguado las convierte en certezas (*Recuperación historial. Segunda parte*, lib. I, cap. 12), asegurando que vivió como gentil y que nunca quiso dejar de andar a lo indio, pues ya se había casado y tenía hijos. Francisco Martín es consciente del peligro y toma las medidas oportunas:

> Se vistió como cristiano y dejó el hábito que traía, con aquella mala costumbre que hasta allí usaba entre los indios. E lo pidió por testimonio, como católico e hombre que para aquello había seído forzado, y él, del temor de la muerte, usado de aquella diabólica medicina y arte[44].

De un modo parecido reaccionaría años después Miguel de Cervantes en su rescate de Argel (1580), procurándose un documento legal que certificara su inquebrantable adhesión al catolicismo durante el cautiverio. Y es que las dudas de haber renegado o desertado se cernían

[41] Fernández de Oviedo, *Historia general*, vol. III, pp. 24, 26 y 27.

[42] Ver por ejemplo Núñez Cabeza de Vaca, *Naufragios*, caps. 14 y 17; Schmidl, *Viaje al Río de la Plata*, cap. 9; Díaz de Guzmán, *La Argentina*, cap. 12; Rosales, *Historia general del Reino de Chile, Flandes indiano*, lib. V, cap. 25; Tirso de Molina, *Historia general de la Orden de Nuestra Señora de las Mercedes*, vol. II, p. 525. La bibliografía sobre el tema es exhaustiva, por lo que remito apenas a uno de los aportes más recientes y documentados, como es el libro de Jáuregui, 2008.

[43] Fernández de Oviedo, *Historia general*, vol. III, p. 22.

[44] Fernández de Oviedo, *Historia general*, vol. III, p. 28. Consta una declaración del propio Francisco Martín en el Archivo General de Indias.

muy pronto sobre quienes pasaban muchos años en cautividad. Entre los españoles indianizados no se apunta tanto hacia la renuncia de la fe (los renegados se daban casi exclusivamente con el islam), cuanto hacia una deserción. Por este flanco cabe interpretar los dardos que en la crónica de Pedro Pizarro se lanzan contra un tal Francisco Martín (homónimo del anterior, pero es otro individuo), que se unió a los incas del Perú y fue asesor de Manco Cápac. Parece que junto a él hubo un segundo español cuyo nombre se ignora. En los meses que este emperador asedió a los españoles en la ciudad del Cuzco (1536-1537), los incas tomaron algunos cautivos:

> Cuando nos acometieron por todas partes y pusieron fuego, se nos escondieron dos españoles entre la paja que quitábamos de los buhíos donde estábamos porque no nos quemasen. Estos españoles se escondieron creyendo que ya nos llevaban los indios de hecho. Hernando Pizarro afrentó al uno destos y al otro quiso ahorcar, y por ruegos lo dejó. Otro español se nos huyó a los indios, y este llevaron donde estaba Mango Inga, que era en Tambo, y a este y al Francisco Martín dicho tenía el Inga consigo, poniendo guarda en ellos y no los mató; y deste Francisco Martín se creía él de lo que le decía y preguntaba[45].

La nómina, en fin, de cautiverios prolongados en el tiempo es muy amplia y resulta imposible abordarla en su totalidad, amén de que futuras investigaciones irán aportando nuevos datos. A veces las noticias de que disponemos son muy vagas, simples menciones de pasada, como esta del jesuita Pedro Lozano, que dijo haber conocido a «un español cautivo que estuvo algunos años entre los abipones, habiendo sido cautivado muy niño»[46], o esta otra de Ruy Díaz de Guzmán en *La Argentina*, donde narra un enfrentamiento entre los indios agaces y los españoles, con victoria de estos últimos, pero con pérdida

[45] Pizarro, *Relación del Descubrimiento y Conquista de los Reinos del Perú*, pp. 141-142. Regalado de Hurtado (1992 y 1997) estudia el periodo en que Manco Inca abandona el Cuzco para establecerse en Vilcabamba, pero no cita a Francisco Martín. En cambio sí dice que en 1539 Gonzalo Pizarro incursionó en Vilcabamba y varios españoles quedaron allí prisioneros, los cuales fueron luego ejecutados, sin que se hable de otros cautivos en poder de los indios (Regalado de Hurtado, 1997, pp. 42-43).

[46] Lozano, *Historia de la Conquista del Paraguay, Río de la Plata y Tucumán*, vol. I, p. 134.

de dos soldados que iban en un batel, que fueron presos y cautivos, los cuales muchos años después vinieron a ser habidos y sacados de su cautiverio, resultando de su prisión muy gran bien, porque salieron grandes lenguaraces y prácticos en la tierra. Estos se llamaban el uno Juan de Justes y el otro Héctor de Acuña (ambos fueron encomenderos en la Asunción)[47].

El caso especial de Chile

La dilatada beligerancia entre aborígenes (sobre todo mapuches) y españoles en tierras de la Araucanía hace de Chile un caso especial. Las crónicas citan ejemplos de cautiverios por doquier, algunos de ellos masivos, con cientos de prisioneros, como en las sublevaciones de 1598 y 1655[48]. Paradigma del tema que aquí nos ocupa es el *Cautiverio feliz* de Núñez de Pineda y Bascuñán, noble soldado que quedó en poder de los araucanos tras la batalla de Las Cangrejeras, pasando más de medio año junto al cacique Maulicán: mayo-diciembre de 1629. Cuatro décadas más tarde, en 1673, el autor escribirá sobre su cautiverio con tintes nostálgicos, evocando las costumbres mapuches (vida cotidiana, borracheras, juegos, organización social y política, el arte de la guerra…) con mirada amable y complacida, no exenta de admiración.

Existe abundante bibliografía crítica sobre el *Cautiverio feliz* que me exime ahora de ser prolijo, por lo que pondré el énfasis en otros casos que quizás sean menos conocidos. Es digno de notar que los dos primeros españoles que accedieron a Chile fueron Gonzalo Calvo de Barrientos y Antón Cerrada. El primero tuvo serios problemas de disciplina con Francisco Pizarro en el Perú y hacia 1533 decide huir por el desierto de Atacama, al parecer en compañía de Antón Cerrada, de quien apenas hay noticias. Se internaron hasta el valle del Aconcagua, estableciéndose con los indios de la zona, totalmente asimilados. Allí llegarían tres años después Diego de Almagro y los suyos (1536-1537), momento en que Calvo de Barrientos resulta de gran ayuda, pues evita

47 Díaz de Guzmán, *La Argentina*, cap. 6, p. 89.

48 Estudios imprescindibles son los de Guarda Geywich, 1987; y Lázaro Ávila, 1994.

hostilidades entre aborígenes y españoles[49]. Cuando Almagro decide regresar al Perú quiere llevarse a Barrientos consigo, pero «desde el camino se huyó, y como estaba hecho a la vida de los indios se volvió a ellos y en Copiapó hizo su asiento»[50]. Hasta la siguiente década no accedería Pedro de Valdivia a Chile, a quien localizamos en La Serena, el 4 de septiembre de 1545, escribiendo sendas cartas al emperador Carlos V y a Hernando Pizarro. Cuenta en ambas cómo en cierta ocasión los nativos capturaron a Alonso de Monroy y se lo llevaron preso, con la ulterior sorpresa de descubrir que, desde la citada incursión de Almagro, vivía con ellos un español «hecho indio». No facilita su identidad, pero lo tacha de traidor y aindiado:

> Dende a tres meses que estovieron presos, el capitán Monroy, con un cuchillo que tomó a un cristiano de los de don Diego de Almagro, que estaba allí hecho indio, que este fue causa de la muerte de sus compañeros, y del daño que le vino, mató al cacique principal a puñaladas, y llevando por fuerza consigo a aquel transformado cristiano, se escaparon en sendos caballos y sin armas[51].

Mariño de Lobera refiere el suceso más por extenso e incluso da el nombre de este español, Francisco Gasco, quien vivía amancebado con dos indias y ejercía de curandero[52] (algún historiador lo identifica con el citado Barrientos). Gasco se vio forzado a ayudar al capitán Alonso de Monroy en su huida de Chile (iba con ellos otro cautivo llamado Pedro de Miranda), cruzando por el despoblado de Atacama en dirección al Perú; sin embargo, «apenas habían puesto los pies en el Perú en tierra poblada, cuando Francisco Gasco se huyó de sus dos compañeros, desapareciendo de manera que hasta hoy no ha habido rastro dél»[53]. En esta misma *Crónica del Reino de Chile* de Mariño de Lobera se pueden espigar nuevos nombres, limitándonos ahora al libro III, capítulo 10, donde se refieren varios casos de canje de cautivos entre españoles e indios. Así, el cacique de Mareguano quiso rescatar a cier-

[49] Rosales, *Historia general del Reino de Chile, Flandes indiano*, lib. III, caps. 5, 8, 9, 11 y 14.

[50] Rosales, *Historia general del Reino de Chile, Flandes indiano*, lib. III, cap. 9, p. 372.

[51] Valdivia, *Cartas*, p. 8. Ver también p. 19.

[52] Mariño de Lobera, *Crónica del Reino de Chile*, lib. I, cap. 22, pp. 279-282.

[53] Mariño de Lobera, *Crónica del Reino de Chile*, lib. I, cap. 22, p. 282.

tos familiares suyos trocándolos por el soldado Juan de Fuentes, a quien tenía en su poder; para lograrlo hizo que Fuentes le enviara al gobernador español una carta:

> La cual escribió por extenso su cautiverio suplicando a su señoría lo rescatase en trueco de aquella gente que habían tomado. Salió el gobernador a este partido tanto con más voluntad cuanto más entendió haber sido el tratamiento que el cacique había hecho a Juan de Fuentes era como de hermano, y no como de enemigo[54].

El cronista incide en lo singular de este hecho, pues lo normal es que los fieros nativos matasen en seguida a sus prisioneros, siendo excepcional el que hubiese supervivientes. Pero sí hubo algunos, y Mariño de Lobera da sus nombres (todos estos rescates se produjeron entre 1578-1580):

> Son contados los que han sido libres habiendo caído una vez en ellas [en manos indias]. De las cuales fue el primero Antonio de Rebolledo, que estuvo dos años preso en la isla de Mocha, y Juan Sánchez, que había sido preso en una de las batallas del gobernador Valdivia, y don Alonso Mariño de Lobera [hijo del propio cronista], que estuvo cinco días preso entre los adversarios, con tres heridas peligrosas, y fue libre de las prisiones por la buena diligencia de su padre, don Pedro Mariño de Lobera [...], y libertaron al capitán con otro compañero suyo, hijo del capitán Rodrigo de Sande[55].

Si saltamos ahora a la *Historia general del Reino de Chile, Flandes indiano*, del jesuita Diego de Rosales, destaca el caso del capitán Marcos Chavari (o Chavarri o Chavarría), que vivió en cautividad desde 1602 hasta 1627 (lib. VII, cap. 4). Fue capturado en Villarrica y, merced a su valentía y nobleza, por ser «de tanto nombre y tan grande lenguaraz en la lengua de estos indios, le trataron en el cautiverio con mucho respeto y estimación»[56]. Junto al citado capitán fueron rescatadas su hermana Isabel Chavari y otra dama llamada Juana Sepeda. Rosales pone en boca de Marcos Chavari un sentido discurso donde manifiesta que los

[54] Mariño de Lobera, *Crónica del Reino de Chile*, lib. III, cap. 10, p. 496.
[55] Mariño de Lobera, *Crónica del Reino de Chile*, lib. III, cap. 10, p. 496.
[56] Rosales, *Historia general del Reino de Chile, Flandes indiano*, vol. III, p. 32.

indios, «aunque son bárbaros, son muy amigos de la verdad, y de que se la guardemos en los tratos [...]. Y la causa de haberse estos levantado tantas veces [...] ha sido por no haberles guardado la palabra en lo que prometían en nombre de su Majestad, y por malos tratamientos»[57]. En 1641 los indígenas facilitan graciosamente una liberación masiva de cautivos, provocando el alborozo general entre el coloniaje (lib. VIII, cap. 6). El cronista resalta algunos nombres, como Pedro de Soto y Ana de Santander, que vivieron entre los nativos en calidad de esposos y cuyos hijos crecieron sin hablar la lengua castellana; Lope de Inistrosa y Aldonsa de Castro, quienes permanecían en cautividad desde la niñez; el capitán Francisco de Almendras, que estaba aindiado del todo: «se crió entre los indios, y para buscar la vida y tener cabida se dio a herrero, con que ganó mucho y tuvo muchas mujeres, como los indios, y gran número de hijos y nietos»[58]; no falta incluso algún desertor como Gaspar Álvarez, que tras haber pasado muchos años del lado indio fue perdonado y reintegrado a los de su raza[59]. Las deserciones no eran infrecuentes, pero sobresale alguna como la del clérigo presbítero Juan Barba, de quien «se dijo que se había ido al enemigo por una india, y que entre los bárbaros vivía como ellos»[60].

Concluiremos esta breve cartografía de la aculturación a lo indígena chileno señalando la especificidad del cautiverio femenino, mucho más temido que el masculino por la automática implicación de deshonra. En torno al año 1620, Juan Cortés de Monroy, nieto del conquistador de México, escribe un memorial al rey instándole a que apoye la Guerra de Arauco, y entre otras razones invoca la siguiente:

> Entre las muchas causas que aclaman y justifican esta conquista, solo se debía hacer, cuando no hubiera otra, para poner en libertad más de seiscientas mujeres españolas que están en poder destos indios, hijas y mujeres de hombres nobles que acabaron sirviendo en la guerra, perdiendo las

[57] Rosales, *Historia general del Reino de Chile, Flandes indiano*, vol. III, p. 33.

[58] Rosales, *Historia general del Reino de Chile, Flandes indiano*, vol. III, p. 176.

[59] Rosales, *Historia general del Reino de Chile, Flandes indiano*, lib. VIII, cap. 6, en vol. III, pp. 175-176.

[60] Rosales, *Historia general del Reino de Chile, Flandes indiano*, lib. V, cap. 10, en vol. II, p. 313. Más adelante reaparece este mismo Juan Barba en la destrucción de Osorno, cometiendo algunos actos sacrílegos: *Historia general del Reino de Chile, Flandes indiano*, lib. V, cap. 15, en vol. II, p. 335.

> haciendas, la sangre y las vidas, y últimamente el honor, con el ultraje que padece su mesma sangre[61].

Sin embargo, no todos opinaban así sobre las cautivas. Barros Arana estudia una carta que en 1606 dirige Alonso García Ramón al rey, donde le aconseja «que la guerra se haga como los indios la hacen, a fuego y sangre, sin perdonar ni dar la vida a nadie, que las mujeres que están en su poder si no se pudieren rescatar, y las mataren, creo que estará mejor a nuestra reputación». Y poco más abajo no duda en agregar las sospechas de hechicería: «Hanse licenciado algunas mujeres de suerte que no solo han perdido la vergüenza al mundo y más que todo a Dios dejando nuestra fe, que sin empacho ninguno, delante de otros españoles y españolas, cometen mil maldades, hasta hablar con el demonio, como generalmente lo hacen los indios»[62]. En la misma dirección apunta el maestre de campo Jerónimo de Quiroga cuando en 1690 escribe su *Memoria de los sucesos de la guerra de Chile*: «Las madres, ocupadas de la vergüenza por el voluntario consentimiento [*¡sic!*] que después de la primera violencia tuvieron, tendrían empacho de ponerse a vista de sus deudos o de otras señoras de su nación»[63]. Como bien sugiere Barros Arana, el proceso de transculturación solía ser más intenso en las mujeres, a quienes no se les ocultaba lo dificultoso de reintegrarse en su sociedad de origen, a lo cual muchas tuvieron que renunciar:

> Había, además, mujeres que en seis o siete años de cautiverio y de vida común con sus opresores, se habían hecho madres y no querían apartarse de sus hijos, o tenían vergüenza de presentarse con ellos delante de sus deudos, prefiriendo quedarse siempre en aquella triste vida a cuyos padecimientos se habían habituado. Los niños mismos, nacidos o criados en el cautiverio, habían adquirido las costumbres de los salvajes, no hablaban más que el idioma de estos, y no querían salir de aquella condición[64].

La dureza de la reclusión, en fin, se repartió tanto entre hombres como mujeres, con el estigma añadido de que todo aquel que sobrevi-

[61] Cortés de Monroy, *Memorial*, fol. 242v.
[62] Citado por Barros Arana, *Historia general de Chile*, vol. III, p. 346.
[63] Quiroga, *Memoria de los sucesos de la Guerra de Chile*, pp. 286-287.
[64] Barros Arana, *Historia general de Chile*, vol. III, p. 346.

viera a un largo cautiverio despertaba inmediatas sospechas de haberse indianizado en exceso. A este respecto, el implacable juicio de Quiroga nos puede dar un indicio de cómo se percibía tal situación en la sociedad criolla:

> Hase reconocido con grandes experiencias que todos estos españoles o mestizos cautivos, criados o nacidos entre los indios, aman tanto sus vicios, costumbres y libertad, que son perjudiciales entre nosotros [...]. Son peores que los más fieros bárbaros, porque son bárbaros con discurso, y así fuera conveniente echar de la frontera a todos los que nacieron, se criaron o estuvieron muchos años cautivos [...]. He observado que en pasando diez años el cautiverio, en todos se hace naturaleza aquel trato continuado y vida suelta y viciosa, y son generalmente todos unos[65].

Bibliografía

Añón, V., «*Lenguas*, traducción y metáfora: relatos de la alteridad en tres crónicas de la Conquista de México», *Espéculo. Revista de estudios literarios*, 2006. (El URL de este documento es <http://www.ucm.es/info/especulo/numero34/conqmex.html>.)

Alva Ixtlilxochitl, F. de, *Historia de la nación chichimeca*, ed. G. Vázquez, Madrid, Historia 16, 1985.

Barros Arana, D., *Historia general de Chile*, Santiago de Chile, Universitaria/Centro de Investigaciones Diego Barros Arana, 2000, 17 vols.

Cervantes de Salazar, F., *Crónica de la Nueva España*, Madrid, The Hispanic Society of America/Tipografía de la *Revista de Archivos*, 1914.

Chamberlain, R. S., *Conquista y colonización de Yucatán, 1517-1550*, México, Porrúa, 1974.

Cortés, H., *Cartas de relación*, ed. Á. Delgado Gómez, Madrid, Castalia, 1993.

Cortés de Monroy, J., *Memorial al rey*, en *Libro de papeles curiosos impresos de las Indias, por Antonio de León*, Madrid, Biblioteca Nacional de España, sign. R/17.270, fols. 238-244.

Díaz del Castillo, B., *Historia verdadera de la Conquista de la Nueva España*, ed. M. León-Portilla, Madrid, Historia 16, 1984, 2 vols.

Díaz de Guzmán, R., *La Argentina*, ed. E. de Gandía, Madrid, Dastin, 2000.

Diccionario Porrúa de historia, biografía y geografía de México, 6.ª ed., México, Porrúa, 1995, 4 vols.

[65] Quiroga, *Memoria de los sucesos de la Guerra de Chile*, p. 229.

DURAND, J., «La memoria de Gonzalo Silvestre», *Caravelle*, 7, 1966, pp. 43-52.

FERNÁNDEZ DE OVIEDO, G., *Historia general y natural de las Indias*, ed. J. Pérez de Tudela Bueso, Madrid, Atlas (BAE, 117-121), 1959, 5 vols.

GARCILASO DE LA VEGA, Inca, *La Florida del Inca*, ed. S. L. Hilton, Madrid, Dastin, 2002.

GUARDA GEYWICH, G., «Los cautivos en la Guerra de Arauco», *Boletín de la Academia Chilena de la Historia*, 98, 1987, pp. 93-157.

HERRERA Y TORDESILLAS, A. de, *Historia general de los hechos de los castellanos en las islas y tierra firme del Mar Océano*, Madrid, Tipografía de Archivos, 1934-1957, 17 vols.

JÁUREGUI, C. A., *Canibalia. Canibalismo, calibanismo, antropofagia cultural y consumo en América Latina*, Madrid/Frankfurt, Iberoamericana/Vervuert, 2008.

LANDA, D. de, *Relación de las cosas de Yucatán*, ed. M. del C. León Cázares, México, Conaculta, 2003.

LÁZARO ÁVILA, C., «Los cautivos en la frontera araucana», *Revista Española de Antropología Americana*, 24, 1994, pp. 191-207.

LÓPEZ DE COGOLLUDO, D., *Historia de Yucatán. Los tres siglos de la dominación española en Yucatán, o sea, historia de esta provincia desde la Conquista hasta la Independencia*, Campeche, Comisión de Historia, 1954, 3 vols.

LÓPEZ DE GÓMARA, F., *Historia de la Conquista de México*, 3.ª ed., México, Porrúa, 1997.

— *Historia general de las Indias y vida de Hernán Cortés*, Caracas, Biblioteca Ayacucho, 1979.

LOZANO, P., *Historia de la Conquista del Paraguay, Río de la Plata y Tucumán*, Buenos Aires, Imprenta Popular, 1873-1875, 5 vols.

MARIÑO DE LOBERA, P., *Crónica del Reino de Chile*, ed. F. Esteve Barba, Madrid, Atlas (BAE, 131), 1960.

MARTÍNEZ, J. L., *Documentos cortesianos*, México, Universidad Nacional Autónoma de México/Fondo de Cultura Económica, 1990-1992, 4 vols.

MÁRTIR DE ANGLERÍA, P., *Décadas del Nuevo Mundo*, México, Porrúa e Hijos, 1964-1965, 2 vols.

MEDINA, J. T., *El veneciano Sebastián Caboto al servicio de España*, Santiago de Chile, Imprenta y Encuadernación Universitaria, 1908.

NÚÑEZ CABEZA DE VACA, Á., *Naufragios y Comentarios*, ed. R. Ferrando, Madrid, Dastin, 2003.

PECH, A. N., *Historia y crónica de Chac-Xulub-Chen*, ed. H. Pérez Martínez, México, Departamento de Bibliotecas de la Secretaría de Educación Pública, 1936.

PIZARRO, P., *Relación del Descubrimiento y Conquista de los Reinos del Perú*, ed. G. Lohmann Villena, 2.ª ed., Lima, Pontificia Universidad Católica del Perú, 1986.

PRIETO-CALIXTO, A., *Encuentros ambiguos. El cautiverio indígena y musulmán en las letras hispánicas (1551-1616)*, Tesis Doctoral presentada en Vanderbilt University, 1999. [Manejo reproducción de UMI Dissertation Services.]

QUIROGA, J. de, *Memoria de los sucesos de la Guerra de Chile*, Santiago de Chile, Andrés Bello, 1979.

REGALADO DE HURTADO, L., *Religión y evangelización en Vilcabamba (1572-1602)*, Lima, Pontificia Universidad Católica del Perú, 1992.

— *El inca Titu Cusi Yupanqui y su tiempo. Los incas de Vilcabamba y los primeros cuarenta años del dominio español*, Lima, Pontificia Universidad Católica del Perú, 1997.

ROSALES, D. de, *Historia general del Reino de Chile, Flandes indiano*, ed. B. Vicuña Mackenna, Valparaíso, Imprenta de El Mercurio, 1877-1878, 3 vols.

SAAVEDRA DE GUZMÁN, A. de, *El peregrino indiano*, ed. M. J. Rodilla León, Madrid/Frankfurt, Iberoamericana/Vervuert, 2008.

SANDOVAL, P. de, *Historia de la vida y hechos del emperador Carlos V*, ed. C. Seco Serrano, Madrid, Atlas (BAE, 80-82), 1955-1956, 3 vols.

SANZ TAPIA, Á., «La aculturación indígena: los primeros españoles indianizados», en *Congreso de historia del Descubrimiento (1492-1556). Actas*, Madrid, Real Academia de la Historia, 1992, vol. II, pp. 303-368.

SCHMIDL, U., *Viaje al Río de la Plata*, en *Cronistas del Río de la Plata*, Caracas, Biblioteca Ayacucho, 1994.

SOLÍS Y RIVADENEIRA, A. de, *Historia de la Conquista de México*, 4.ª ed., Madrid, Espasa-Calpe, 1970.

SWANTON, J. R., *Indians of the Southeastern United States*, Washington, United States Government Printing Office, 1946.

TAPIA, A. de, *Relación hecha por el señor Andrés de Tapia, sobre la Conquista de México*, en J. García Icazbalceta, *Colección de documentos para la historia de México*, México, Antigua Librería, 1866, vol. II, pp. 554-594. [Manejo facsímil de México, Porrúa, 1971.]

TIRSO DE MOLINA, *Historia general de la Orden de Nuestra Señora de las Mercedes*, ed. M. Penedo Rey, Madrid, Revista *Estudios*, 1973-1974, 2 vols.

TORQUEMADA, J. de, *Monarquía indiana*, México, Universidad Nacional Autónoma de México/Instituto de Investigaciones Históricas, 1975-1983, 4 vols.

TORRES RAMÍREZ, B., «La odisea de Gonzalo Guerrero en México», en *Congreso de historia del Descubrimiento (1492-1556). Actas*, Madrid, Real Academia de la Historia, 1992, vol. II, pp. 369-386.

VALDIVIA, P. de, *Cartas*, en *Crónicas del Reino de Chile*, ed. F. Esteve Barba, Madrid, Atlas (BAE, 131), 1960.

VETANCURT, A. de, *Teatro mexicano. Descripción breve de los sucesos ejemplares de la Nueva España en el Nuevo Mundo occidental de las Indias*, Madrid, Porrúa Turanzas, 1960-1961, 4 vols.